Schriftenreihe

Studien zur Rechtswissenschaft

Band 384

ISSN 1435-6821

Verlag Dr. Kovač

Anna Heinz

Steuerrechtliche Mitwirkungspflichten und der Nemo-tenetur-Grundsatz

Verlag Dr. Kovač

Hamburg 2017

VERLAG DR. KOVAČ GMBH

FACHVERLAG FÜR WISSENSCHAFTLICHE LITERATUR

Leverkusenstr. 13 · 22761 Hamburg · Tel. 040 - 39 88 80-0 · Fax 040 - 39 88 80-55

E-Mail info@verlagdrkovac.de · Internet www.verlagdrkovac.de

Bibliografische Information der Deutschen Nationalbibliothek
Die Deutsche Nationalbibliothek verzeichnet diese Publikation
in der Deutschen Nationalbibliografie;
detaillierte bibliografische Daten sind im Internet
über http://dnb.d-nb.de abrufbar.

ISSN: 1435-6821

ISBN: 978-3-8300-9362-6

Zugl.: Dissertation, Universität zu Köln, 2016

© VERLAG DR. KOVAČ GmbH, Hamburg 2017

Vorwort

Die vorliegende Untersuchung wurde im Wintersemester 2015/2016 an der Universität zu Köln als Dissertation angenommen. Gesetze, Rechtsprechung und Literatur sind bis Anfang 2016 berücksichtigt.

Ohne die Unterstützung meines Doktorvaters, Herrn Professor Dr. Martin Paul Waßmer, wäre die Untersuchung nicht fertiggestellt worden. Hierfür danke ich ihm sehr herzlich.

Großen Dank schulde ich außerdem Herrn Professor Dr. Michael Kubiciel für die Erstellung des Zweitgutachtens sowie meinen Eltern für ihre immerwährende Hilfe.

Anna Heinz

INHALTSVERZEICHNIS

8

9

ABKÜRZUNGSVERZEICHNIS

a.A.	andere Ansicht
Abs.	Absatz
AG	Arbeitsgemeinschaft/Aktiengesellschaft
Alt.	Alternative
AO	Abgabenordnung
Art.	Artikel
BayObLG	Bayerisches Oberstes Landesgericht
BB	Betriebsberater (Zeitschrift)
Beschl.	Beschluss
BewG	Bewertungsgesetz
BDSG	Bundesdatenschutzgesetz
BFH	Bundesfinanzhof
BGB	Bürgerliches Gesetzbuch
BGBl.	Bundesgesetzblatt
BGH	Bundesgerichtshof
BGHSt	Entscheidungen des Bundesgerichtshofs in Strafsachen
BImschG	Bundesimmissionsschutzgesetz
BK	Bonner Kommentar (Näheres im Literaturverzeichnis)
BMF	Bundesministerium der Finanzen
BPO	Betriebsprüfungsordnung
BStBl.	Bundessteuerblatt
BT-Drucks.	Bundestags-Drucksache
BtMG	Betäubungsmittelgesetz
BVerfG	Bundesverfassungsgericht
BVerfGE	Entscheidungen des Bundesverfassungsgerichts
bzgl.	bezüglich
bzw.	beziehungsweise
DAR	Deutsches Autorecht (Zeitschrift)
DBA	Doppelbesteuerungsabkommen
DB	Der Betrieb (Zeitschrift)
d.h.	das heißt
Diss.	Dissertation
DRiZ	Deutsche Richterzeitung
DStR	Deutsches Steuerrecht (Zeitschrift)
EGMR	Europäischer Gerichtshof für Menschenrechte
EGGVG	Einführungsgesetz zum Gerichtsverfassungsgesetz
Einl.	Einleitung
einschl.	einschließlich

EMRK	Europäische Menschenrechtskonvention
ErbStG	Erbschaftssteuergesetz
Erg.Lfg.	Ergänzungslieferung
EStDV	Einkommensteuer-Durchführungsverordnung
EStG	Einkommensteuergesetz
f.	folgende
ff.	fortfolgende
FAe	Fachanwälte
FGO	Finanzgerichtsordnung
FR	Finanz-Rundschau (Zeitschrift)
FS	Festschrift
FVG	Gesetz über die Finanzverwaltung
GA	Goldhammer's Archiv für Strafrecht (Zeitschrift)
GaststättenG	Gaststättengesetz
GenG	Genossenschaftsgesetz
GewStDV	Gewerbesteuer-Durchführungsverordnung
GG	Grundgesetz
ggf.	gegebenenfalls
GJW	Graf/Jäger/Wittig (Näheres im Literaturverzeichnis)
GmbH	Gesellschaft mit beschränkter Haftung
grds.	grundsätzlich
GSSt	Großer Senat für Strafsachen
GuV	Gewinn- und Verlustrechnung
GVG	Gerichtsverfassungsgesetz
Habil.	Habilitation
HGB	Handelsgesetzbuch
HHSp	Hübschmann/Hepp/Spitaler (Näheres im Literatur-verzeichnis
h.M.	herrschende Meinung
Hrsg.	Herausgeber
Halbs.	Halbsatz
i.d.R.	in der Regel
insbes.	insbesondere
InsO	Insolvenzordnung
IPBPR	Internationaler Pakt über bürgerliche und politische Rechte
i.S.d.	im Sinne der/des
i.V.m.	in Verbindung mit
JA	Juristische Arbeitsblätter (Zeitschrift)
JGG	Jugendgerichtsgesetz
JJR	Joecks/Jäger/Randt (Näheres im Literaturverzeich-nis
JR	Juristische Rundschau (Zeitschrift)
JuS	Juristische Schulung (Zeitschrift)

JZ	Juristenzeitung (Zeitschrift)
Kfz	Kraftfahrzeug
KG	Kammergericht/Kommanditgesellschaft
KGaA	Kommanditgesellschaft auf Aktien
KGSt	Körperschaftssteuergesetz
KK	Karlsruher Kommentar (Näheres im Literaturverzeichnis)
KO	Konkursordnung
KStG	Körperschaftssteuergesetz
LAG	Landesarbeitsgericht
LG	Landgericht
LK	Leipziger Kommentar (Näheres im Literaturverzeichnis)
LMBG	Lebensmittel- und Bedarfsgegenständegesetz
LR	Löwe/Rosenberg (Näheres im Literaturverzeichnis)
MüKo	Münchener Kommentar (Näheres im Literaturverzeichnis)
MDR	Monatsschrift für Deutsches Recht (Zeitschrift)
NJW	Neue Juristische Wochenzeitschrift
Nr.	Nummer
NStZ	Neue Zeitschrift für Strafrecht
NZWiSt	Neue Zeitschrift für Wirtschafts-, Steuer- und Unternehmensstrafrecht
OHG	Offene Handelsgesellschaft
OLG	Oberlandesgericht
RAO	Reichsabgabenordnung
RegE	Regierungsentwurf
Rn.	Randnummer
S.	Seite (bei Gesetzeszitat = Satz)
SG	Soldatengesetz
SK	Systematischer Kommentar (Näheres im Literaturverzeichnis)
sog.	sogenannte/r
StAnpG	Steueranpassungsgesetz
Stbg	Die Steuerberatung (Zeitschrift)
StB	Der Steuerberater (Zeitschrift)
StGB	Strafgesetzbuch
StPO	Strafprozessordnung
StuW	Steuer- und Wirtschaft (Zeitschrift)
StV	Strafverteidiger (Zeitschrift)
StVZO	Straßenverkehrs-Zulassungs-Ordnung
TK	Tipke/Kruse (Näheres im Literaturverzeichnis)
u.	und
u.a.	unter anderem/unter anderen

Univ.	Universität
Urt.	Urteil
UStG	Umsatzsteuergesetz
u.s.w.	und so weiter
v.	vom
VersR	Versicherungsrecht (Zeitschrift)
vgl.	vergleiche
VwGO	Verwaltungsgerichtsordnung
VwVfG	Verwaltungsverfahrensgesetz
WDO	Wehrdienstordnung
wistra	Zeitschrift für Wirschafts- und Steuerstrafrecht
z.B.	zum Beispiel
ZIS	Zeitschrift für Internationale Strafrechtsdogmatik
zit.	zitiert
ZollVG	Zollverwaltungsgesetz
ZPO	Zivilprozessordnung
ZRP	Zeitschrift für Rechtspolitik
ZStW	Zeitschrift für die gesamte Strafrechtswissenschaft

EINFÜHRUNG IN DIE THEMENSTELLUNG

Während der Beschuldigte im Bereich des (Steuer)Strafverfahrens wegen des dort uneingeschränkt geltenden Nemo-tenetur-Grundsatzes von jeglicher Pflicht zur aktiven Mitwirkung an der Aufklärung des Sachverhaltes freigestellt ist, obliegen ihm als Steuerpflichtigem im Besteuerungsverfahren umfangreiche Mitwirkungspflichten. Insbesondere ist er zur Offenbarung aller für die Besteuerung maßgeblichen Sachverhalte gegenüber der Finanzbehörde verpflichtet. Sogar Einkünfte aus strafbaren Handlungen (z.B. Drogenhandel, Betrügereien oder Entgegennahme von Bestechungsgeldern) muss der Steuerpflichtige in seinen Steuererklärungen deklarieren. Denn nach § 40 AO ist es für die Besteuerung unerheblich, ob ein Verhalten, das den Tatbestand eines Steuergesetzes ganz oder zum Teil erfüllt, gegen ein gesetzliches Verbot oder gegen die guten Sitten verstößt.

Die Besonderheit des Steuerstrafverfahrens gegenüber dem allgemeinen Strafverfahren liegt darin, dass zwischen Besteuerungsverfahren und Steuerstrafverfahren eine gewisse Interaktion stattfindet. Die Feststellung der Steuerpflichtigkeit bestimmter Vorgänge ist Voraussetzung für die Erfüllung des Tatbestandes einer Steuerstraftat/Steuerordnungswidrigkeit. Da sich Besteuerungsverfahren und Steuerstrafverfahren daher kaum voneinander trennen lassen und regelmäßig sogar von derselben Behörde durchgeführt werden, sind in diesem Bereich Schutzvorkehrungen zur Verhinderung eines Zwanges zur Selbstbelastung des Steuerpflichtigen von besonderer Notwendigkeit. Denn im Besteuerungsverfahren werden von dem Steuerpflichten zum Zwecke der Besteuerung zum Teil Handlungen abverlangt, durch die er zum einen gezwungen sein kann, sich eines begangenen Allgemeindelikts selbst zu bezichtigen. Zum anderen kann es vorkommen, dass er zur Erfüllung seiner aktuellen Pflicht zur Abgabe einer wahrheitsgemäßen Steuererklärung gezwungen ist, der Finanzbehörde Hinweise auf frühere Steuerhinterziehungen zu liefern.

Obwohl die zuvor beschriebene Thematik bereits des Öfteren Gegenstand rechtswissenschaftlicher Abhandlungen war, besteht nach wie vor Diskussionsbedarf in Bezug auf den konkreten Gewährleistungsinhalt des Nemo-tenetur-Grundsatzes.

Ziel dieser Arbeit ist es herauszufinden, ob die bestehenden Kollisionsregelungen der AO zur Wahrung des Nemo-tenetur-Grundsatzes ausreichend sind bzw. wie sich die aufgezeigten Konflikte lösen lassen.

Den Ausgangspunkt dieser Arbeit bildet im 1. Teil die Suche nach dem Grund und Zweck des Nemo-tenetur-Grundsatzes im Bereich des Strafverfahrens als dessen unmittelbarem Wirkungskreis. Auf dieser Grundlage soll im Folgenden die Wirkung des Nemo-tenetur-Grundsatzes über den Bereich des Strafverfahrens hinaus herausgefunden werden. Dabei soll insbesondere das Verhältnis von außerstrafprozessualen Auskunfts- und sonstigen Mitwirkungspflichten zu dem Nemo-tenetur-Grundsatz dargestellt werden. Mögliche Verstöße und Lösungswege sollen diskutiert werden.

Im 2. Teil soll anhand des im 1. Teil gefundenen Ergebnisses dargestellt werden, inwieweit ein Konflikt zwischen den steuerrechtlichen Mitwirkungspflichten und dem Nemo-tenetur-Grundsatz besteht. Zweck und Wirkung einzelner steuerrechtlicher Mitwirkungspflichten sowie das Verhältnis von Besteuerungs- und Steuerstrafverfahren werden besprochen.

Aufbauend auf die im 1. und 2. Teil gefundenen Ergebnisse soll im 3. Teil auf den durch steuerrechtliche Mitwirkungspflichten bewirkten Zwang zur Selbstbelastung bezüglich früherer Steuerdelikte des Steuerpflichtigen eingegangen werden. Bestehende Regelungslücken der AO im Hinblick auf den Nemo-tenetur-Grundsatz sollen aufgezeigt und die Vor- und Nachteile verschiedener Lösungsvorschläge aus Literatur und Rechtsprechung erörtert werden.

Im 4. Teil soll näher auf den durch steuerrechtliche Mitwirkungspflichten aufgrund der Vorschrift des § 40 AO bewirkten Zwang zur Selbstbezichtigung bezüglich begangener Allgemeindelikte oder Ordnungswidrigkeiten des Steuerpflichtigen eingegangen werden. Zunächst sollen die Regelungen der AO auf ihre Tauglichkeit im Hinblick auf die Wahrung des Nemo-tenetur-Grundsatzes überprüft und abschließend unter Berücksichtigung des im 1. Teil gefundenen Ergebnisses eigene Vorschläge zur Auflösung der bestehenden Konflikte zwischen dem Nemo-tenetur-Grundsatz und den steuerrechtlichen Mitwirkungspflichten entwickelt werden.

1. Teil: Der Nemo-tenetur-Grundsatz

A. Der Nemo-tenetur-Grundsatz im Strafverfahren

Der Satz „nemo tenetur se ipsum accusare" (= Niemand ist verpflichtet sich selbst anzuklagen) oder kurz: „Nemo-tenetur-Grundsatz" gehört zu den Grundprinzipien des deutschen Strafverfahrens. Er gewährt dem Beschuldigten, Angeschuldigten oder Angeklagten (vgl. § 157 StPO) zu jedem Zeitpunkt des Strafverfahrens völlige Aussagefreiheit und damit ein umfassendes „Schweigerecht".[1] Die Strafverfolgungsorgane haben dieses Recht zu beachten und dürfen den Beschuldigten insbesondere nicht mit den in § 136a StPO bezeichneten Mitteln in seiner Entscheidungsfreiheit beeinflussen. Dies hat wiederum zur Konsequenz, dass aus dem vollständigen Schweigen des Beschuldigten im Strafverfahren – um das Schweigerecht nicht zu unterlaufen – keinerlei Schlüsse zu dessen Lasten gezogen werden dürfen.[2] Über sein Schweigerecht muss der Beschuldigte zwingend belehrt werden (vgl. nur § 136 Abs. 1 Satz 2 StPO). Unterbleibt eine solche Belehrung und sagt der Betroffene nur deshalb aus, weil er sich dazu verpflichtet glaubt, ist seine Aussage nicht verwertbar.[3]

Der Nemo-tenetur-Grundsatz gewährleistet dem Beschuldigten im Strafverfahren aber nicht nur ein „Schweigerecht", er verleiht ihm vielmehr auch die freie Entscheidung darüber, ob er an der Sachverhaltsaufklärung „in anderer Weise als durch Äußerungen" zum Untersuchungsgegenstand aktiv mitwirken will oder nicht.[4]

---

[1] Vgl. *Eisenberg*, Beweisrecht StPO, Rn. 831; KK-StPO/*Diemer*, § 136 StPO, Rn. 10; LR-StPO/*Kühne*, Einl. Abschn. J, Rn. 87; *Ranft*, Strafprozessrecht, Rn. 338; SK-StPO/*Rogall*, Vor § 133 StPO, Rn. 66; BGH, Beschl. v. 13.5.1996 – GSSt 1/96 = NJW 1996, 2940 ff. (2942).

[2] Vgl. KK-StPO/*Diemer*, § 136 StPO, Rn. 10; KK-StPO/*Ott*, § 261 StPO, Rn. 38; LR-StPO/*Kühne*, Einl. Abschn. J, Rn. 92; *Meyer-Goßner*, § 261 StPO, Rn. 16; SK-StPO/*Rogall*, Vor § 133 StPO, Rn. 198; BGHSt 20, 281 ff. (282-283), Urt. v. 26.10.1965 – 5 StR 515/65; BGH, Beschl. v. 13.5.1996 – GSSt 1/96 = NJW 1996, 2940 ff. (2942).

[3] Näher hierzu vgl. BGHSt 38, 214 ff. (218), Beschl. v. 27.2.1992 – 5 StR 190/91.

[4] Vgl. KK-StPO/*Diemer*, § 136 StPO, Rn. 10; *Kühne*, Strafprozessrecht, S. 76, Rn. 103.1; LR-StPO/*Kühne*, Einl. Abschn. J, Rn. 90; *Meyer-Goßner*, Einl. StPO, Rn. 29a; SK-StPO/*Rogall*, Vor § 133 StPO, Rn. 67; BVerfG, Beschl. v. 25.8.2014 – 2 BvR 2048/13; BGH, Beschl. v. 13.5.1996 – GSSt 1/96 = NJW 1996, 2940 ff. (2942); BGH, Urt. v. 26.7.2007 – 3 StR 104/07 = NJW 2007, 3138 ff. (3140).

Der Nemo-tenetur-Grundsatz ist trotz seiner elementaren Bedeutung für die Rechtsstellung des Beschuldigten weder im GG noch in der StPO oder der EMRK allgemein normiert. Die Belehrungsvorschriften der §§ 115 Abs. 3 Satz 1, 136 Abs. 1 Satz 2, 163a Abs. 4 Satz 2, 243 Abs. 5 Satz 1 StPO setzen ihn bereits als selbstverständlich voraus.[5] Es stellt sich daher sowohl die Frage nach dem Grund für die bedingungslose Anerkennung des Nemo-tenetur-Grundsatzes im deutschen Strafverfahren als auch nach seinem konkreten Gewährleistungsinhalt.

I. Rechtsquellen und Grundlagen des Nemo-tenetur-Grundsatzes

Dem Nemo-tenetur-Grundsatz kommt trotz seiner fehlenden ausdrücklichen Fixierung in der geltenden Strafprozessordnung eine unbeschränkte Anerkennung und Geltung innerhalb des deutschen Strafprozesses zu. Erklärungen für den Nemo-tenetur-Grundsatz sowie Aussagen über seinen genauen Inhalt lassen sich möglicherweise im Grundgesetz, insbesondere in dem Rechtsstaatsprinzip, dem allgemeinen Persönlichkeitsrecht (Art. 2 Abs. 1 i.V.m. Art. 1 Abs. 1 GG), der Meinungsfreiheit (Art. 5 Abs. 1 GG), dem Recht auf Gehör (Art. 103 Abs. 1 GG), der Menschenwürde (Art. 1 Abs. 1 GG) oder den völkerrechtlichen Vorschriften der Art. 6 EMRK und Art. 14 IPBPR finden.

1. Rechtsstaatsprinzip/Allgemeines Persönlichkeitsrecht

Überwiegend wird der Nemo-tenetur-Grundsatz als selbstverständlicher Ausdruck einer rechtsstaatlichen Grundhaltung (Art. 20 Abs. 3 GG) bezeichnet, die auf dem Leitgedanken der Achtung vor der Menschenwürde beruhe.[6]

---

[5] Vgl. *Kasiske*, NJW 2014, 15 ff. (15); SK-StPO/*Rogall*, Vor § 133 StPO, Rn. 130.
[6] Vgl. KK-StPO/*Diemer*, § 136 StPO, Rn. 10; LR-StPO/*Kühne*, Einl. Abschn. J, Rn. 87; *Schneider*, Grund und Grenzen, S. 49; BVerfGE 56, 37 ff. (43), Beschl. v. 13.1.1981 – 1 BvR 116/77; BVerfG, Beschl. v. 25.8.2014 – 2 BvR 2048/13; BGHSt 38, 214 ff. (220), Beschl. v. 27.2.1992 – 5 StR 190/92; BGH, Beschl. v. 13.5.1996 – GSSt 1/96 = NJW 1996, 2940 ff. (2942); BGH, Urt. v. 26.7.2007 – 3 StR 104/07 = NJW 2007, 3138 ff. (3140).

Das Verbot der Selbstbezichtigung im Strafprozess wird als eine durch Art. 2 Abs. 1 i.V.m. Art. 1 Abs. 1 GG gebotene Wertentscheidung zu Gunsten des Persönlichkeitsrechts[7] des Beschuldigten im Strafverfahren gewürdigt, hinter dem das Strafverfolgungsinteresse der Allgemeinheit zurückzutreten habe, da es die Menschenwürde gebiete, dass der Beschuldigte frei darüber entscheiden könne, ob er als Werkzeug zur Überführung seiner selbst benutzt werden dürfe.[8]

Das Rechtsstaatsprinzip ist jedoch bereits wegen seiner eigenen Reichweite ungeeignet, eine Erklärung für die Anerkennung des Nemo-tenetur-Grundsatzes zu liefern.[9]

Wie die nachfolgenden Ausführungen zeigen, lassen sich auch aus dem allgemeinen Persönlichkeitsrecht keine stichhaltigen Erklärungen für die uneingeschränkte Anerkennung und Geltung des Nemo-tenetur-Grundsatzes im Strafverfahren finden:

Das allgemeine Persönlichkeitsrecht aus Art. 2 Abs. 1 i.V.m. Art. 1 Abs. 1 GG gewährt dem Grundrechtsträger primär einen privaten Freiraum gegenüber dem Staat.[10] Der Einzelne wird insbesondere vor staatlichen Ausforschungsmaßnahmen geschützt (Recht auf informationelle Selbstbestimmung).[11] Außerdem gewährleistet das allgemeine Persönlichkeitsrecht dem Einzelnen auch den Schutz seines individuellen Selbstdarstellungsrechts.[12]

---

[7] Vgl. *Bruns* in FS Schmidt-Leichner 1977, S. 1 ff. (8); *Dingeldey*, JA 1984, 407 ff. (409); *Günther*, GA 1978, 193 ff. (198); Jarass/Pieroth/*Jarass*, Art. 2 GG, Rn. 46; LR-StPO/*Kühne*, Einl. Abschn. J, Rn. 87; *Nothelfer*, Die Freiheit von Selbstbezichtigungszwang, S. 83; *Rogall*, Der Beschuldigte, S. 148; SK-StPO/*Rogall*, Vor § 133 StPO, Rn. 136; BVerfGE 56, 37 ff. (43), Beschl. v. 13.1.1981 – 1 BvR 116/77; BGHSt 38, 214 ff. (220), Beschl. v. 27.2.1992 – 5 StR 190/92; BGH, Beschl. v. 13.5.1996 – GSSt 1/96 = NJW 1996, 2940 ff. (2942); BGH, Urt. v. 26.7.2007 – 3 StR 104/07 = NJW 2007, 3138 ff. (3140).
[8] Vgl. BVerfGE 56, 37 ff. (43), Beschl. v. 13.1.1981 – 1 BvR 116/77.
[9] Vgl. *Bosch*, Aspekte des nemo-tenetur-Prinzips, S. 71.
[10] Vgl. Maunz/Dürig/*Di Fabio*, Art. 2 Abs. 1 GG, Rn. 132.
[11] Vgl. Jarass/Pieroth/*Jarass*, Art. 2 GG, Rn. 42; Maunz/Dürig/*Di Fabio*, Art. 2 Abs. 1 GG, Rn. 132.
[12] Vgl. Jarass/Pieroth/*Jarass*, Art. 2 GG, Rn. 40; Maunz/Dürig/*Di Fabio*, Art. 2 Abs. 1 GG, Rn. 132.

Das Recht auf informationelle Selbstbestimmung verleiht dem Einzelnen die Befugnis grundsätzlich selbst zu entscheiden, wann und innerhalb welcher Grenzen persönliche Daten offenbart werden.[13] Das allgemeine Persönlichkeitsrecht ist jedoch nicht schrankenlos gewährleistet, sondern findet seine Grenze dort, wo schutzwürdige Belange Dritter betroffen sind und jeder als gemeinschaftsbezogener und gemeinschaftsgebundener Bürger staatliche Maßnahmen hinzunehmen hat, die im überwiegenden Allgemeinwohlinteresse unter strikter Wahrnehmung des Verhältnismäßigkeitsgrundsatzes getroffen werden.[14] Dementsprechend sind nach der StPO unter bestimmten Voraussetzungen selbst heimliche Ermittlungsmaßnahmen gegen einen Beschuldigten möglich (vgl. §§ 100a ff. StPO). Unter diesen Umständen wird der Betroffene zwar nicht gezwungen sich selbst zu belasten, es wird ihm jedoch sogar ohne sein Wissen jegliche Verfügungsgewalt über seine persönlichen Daten genommen.[15] Daher kann der Nemo-tenetur-Grundsatz nicht auf diesen Teilaspekt des allgemeinen Persönlichkeitsrechts zurückzuführen sein.

Neben einer gegen Außeneinwirkung abgeschirmten Privatsphäre schützt das allgemeine Persönlichkeitsrecht als Recht auf Selbstdarstellung die personale Stellung des Einzelnen in der Gesellschaft im Sinne seiner sozialen Anerkennung und sozialen Existenz.[16] Soweit der Einzelne seine Persönlichkeit jedoch freiwillig nach außen öffnet, hat er kein Recht darauf, so dargestellt zu werden, wie er selbst sich sieht oder von anderen gesehen werden möchte.[17] Er kann lediglich Schutz gegen die Verbreitung persönlichkeitsrelevanter Umstände beanspruchen, aus denen sich ein verfälschtes oder entstelltes Persönlichkeitsbild von ihm ergeben kann.[18] Dies bedeutet, dass dem Betroffenen lediglich die Möglichkeit eingeräumt werden muss, sich gegen die Verbreitung unwahrer Tatsachen über ihn aktiv zur Wehr setzen zu können. Ein Recht im Strafverfahren zu schweigen ergibt sich daraus nicht.

---

[13] Vgl. BK-GG/*Lorenz*, Art. 2 Abs. 1 GG, Rn. 330; Jarass/Pieroth/*Jarass*, Art. 2 GG, Rn. 42; Maunz/Dürig/*Di Fabio*, Art. 2 Abs. 1 GG, Rn. 175; BVerfGE 65, 1 ff. (41-42), Urt. v. 15.12.1983 – 1 BvR 209, 269, 362, 420, 440,484/83; BVerfG, Beschl. v. 14.12.2000 – 2 BvR 1741/99, 276/00, 2061/00.

[14] Vgl. BK-GG/*Lorenz*, Art. 2 Abs. 1 GG, Rn. 336-337; BVerfGE 38, 105 ff. (115), Beschl. v. 8.10.1974 – 2 BvR 747-753/73; BVerfGE 99, 185 ff. (194), Beschl. v. 10.11.1998 – 1 BvR 1531/96; BVerfG, Beschl. v. 14.12.2000 – 2 BvR 1741/99, 276/00, 2061/00.

[15] Vgl. *Bosch*, Aspekte des nemo-tenetur-Prinzips, S. 54-55; *Böse*, GA 2002, 98 ff. (102).

[16] Vgl. BK-GG/*Lorenz*, Art. 2 Abs. 1 GG, Rn. 315; Jarass/Pieroth/*Jarass*, Art. 2 GG, Rn. 40; Maunz/Dürig/*Di Fabio*, Art. 2 Abs. 1 GG, Rn. 166; BVerfGE 63, 131 ff. (142-143), Beschl. v. 8.2.1983 – 1 BvL 20/81.

[17] Vgl. BK-GG/*Lorenz*, Art. 2 Abs. 1 GG, Rn. 317.

[18] Vgl. BK-GG/*Lorenz*, Art. 2 Abs. 1 GG, Rn. 318.

Möglicherweise kommt dem Nemo-tenetur-Grundsatz jedoch ein selbständiger persönlichkeitsrechtlicher Charakter zu.[19] Denn es würde dem natürlichen Selbsterhaltungstrieb des Menschen zuwiderlaufen, wenn ein Beschuldigter zur Preisgabe von Informationen gezwungen werden könnte, um diese dann gegen ihn zu verwenden.[20] Bei einer solchen Betrachtungsweise dürfte sich aber nur der Täter einer Straftat auf den Nemo-tenetur-Grundsatz berufen, da es nur diesem tatsächlich möglich ist, sich selbst wegen der begangenen Straftat zu belasten und damit seinem natürlichen Selbsterhaltungstrieb zuwider zu handeln.[21] Außerdem gibt es Fälle, in denen ein Unschuldiger die Tat gesteht, um beispielsweise einer für ihn nicht mehr ertragbaren Verhör- oder Haftsituation zu entgehen.[22] In dieser Situation handelt auch dieser aus einem natürlichen Selbsterhaltungstrieb heraus, jedoch nicht durch sein Schweigen, sondern durch ein Geständnis.[23] Auch im Hinblick auf Ordnungswidrigkeiten überzeugt ein solcher Unzumutbarkeitsgedanke nicht. So lässt sich beispielsweise bei einem Verfahren, bei dem ein Bußgeld wegen Falschparkens droht, stark bezweifeln, ob der Betroffene durch eine Aussagepflicht in einen schweren inneren Konflikt geraten könnte.[24] Festzuhalten bleibt, dass sich auch mithilfe des Rechts auf Selbsterhaltung allenfalls ein Teilaspekt des Nemo-tenetur-Grundsatzes erklären lässt.

2. Meinungsfreiheit (Art. 5 Abs. 1 GG)

Eine Meinung ist das Werturteil als eine „durch das Element der Stellungnahme und des Dafürhaltens geprägte Äußerung".[25] Sie ist damit vor allem subjektiv geprägt.[26] Der Begriff der Meinungsfreiheit ist jedoch grundsätzlich weit zu verstehen,[27] sodass neben Werturteilen auch Tatsachenbehauptungen erfasst werden, soweit sie meinungsbezogen sind und damit ihrerseits zur

---

[19] So *Rogall*, Der Beschuldigte, S. 145-148; SK-StPO/*Rogall*, Vor § 133 StPO, Rn. 136.
[20] *Rogall*, Der Beschuldigte, S. 145; SK-StPO/*Rogall*, Vor § 133 StPO, Rn. 136.
[21] *Schaefer*, Der Nemo-Tenetur-Grundsatz, S. 110-112.
[22] *Schaefer*, Der Nemo-Tenetur-Grundsatz, S. 112.
[23] *Schaefer*, Der Nemo-Tenetur-Grundsatz, S. 112.
[24] *Bosch*, Aspekte des nemo-tenetur-Prinzips, S. 33-34; *Möller*, JR 2005, 314 ff. (317).
[25] Vgl. BVerfGE 61, 1 ff. (8-9), Beschl. v. 22.6.1982 – 1 BvR 1376/79; BVerfGE 85, 1 ff. (15), Beschl. v. 9.10.1991 – 1 BvR 1555/88.
[26] Vgl. Jarass/Pieroth/*Jarass*, Art. 5 GG, Rn. 5; Maunz/Dürig/*Grabenwarter*, Art. 5 Abs. 1 GG, Rn. 47; BVerfGE 90, 241 ff. (247), Beschl. v. 13.4.1994 – 1 BvR 23/94.
[27] Vgl. BK-GG/*Degenhart*, Art. 5 Abs. 1 u. 2 GG, Rn. 99-100; BVerfGE 61, 1 ff. (9); Beschl. v. 22.6.1982 – 1 BvR 1376/79; BVerfGE 85, 1 ff. (15), Beschl. v. 9.10.1991 – 1 BvR 1555/88.

Meinungsbildung beitragen.[28] Geschützt ist außerdem die „negative Meinungsfreiheit", d.h. die Freiheit, eine bestimmte Meinung nicht haben zu müssen.[29] Daher könnte der Nemo-tenetur-Grundsatz auf die „negative Meinungsfreiheit" zurückzuführen sein.[30]

Die Überprüfbarkeit einer Tatsachenbehauptung auf Ihre Richtigkeit kann nach der Rechtsprechung des Bundesverfassungsgerichts jedoch dazu führen, dass sie aus dem Schutzbereich der Meinungsfreiheit herausfällt.[31] Tatsachenbehauptungen würden im Gegensatz zu Werturteilen durch die objektive Beziehung zwischen Äußerung und der Wirklichkeit charakterisiert. Der sachliche Schutzbereich der Meinungsfreiheit umfasse daher keine (im Zeitpunkt der Äußerung) erwiesenen oder erkenntlich unwahren Behauptungen.[32] Eine Erklärung des Nemo-tenetur-Grundsatzes mit der negativen Meinungsfreiheit ist somit nicht möglich. Denn eine Aussagepflicht würde grundsätzlich auf eine reine Tatsachenbehauptung abzielen, deren Wahrheitsgehalt der Betroffene kennt bzw. welcher voll nachprüfbar ist. Da eine strafprozessuale Aussagepflicht somit nicht in Zusammenhang mit der Bildung einer Meinung steht, ist der Schutzbereich der Meinungsfreiheit nicht eröffnet.

3. Recht auf Gehör (Art. 103 Abs. 1 GG)

Das Recht auf Gehör nach Art. 103 Abs. 1 GG lässt sich auf das Rechtsstaatsprinzip sowie die Menschenwürde zurückführen.[33] Rechtliches Gehör „sichert den Parteien ein Recht auf Information, Äußerung und Berücksichtigung ihres Vorbringens mit der Folge, dass sie ihr Verhalten im Prozess eigenbestimmt und situationsspezifisch gestalten können".[34] Vereinzelt wird der Nemo-tenetur-Grundsatz daher auch aus Art. 103 Abs. 1 GG abgeleitet.[35] Zur Begründung wird vorgetragen, dass Schweigen und das Vorbringen von Entlastendem zwei Möglichkeiten der Verteidigung seien und der Beschuldigte in

---

[28] Vgl. BK-GG/*Degenhart*, Art. 5 Abs. 1 u. 2 GG, Rn. 103; Jarass/Pieroth/*Jarass*, Art. 5 GG, Rn. 3-4; BVerfGE 61, 1 ff. (8-9), Beschl. v. 22.06.1982 – 1 BvR 1376/79; BVerfGE 94, 1 ff. (7), Beschl. v. 13.2.1996 – 1 BvR 262/91.

[29] Vgl. BK-GG/*Degenhart*, Art. 5 Abs. 1 u. 2 GG, Rn. 158; Jarass/Pieroth/ *Jarass*, Art. 5 GG, Rn. 6b; Maunz/Dürig/*Grabenwarter*, Art. 5 Abs. 1 GG, Rn. 95; BVerfGE 65, 1 ff. (40), Urt. v. 15.12.1983 – 1 BvR 209, 269, 362, 420, 440, 484/83.

[30] Vgl. *Kölbel*, Selbstbelastungsfreiheiten, S. 288-290.

[31] Vgl. BVerfGE 90, 241 ff. (247), Beschl. v. 13.4.1994 – 1 BvR 23/94.

[32] BVerfGE 90, 241 ff. (247), Beschl. v. 13.4.1994 – 1 BvR 23/94.

[33] Vgl. Maunz/Dürig/*Schmidt-Aßmann*, Art. 103 Abs. 1 GG, Rn. 2.

[34] BVerfG, Beschl. v. 30.4.2003 – 1 PBvu 1/02, S. 8; BVerfG, Beschl. v. 14.3.2007 – 1 BvR 2748/06.

[35] *Böse*, GA 2002, 98 ff. (119); *Böse*, Wirtschaftsaufsicht, S. 181.

beiden Fällen ein und dieselbe Freiheit wahrnehme, nämlich selbst über sein Aussageverhalten im Strafverfahren zu bestimmen.[36]

Seinem Sinn und Zweck nach ist das Recht auf Gehör grundsätzlich darauf angelegt, dass der Betroffene – der nicht bloßes Objekt des Verfahrens sein soll – vor einer Entscheidung, die seine Rechte betrifft, mit seinen Ausführungen und Anträgen gehört wird, um Einfluss auf das Verfahren und sein Ergebnis nehmen zu können.[37] Der Betroffene soll „zu Wort" kommen.[38] Art. 103 Abs. 1 GG bestimmt somit keine Aussagepflicht. Daraus kann jedoch nicht der Schluss gezogen werden, dass der Gesetzgeber auch an anderer Stelle keine Aussagepflicht anordnen darf und Art. 103 Abs. 1 GG damit ein Schweigerecht gewährt.[39] Zudem folgt aus der nach Art. 103 Abs. 1 GG garantierten Äußerungsmöglichkeit zugleich, dass der Berechtigte die Verantwortung dafür trägt, von ihr Gebrauch zu machen,[40] und er dementsprechend auch die Folgen der Nichtwahrnehmung dieser Obliegenheit selbst zu tragen hat. Dieses Ergebnis stünde jedoch in Widerspruch zu der bereits getroffenen Feststellung, dass aus dem Schweigeverhalten des Beschuldigten im Strafverfahren keine negativen Schlüsse gezogen werden dürfen. Art. 103 Abs. 1 GG sichert somit die Subjektstellung des Beschuldigten im Strafverfahren, indem er ihm eine gewisse Einflussnahme auf die justizielle Entscheidungsfindung ermöglicht.[41] Gesichert wird also zwar ein Aspekt, der auch für den Nemo-tenetur-Grundsatz relevant ist, vollständig erschlossen werden kann dieser aus Art. 103 Abs. 1 GG jedoch nicht.

---

[36] *Böse*, GA 2002, 98 ff. (119); *Böse*, Wirtschaftsaufsicht, S. 181.
[37] Vgl. BVerfG, Beschl. v. 14.3.2007 – 1 BvR 2748/06; BVerfG, Beschl. v. 18.1.2011 – 1 BvR 2441/10.
[38] Vgl. BVerfG, Beschl. v. 18.1.2011 – 1 BvR 2441/10.
[39] Vgl. *Möller*, JR 2005, 314 ff. (318); *Rogall*, Der Beschuldigte, S. 125.
[40] Vgl. BK-GG/*Rüping*, Art. 103 Abs. 1 GG, Rn. 53.
[41] Vgl. BK-GG/*Zeppelius*, Art. 1 Abs. 1 u. 2 GG, Rn. 64-65; Maunz/Dürig/*Schmidt-Aßmann*, Art. 103 Abs. 1 GG, Rn. 2.

4. Menschenwürde (Art. 1 Abs. 1 GG)

Der Nemo-tenetur-Grundsatz könnte auf Art. 1 Abs. 1 GG zurückzuführen sein.[42] Art. 1 Abs. 1 GG bestimmt: „Die Menschenwürde ist unantastbar." Jeder Mensch besitzt als Person diese Würde, ohne Rücksicht auf seine Eigenschaften, seinen körperlichen oder geistigen Zustand, seine Leistungen und seinen sozialen Status.[43] Sie kann keinem Menschen genommen werden. Verletzbar ist jedoch der aus ihr folgende Achtungsanspruch.[44]

Als Abwehrrecht gegenüber der öffentlichen Gewalt gebietet es die Menschenwürde insbesondere, den Betroffenen als über sich selbst verfügende, sein Verhalten selbst bestimmende Persönlichkeit zu behandeln und ihn in einem staatlichen Verfahren nicht zu einem bloßen Objekt der Inquisition herabzusetzen.[45]

Diese sog. „Objektformel" kann nach der Rechtsprechung des Bundesverfassungsgerichts aber lediglich die Richtung andeuten, in der Fälle der Verletzung der Menschenwürde gefunden werden können.[46] Der Mensch sei nicht selten bloßes Objekt, nicht nur der Verhältnisse und der gesellschaftlichen Entwicklung, sondern auch des Rechts, insofern er sich ohne Rücksicht auf seine Interessen fügen müsse. Eine Verletzung der Menschenwürde könne darin allein nicht gefunden werden. Hinzukommen müsse, dass er einer Behandlung ausgesetzt werde, die seine Subjektqualität prinzipiell in Frage stelle oder dass in der Behandlung im konkreten Fall eine willkürliche Missachtung der Würde des Menschen liegt. Die Behandlung des Menschen durch die öffentliche Hand, die das Gesetz vollziehe, müsse also, wenn sie die Menschenwürde berühren solle, Ausdruck der Verachtung des Wertes, der dem Mensch kraft seines Personseins zukomme, also in diesem Sinne eine „ver-

---

[42] Vgl. *Kasiske*, JuS, 2014, 15 ff. (17); KK-StPO/*Diemer*, § 136 StPO, Rn. 10; LR-StPO/*Kühne*, Einl. Abschn. J, Rn. 87; *Torka*, Nachtatverhalten, S. 117, 300; BVerfGE 56, 37 ff. (43), Beschl. v. 13.1.1981 – 1 BvR 116/77; BVerfG, Beschl. v. 25.8.2014 – 2 BvR 2048/13; BGHSt 38, 214 ff. (220), Beschl. v. 27.2.1992 – 5 StR 190/92; BGH, Beschl. v. 13.5.1996 – GSSt 1/96 = NJW 1996, 2940 ff. (2942); BGH, Urt. v. 26.7.2007 – 3 StR 104/07 = NJW 2007, 3138 ff. (3140).
[43] Vgl. BK-GG/*Zeppelius*, Art. 1 Abs. 1 u. 2 GG, Rn. 14; Jarass/Pieroth/*Jarass*, Art. 1 GG, Rn. 6; Maunz/Dürig/*Herdegen*, Art. 1 Abs. 1 GG, Rn. 35; BVerfGE 87, 209 ff. (228), Beschl. v. 20.10.1992 – 1 BvR 698/89; BVerfGE 96, 375 ff. (399), Beschl. v. 12.11.1997 – 1 BvR 479/92 u. 307/94; BVerfG, Urt. v. 15.2.2006 – 1 BvR 357/05.
[44] Vgl. BVerfGE 87, 209 ff. (228), Beschl. v. 20.10.1992 – 1 BvR 698/89; BVerfG, Urt. v. 15.2.2006 – 1 BvR 357/05.
[45] BK-GG/*Zeppelius*, Art. 1 Abs. 1 u. 2 GG, Rn. 65; Jarass/Pieroth/*Jarass*, Art. 1 GG, Rn. 11; BVerfGE 28, 386 ff. (391), Beschl. v. 9.6.1970 – 1 BvL 24/69; BVerfGE 96, 375 ff. (399), Beschl. v. 12.11.1997 – 1 BvR 479/92 u. 307/94.
[46] BVerfGE 30, 1 ff. (25), Urt. v. 15.12.1970 – 2 BvF 1/69, 2 BvR 629/68 u. 308/69.

ächtliche Behandlung" sein.[47] Was unter einer solchen „verächtlichen Behandlung" zu verstehen sei, hänge wiederum von den jeweils geltenden gesellschaftlichen Verhältnissen ab.[48]

Die geltende Rechtsordnung erlaubt eine Fülle tiefgreifender Eingriffe in elementare Rechte des Beschuldigten (vgl. §§ 81 ff. StPO). So muss der Beschuldigte grundsätzlich körperliche und psychiatrische Untersuchungen über sich ergehen lassen, ohne dass darin ein Verstoß gegen die Menschenwürde gesehen wird.

Den dem Beschuldigten von der StPO auferlegten passiven Duldungspflichten nach §§ 81 ff. StPO sind allerdings Grenzen gesetzt. So sind z.B. körperliche Untersuchungen des Beschuldigten nach § 81a Satz 2 StPO nur zulässig, wenn sie von einem Arzt nach den Regeln der ärztlichen Kunst zu Untersuchungszwecken vorgenommen werden und dadurch kein Nachteil für die Gesundheit des Beschuldigten zu befürchten ist. Durch die Vorschrift des § 136a StPO werden ferner die Grenzen strafprozessualer Vernehmungsmethoden bestimmt. So darf nach § 136a Abs. 1 Satz 1 StPO die Freiheit der Willensentschließung und der Willensbetätigung des Beschuldigten nicht beeinträchtigt werden durch Misshandlung, Ermüdung, körperlichen Eingriff, Verabreichung von Mitteln, Quälerei, Täuschung oder durch Hypnose.

Aus vom Gesetzgeber getroffenen einfachgesetzlichen Vorkehrungen zum Schutz der Menschenwürde lässt sich der Schluss ziehen, dass nach der geltenden Rechtsauffassung der StPO eine „verächtliche Behandlung" des Menschen immer dann festgestellt werden kann, wenn der Betroffene einer willkürlichen Behandlung ausgesetzt ist, durch die ihm jegliche Möglichkeit genommen wird, Herr seiner geistigen Entscheidungen zu sein. Dies ist dann der Fall, wenn der Staat die erforderliche Information „so oder so" erhält, entweder durch die freiwillige Preisgabe des Betroffenen oder zwangsweise. Eine Pflicht zur aktiven Selbstbelastung, die notfalls mit staatlichen Zwangsmitteln durchgesetzt werden kann, stellt somit einen Verstoß gegen die Menschenwürde dar. Denn dadurch wird dem Betroffenen eine freie geistige Entscheidung unmöglich gemacht. Er wird auf diese Weise gerade als Persönlichkeit, die zu einem autonomen Willensentschluss fähig ist, für Verfahrenszwecke instrumentalisiert.[49] Der Nemo-tenetur-Grundsatz folgt daher unmittelbar aus Art. 1 Abs. 1 GG.

---

[47] BVerfGE 30, 1 ff. (25-26), Urt. v. 7.7.1970 – 2 BvF 1/69, 2 BvR 629/68 u. 308/69.
[48] Vgl. BVerfGE 96, 375 ff. (399-400); Beschl. v. 12.11.1997 – 1 BvR 479/92 u. 307/94.
[49] *Kasiske*, JuS 2014, S. 15 ff. (16).

5. Kombination von Ausschnitten verschiedener Grundrechte

Möglicherweise lässt sich der Nemo-tenetur-Grundsatz auch auf Ausschnitte mehrerer Grundrechte zurückführen.

So geht beispielsweise *Kölbel* davon aus, dass sich der Nemo-tenetur-Grundsatz aus unterschiedlichen Selbstbezichtigungsfreiheiten zusammensetzt, deren Gewährleistungspalette wiederum verschiedene Grundrechte (insbes. Art. 2 Abs. 1 i.V.m. Art. 1 Abs. 1, Art. 5 Abs. 1, 103 Abs. 1 GG) absichere.[50]

Die Annahme, dass sich der Nemo-tenetur-Grundsatz aus Aspekten mehrerer Grundrechte ableitet (es dementsprechend mehrere „Nemo-tenetur-Grundrechte" gibt,[51] die einzelne Teilbereiche abdecken), hat jedoch zur Folge, dass die einzelnen „Eingriffsnormen" stets auf ihre verfassungsrechtliche Vereinbarkeit mit den bzw. dem jeweils betroffenen „Nemo-tenetur-Grundrecht/en" hin überprüft werden müssen. Davon muss dann konsequenterweise auch die Feststellung eines Verstoßes gegen den Nemo-tenetur-Grundsatz abhängen. Wenn sich die einzelnen Normen mit dem jeweils betroffenen „Nemo-tenetur-Grundrecht" vereinbaren lassen, bedeutet dies jedoch nicht zwingend, dass auch der Nemo-tenetur-Grundsatz insgesamt gewahrt bleibt.

6. Recht auf ein faires Verfahren (Art. 6 Abs. 1 EMRK)

Der Nemo-tenetur-Grundsatz könnte auch aus dem Recht auf ein faires Verfahren herzuleiten sein.[52]

Art. 6 Abs. 1 EMRK statuiert allgemeine Verfahrensgrundsätze vor den Gerichten in den Mitgliedsstaaten und damit Grundanforderungen an das Gerichtswesen wie z.B. das Gebot des fairen Verfahrens.[53] So hat jede Person ein Recht darauf, dass über Streitigkeiten in Bezug auf ihre zivilrechtlichen Ansprüche und Verpflichtungen oder über eine gegen sie erhobene strafrechtliche Anklage in einem fairen Verfahren verhandelt wird. Die Vorschrift dient zusammen mit Art. 13 EMRK dazu, in den Konventionsstaaten einheitliche Mindeststandards zu gewährleisten und dadurch eine konventionseigene

---

[50] Vgl. *Kölbel*, Selbstbelastungsfreiheiten, S. 304.
[51] Vgl. *Kölbel*, Selbstbelastungsfreiheiten, S. 304, 492.
[52] Vgl. *Kasiske*, JuS 2014, 15 ff. (17); SK-StPO/*Rogall*, Vor § 133 StPO, Rn. 131; *Weiß*, NJW 1999, 2236 f. (2237); EGMR (Zweite Sektion), Urt. v. 3.5.2001 – 31 827/96 (J.B./Schweiz) = NJW 2002, 499 ff.
[53] KK-StPO/*Schädler*, Art. 6 EMRK, Rn. 2-3; SK-StPO/*Paeffgen*, Art. 6 EMRK, Rn. 5.

Rechtsschutzinstanz, den Europäischen Gerichtshof für Menschenrechte (EGMR), zu sichern.[54]

Da der EMRK innerhalb der deutschen Rechtsordnung jedoch kein Verfassungsrang zukommt, ist sie für das Bundesverfassungsgericht kein unmittelbarer Prüfungsmaßstab.[55]

Das Recht auf ein faires Verfahren ist jedoch inhaltlich begrenzt. Auf die in Art. 6 EMRK genannten Garantien können sich nur Personen berufen, deren (zivilrechtliche) Ansprüche und Verpflichtungen streitig sind sowie Personen, gegen die eine strafrechtliche Anklage erhoben worden ist.[56]

Der Nemo-tenetur-Grundsatz verbietet das Erzwingen der Mitwirkung des Beschuldigten an der Sachverhaltsaufklärung im Strafverfahren. Er verhindert mithin gerade solche Ermittlungsmethoden, denen bereits ihrem Wesen nach ein Element der Unfairness innewohnt.[57] Der Nemo-tenetur-Grundsatz ist daher auch aus dem Recht auf ein faires Verfahren (Art. 6 Abs. 1 EMRK) herzuleiten.

7. Art. 14 Abs. 3 lit. g IPBPR

Ausdrücklich geregelt ist der Nemo-tenetur-Grundsatz lediglich in der völkerrechtlichen Vorschrift des Art. 14 Abs. 3 lit. g IPBPR, dem innerstaatlich jedenfalls der Rang eines einfachen Bundesgesetzes zukommt.[58] Danach darf jeder wegen einer strafbaren Handlung Angeklagte nicht gezwungen werden, gegen sich selbst als Zeuge auszusagen oder sich schuldig zu bekennen. Dieses Verbot und das verbundene Recht des Beschuldigten zu schweigen entspricht einem allgemein anerkannten Grundsatz, der den Beschuldigten vor jedem Aussagezwang schützen soll.[59]

Auch der Geltungsbereich des Art. 14 Abs. 3 lit. g IPBPR ist sachlich auf den Bereich des Strafverfahrens und persönlich auf die Person des Angeklagten beschränkt.

---

[54] SK-StPO/*Paeffgen*, Art. 6 EMRK, Rn. 5.
[55] SK-StPO/*Paeffgen*, Art. 6 EMRK, Rn. 7; BVerfGE 19, 342 (347), Beschl. v. 15.12.1956 – 1 BvR 513/65.
[56] Vgl. LR-StPO/*Esser*, Art. 14 IPBPR, Rn. 20.
[57] *Kasiske*, JuS 2014, 15 ff. (17).
[58] Vgl. Dingeldey, NStZ 1984, 529 ff. (529); SK-StPO/*Rogall*, Vor § 133 StPO, Rn. 131.
[59] LR-StPO/*Esser*, Art. 14 IPBPR, Rn. 879.

8. Zwischenergebnis

Die vorangehenden Ausführungen haben ergeben, dass sich der Nemo-tenetur-Grundsatz aus der deutschen Verfassung selbst ergibt (Art. 1 Abs. 1 GG). Daneben lässt er sich aber auch aus den völkerrechtlichen Vorschriften der Art. 6 Abs. 1 EMRK sowie Art. 14 Abs. 3 lit. g IPBPR herleiten. Eine staatlich durchsetzbare Pflicht zur Mitwirkung an der Aufklärung des Sachverhaltes im Strafverfahren, mit der sich der Betroffene selbst belasten müsste, wäre nicht nur verfahrensrechtlich „unfair", sondern würde diesem eine freie Entscheidung praktisch unmöglich machen. Dadurch wäre dessen Würde als Person in Frage gestellt.

Aussagen über den konkreten Inhalt des Nemo-tenetur-Grundsatzes lassen sich aus seiner Herleitung aus der Menschenwürde, dem Recht auf ein faires Verfahren sowie aus Art. 14 Abs. 3 lit. g IPBPR allerdings nicht treffen.

II. Konkrete Bestimmung des Inhalts des Nemo-tenetur-Grundsatzes

Aussagen über den konkreten Inhalt des Nemo-tenetur-Grundsatzes im Strafverfahren lassen sich jedoch im Wege einer näheren Betrachtung der Stellung des Bürgers im geltenden Recht treffen. Auf diese Weise soll im Folgenden zunächst der Zweck des Nemo-tenetur-Grundsatzes im Bereich des Strafverfahrens erschlossen werden, um anschließend anhand einer Gesamtbetrachtung strafprozessualer Normen, welche die Rechte und Pflichten des Beschuldigten speziell im Strafverfahren regeln, seinen konkreten Gewährleistungsinhalt zu definieren.

1. Die Stellung des Bürgers in der geltenden Rechtsordnung

In einem Rechtsstaat besteht eine primäre Aufgabe des Rechts darin, dem einzelnen Bürger einen Raum eigener und freier Gestaltung durch und innerhalb des Rechts zu ermöglichen.[60] Demnach sieht unsere Rechtsordnung den einzelnen Bürger als autonome und emanzipierte „Rechtsperson"[61] an und billigt ihm, als Ausdruck seiner persönlichen Freiheit, einzelne Rechte und Pflichten zu.[62] Die Rechtspflichten des Bürgers (= Befolgung und Anerkennung der Rechtsordnung, womit auch die Pflicht, sich einem justizförmigen Verfahren zu stellen,[63] umfasst ist) stellen wiederum den Preis dieser persönlichen Freiheit

---

[60] Vgl. *Horn*, Einführung in die Rechtswissenschaft, § 1, Rn. 34.
[61] Vgl. *Pawlik*, GA 1998, 378 ff. (379).
[62] Vgl. *Köhler*, ZStW 107 (1995), 10 ff. (19-22); *Pawlik*, GA 1998, 378 ff. (379).
[63] Vgl. *Köhler*, ZStW 107 (1995), 10 ff. (22).

dar, indem sie die Gegenleistung dafür bilden, dass der Staat die Freiräume, das Eigentum und die sonstigen Rechte des Einzelnen vor dem (unberechtigten) Zugriff anderer Bürger schützt.[64]

Aus der Tatsache, dass unsere Rechtsordnung dem einzelnen Bürger in einem gewissen Rahmen die Freiheit zugesteht, sein Leben frei zu gestalten und seine Rechtsbeziehungen und Verhältnisse zu Mitbürgern eigenständig zu regeln,[65] ihm aber gleichzeitig auch die Folgenverantwortung für sein Handeln überträgt, lässt sich zunächst folgern, dass Freiheit ohne die Verantwortung für das eigene Tun keine echte Freiheit ist.[66] Denn Freiheit bedeutet auch die Gewährleistung der Sicherheit der eigenen Rechtsgüter vor dem (unberechtigten) Zugriff anderer durch die Rechtsordnung.[67] Um einer Person die Verantwortung für ihr Handeln und dessen Folgen rechtlich zuschreiben zu können, muss diese jedoch wiederum freiwillig gehandelt haben.[68]

2. Gewährleistung der bürgerlichen Entscheidungsfreiheit im Strafverfahren

Diesem „freiheitlichen Rechtsprinzip"[69] wird nur eine Strafprozessordnung gerecht, welche die Stellung des Beschuldigten als Prozesssubjekt respektiert und diesen dementsprechend Herr seiner Entscheidungen in dem Sinne sein lässt, dass er über das „Ob" und „Wie" seiner Einlassung frei von jedem staatlichen Zwang bestimmen kann.[70] In Anerkennung seiner Rechtspersönlichkeit[71] räumt der Gesetzgeber dem Beschuldigten im Strafprozess neben dem passiven Recht zu schweigen weitere aktive Rechte ein, wie insbesondere das Recht auf Akteneinsicht durch seinen Verteidiger (§ 147 StPO), den Anspruch auf rechtliches Gehör (Art. 101 Abs. 1 GG), das Anwesenheitsrecht bei Zeugenvernehmungen und während der Hauptverhandlung (§§ 168c Abs. 2, 230 Abs. 1 StPO), das Recht, Fragen zu stellen (Art. 6 Abs. 3 lit. d) EMRK, § 257 StPO) und Beweiserhebungen zu beantragen (Art. 6 Abs. 3 lit. b) u. lit. c)

---

[64] Vgl. *Pawlik*, GA 1998, 378 ff. (380).
[65] Vgl. *Horn*, Einführung in die Rechtswissenschaft, § 1, Rn. 34.
[66] *Lesch*, ZStW 111 (1999), 624 ff. (637).
[67] Vgl. *Pawlik*, GA 1998, 378 ff. (380).
[68] *Gutmann*, Freiwilligkeit, S. 1.
[69] *Köhler*, ZStW 107 (1995), 10 ff. (10).
[70] Vgl. *Eser*, ZStW 79 (1967), 565 ff. (571); *Rüping*, JR 1974, 135 ff. (136); *Safferling/Hartwig*, ZIS 2009, 784 ff. (784); BGH, Urt. v. 26. 7.2007 – 3 StR 104/07 = NJW 2007, 3138 ff. (3140).
[71] Vgl. *Pawlik*, GA 1998, 378 ff. (379).

EMRK, §§ 234, 136 Abs. 1 Satz 2, 137 Abs. 1 StPO) sowie das Recht auf ein faires Verfahren (Art. 6 Abs. 1 Satz 1 EMRK).[72]

Durch diese Rechte wird dem Beschuldigten als Subjekt im Strafverfahren die Möglichkeit gegeben, sich ausreichend über den gegen ihn erhobenen Tatvorwurf und die vorliegenden Beweismittel zu informieren. Zugleich wird ihm die Freiheit der Wahl der bestmöglichen „Verteidigungsstrategie" und damit gleichzeitig auch ein gewisses Recht zur Einflussnahme auf den Gang und das Ergebnis des Strafverfahrens zugebilligt.[73]

Neben diesen Rechten legt die StPO dem Beschuldigten auch Pflichten im Strafverfahren auf. So hat er Angaben zu seiner Person zu machen (vgl. § 243 Abs. 2 Satz 2 StPO), zu richterlichen und staatsanwaltschaftlichen Vernehmungen sowie zur Hauptverhandlung zu erscheinen und anwesend zu sein (§§ 163a Abs. 3 Satz 1, 231 StPO). Außerdem hat ein Beschuldigter Untersuchungen (§§ 81 ff. StPO) und Beschlagnahmen (§§ 94 ff. StPO) zu dulden und kann verhaftet (§§ 112 ff. StPO) und vorgeführt (§§ 134, 230 Abs. 2 StPO) werden.[74]

Die geltende StPO stellt den Beschuldigten im Strafverfahren somit von jeglichen Pflichten, die von ihm eine aktive geistige Leistungserbringung zur Sachverhaltsaufklärung abverlangen würden, frei.[75] Verlangt wird von dem Beschuldigten jedoch, dass er die Durchführung des Strafverfahrens ermöglicht, indem er durch die Angabe seiner Personalien seine Identifizierung zulässt, zu bestimmten Vernehmungen und Verhandlungsterminen erscheint sowie die Durchführung von Ermittlungsmaßnahmen passiv erduldet.

---

[72] Näher hierzu vgl. Kühne, Strafprozessrecht, S. 80 ff., Rn. 105-106.2.

[73] Vgl. *Aselmann*, Die Selbstbelastungs- und Verteidigungsfreiheit, S. 49; *Bosch*, Aspekte des nemo-tenetur-Prinzips, S. 119; *Böse*, GA 2002, 98 ff. (127); KK-StPO/*Diemer*, § 136 StPO, Rn. 10; *Lesch*, ZStW 111 (1999), 624 ff. (624 u. 637); *Meyer-Goßner*, Einl. StPO, Rn. 80; *Safferling/Hartwig*, ZIS 2009, 784 ff. (785).

[74] Näher hierzu vgl. Kühne, Strafprozessrecht, S. 84, Rn. 107.

[75] Vgl. *Grünwald*, JZ 1981, 423 ff. (428); *Verrel*, Die Selbstbelastungsfreiheit im Strafverfahren, S. 284; *Wolff*, Selbstbelastung und Verfahrenstrennung, S. 95.

a) Sachlicher Gewährleistungsumfang

Wie bereits aufgezeigt, räumt die StPO dem Beschuldigten nicht nur ein Recht zur Inaktivität im Strafverfahren ein. In Anerkennung seiner Subjektqualität verleiht die StPO dem Beschuldigten vielmehr auch einige Rechte, die es ihm ermöglichen, das Verfahren in gewisser Weise aktiv (z.b. durch das Einführen entlastender Beweismittel) mitzugestalten.

Es stellt sich daher die Frage, ob auch selbstbegünstigende Verhaltensweisen zu dem Gewährleistungsinhalt des Nemo-tenetur-Grundsatzes zu zählen sind bzw. ob der Nemo-tenetur-Grundsatz den Beschuldigten zu Verteidigungszwecken auch zur Ergreifung von Strafvereitelungsmaßnahmen berechtigt.[76]

Für den Beschuldigten besteht kein generelles Verbot, aktive Verdunkelungsmaßnahmen zu ergreifen (z.b. die Vernichtung von Tatspuren oder sonstigen Beweismitteln), um die eigene Täterschaft oder die eines Angehörigen zu verdecken (vgl. § 258 Abs. 5 u. 6 StGB). Auch eine Wahrheitspflicht legt die StPO dem Beschuldigten im Strafverfahren nicht auf.[77] Die Grenze zulässiger Selbstbegünstigung wird erst erreicht, wenn der Beschuldigte durch unwahre Aussagen oder sonstige aktive Strafvereitelungsmaßnahmen neue Straftaten begeht (vgl. §§ 145d, 164, 185, 186, 187, 211 Abs. 2 Gruppe 3 Alt. 2 StGB).[78]

Wie der Haftgrund der Verdunkelungsgefahr nach § 112 Abs. 2 Nr. 3 StPO zeigt, besteht aber auch kein generelles Recht des Beschuldigten zur Lüge bzw. zur Ergreifung von Strafvereitelungsmaßnahmen.[79]

Ein Recht zur Lüge oder zur Ergreifung von aktiven Verdunkelungsmaßnahmen ist zur Realisierung der in erster Linie bestehenden „negativen Abwehrfunktion"[80] des Nemo-tenetur-Grundsatzes gegenüber dem Staat auch nicht erforderlich. Die Wahrung des Nemo-tenetur-Grundsatzes setzt lediglich voraus, dass dem Beschuldigten als „Kehrseite" zu den ihm von der StPO eingeräumten aktiven Mitwirkungsrechten zugleich auch das Recht eingeräumt

---

[76] In diese Richtung vgl. *Torka*, Nachtatverhalten, S. 301; a.A. insbes. *Kölbel*, Selbstbelastungsfreiheiten, S. 87-89; *Schneider*, Grund und Grenzen, S. 30-31; *Verrel*, Die Selbstbelastungsfreiheit im Strafverfahren, S. 86-88.

[77] Vgl. KK-StPO/*Diemer*, § 136 StPO, Rn. 20; *Meyer-Goßner*, § 136 StPO, Rn. 18; *Rieß*, JA 1980, 293 ff. (296-297); *Rüping*, JR 1974, 135 ff. (139); SK-StPO/*Rogall*, Vor § 133 StPO, Rn. 72; *Wessels*, JuS 1966, 169 ff. (173).

[78] Vgl. KK-StPO/*Diemer*, § 136 StPO, Rn. 20.

[79] Vgl. KK-StPO/*Diemer*, § 136 StPO, Rn. 20; *Kölbel*, Selbstbelastungsfreiheiten, S. 25-27; *Rieß*, JA 1980, 293 ff. (296-297); *Rüping*, JR 1974, 135 ff. (139); SK-StPO/*Rogall*, Vor § 133 StPO, Rn. 72; *Wessels*, JuS 1966, 169 ff. (173).

[80] *Eser*, ZStW 79 (1967), 565 ff. (571); *Rogall*, Der Beschuldigte, S. 125; SK-StPO/*Rogall*, Vor § 133 StPO, Rn. 135.

wird, sich nicht intellektuell am Verfahren zu beteiligen.[81] Aktive selbstbegünstigende Verhaltensweisen, welche darauf angelegt und geeignet sind, die Durchsetzung des staatlichen Strafanspruchs zu boykottieren, sind dem Beschuldigten im Strafverfahren daher verwehrt und werden von dem Gewährleistungsinhalt des Nemo-tenetur-Grundsatzes nicht erfasst.

Die Qualifizierung des Nemo-tenetur-Grundsatzes als passives Abwehrrecht wirft die weitere Frage nach dessen Auswirkung auf passive selbstbegünstigende Verhaltensweisen, insbesondere im Rahmen von Unterlassungsdelikten, auf. Die Vorschrift des § 323c StGB stellt beispielsweise unter bestimmten Voraussetzungen gerade ein passives Verhalten unter Strafe. Der Betroffene darf also nicht untätig bleiben, sondern ist nach h.M. zu einer Hilfeleistung selbst dann verpflichtet, wenn die Gefahr einer Strafverfolgung wegen möglicher schuldhafter (Mit-)Verursachung des Unglücksfalles besteht.[82] In solchen Fällen muss der Betroffene zur Vornahme der geforderten Handlung somit zumindest mittelbar zu seiner Überführung beitragen (z.B. weil er wegen der Pflicht zur Hilfeleistung nicht vom Tatort flüchten kann oder weil er durch eine Hilfeleistung Spuren hinterlässt). § 323c StGB kommt lediglich dann nicht zur Anwendung, wenn die aus einer vorangegangenen vorsätzlichen Tat entspringende Gefahr im Rahmen des bei dieser Tat gewollten Verletzungserfolges bleibt.[83] Denn in diesem Fall begeht der Täter keine weitere Rechtsgutsverletzung. Daher kann auch für passive selbstbegünstigende Verhaltensweisen nichts anderes gelten als für aktive Strafverdunkelungsmaßnahmen.

Der Nemo-tenetur-Grundsatz gewährleistet dem Betroffenen zum Zwecke seiner Verteidigung somit nur solange geistige Verhaltensfreiheit (aktiv oder passiv), als er dadurch keine neue Rechtsgutsverletzung begeht.

---

[81] Vgl. *Böse*, GA 2002, 98 ff. (119); *Eser*, ZStW 79 (1967), 565 ff. (571); *Schneider*, Grund und Grenzen, S. 29.
[82] Vgl. *Fischer*, § 323c StGB, Rn. 7; SK-StGB/*Stein/Rudolphi*, § 323c StGB, Rn. 28a; BGH, Urt. v. 8.10.1996 – 5 StR 458/96 = NStZ 1997, 127 ff. (127).
[83] Vgl. nur *Fischer*, § 323c StGB, Rn. 8 mit weiteren Nachweisen.

b) Personaler Gewährleistungsumfang

Ein Zeuge hat nach § 48 StPO grundsätzlich zu dem Vernehmungstermin zu erscheinen und auszusagen. Dabei ist er zur Wahrheit verpflichtet (vgl. § 57 Satz 1 StPO). Verstößt der Zeuge gegen seine Wahrheitspflicht, macht er sich nach §§ 153 ff. StGB strafbar. Außerdem kann die Erfüllung seiner Pflichten nach § 48 StPO notfalls zwangsweise durchgesetzt werden (vgl. §§ 51, 70, 161a Abs. 2 StPO). Soweit der Zeuge sich durch seine Aussage selbst belasten müsste, wird er durch das Auskunftsverweigerungsrecht des § 55 StPO geschützt.

§ 55 StPO ordnet an, dass jeder Zeuge die Auskunft auf solche Fragen verweigern kann, deren Beantwortung ihm selbst oder einem der in § 52 Abs. 1 StPO bezeichneten Angehörigen die Gefahr zuziehen würde, wegen einer Straftat oder einer Ordnungswidrigkeit verfolgt zu werden. Der Zeuge soll so gleichzeitig vor einem Selbstbelastungszwang und vor dem Zwang, einen Angehörigen (der noch nicht Beschuldigter ist) strafrechtlich belasten zu müssen, geschützt werden.[84]

Soweit § 55 StPO den Zeugen vor einem Selbstbelastungszwang schützt, wird dessen Rechtsstellung als möglicher Beschuldigter in einem späteren Strafverfahren gesichert. Durch das Auskunftsverweigerungsrecht nach § 55 StPO wird ihm die Wahl seiner Verteidigungsmöglichkeiten als späterer Beschuldigter offengehalten. Das Auskunftsverweigerungsrecht des § 55 StPO ist insofern als eine Art vorbeugende Sicherung des Nemo-tenetur-Grundsatzes zu qualifizieren.[85] Indem das Auskunftsverweigerungsrecht des § 55 StPO den Zeugen vor dem Zwang zur Belastung eines Angehörigen schützt, ergänzt es das Zeugnisverweigerungsrecht des § 52 StPO.[86]

Es stellt sich die Frage, ob auch das Zeugnisverweigerungsrecht des Angehörigen nach § 52 StPO Ausfluss des Nemo-tenetur-Grundsatzes ist.

Das Zeugnisverweigerungsrecht des § 52 StPO soll den Zeugen vor folgender seelischer Konfliktsituation bewahren: Einerseits muss er seinen Pflichten als Zeuge nachkommen, andererseits kann er dadurch unter Umständen gezwungen sein, einem nahen Angehörigen zu schaden.[87] Da somit § 52 StPO allein die Person des Zeugen betrifft, könnte man annehmen, dass das Zeug-

---

[84] *Meyer-Goßner*, § 55 StPO, Rn. 1.

[85] Vgl. *Dingeldey*, JA 1984, 407 ff. (410); KK-StPO/*Senge*, § 55 StPO, Rn. 1; SK-StPO/*Rogall*, § 48 StPO, Rn. 154 u. § 55 StPO, Rn. 1; BVerfGE 38, 105 ff. (113), Beschl. v. 8.10.1974 – 2 BvR 747-753/73.

[86] Vgl. *Meyer-Goßner*, § 55 StPO, Rn. 1.

[87] Vgl. LR-StPO/*Dahs*, § 52 StPO, Rn. 1; *Meyer-Goßner*, § 52 StPO, Rn. 1.

nisverweigerungsrecht nach § 52 StPO nicht dem Nemo-tenetur-Grundsatz zuzurechnen ist, sondern allein dem in Art. 6 GG verbürgten Schutz der Familie dient.[88]

Für die Erfassung des Zeugnisverweigerungsrechts nach § 52 StPO von dem Gewährleistungsinhalt des Nemo-tenetur-Grundsatzes lässt sich jedoch anführen, dass die mit dem Zwang zur Selbstbelastung und zur strafrechtlichen Belastung eines nahen Angehörigen für den Betroffenen verbundene seelische Zwangslage gleich groß sein dürfte.[89] Dies kommt auch in der Regelung des § 55 StPO zum Ausdruck, wenn es den Zeugen sowohl vor einer Selbstbelastung als auch vor der Belastung eines Angehörigen bewahrt. Durch das Zeugnisverweigerungsrecht des § 52 StPO ist nicht die Rechtsstellung des Beschuldigten selbst betroffen, berührt wird die Rechtsstellung des Zeugen. Da sich die innere Zwangslage bei einer Selbstbelastung und Belastung eines Angehörigen gleich stark auswirkt, wäre im Falle einer uneingeschränkten Aussagepflicht die Respektierung der Rechtspersönlichkeit des Zeugen in Frage gestellt.

Es ist daher davon auszugehen, dass der Gewährleistungsinhalt des Nemo-tenetur-Grundsatzes auch den Schutz des Zeugen vor einem Zwang zur Belastung eines Angehörigen umfasst.

Ein gegen den Nemo-tenetur-Grundsatz verstoßender Zwang liegt somit vor, wenn der Beschuldigte bzw. der Zeuge zu einer selbstbelastenden oder einen Angehörigen belastenden Mitwirkung am Verfahren verpflichtet ist und die geforderte Handlung (notfalls) mithilfe von Zwangsmitteln wie Zwangshaft, Zwangsgeld oder unmittelbarem Zwang durchgesetzt werden kann oder wenn ihre Nichtvornahme sonstige Rechtsnachteile zur Folge hat, insbesondere wenn daraus nachteilige Schlüsse gezogen werden können.[90]

---

[88] Vgl. *Bosch*, Aspekte des nemo-tenetur-Prinzips, S. 120; *Dingeldey*, JA 1984, 407 ff. (410); LR-StPO/*Dahs*, § 52 StPO, Rn. 1; *Verrel*, Die Selbstbelastungsfreiheit im Strafverfahren, S. 274-275.
[89] *Rogall*, Der Beschuldigte, S. 150-151; SK-StPO/*Rogall*, § 52 StPO, Rn. 8 u. Vor § 133 StPO, Rn. 153.
[90] Vgl. LR-StPO/*Kühne*, Einl. Abschn. J, Rn. 91; SK-StPO/*Rogall*, Vor § 133 StPO, Rn. 139; BGH, Beschl. v. 13.5.1996 – GSSt 1/96 = NJW 1996, 2940 ff. (2942).

3. Zwischenergebnis

Die Gesamtbetrachtung der gesetzlichen Vorschriften, welche die Rechte und Pflichten des Beschuldigten und des Zeugen im Strafverfahren regeln, hat ergeben, dass der Nemo-tenetur-Grundsatz darauf angelegt ist, sowohl die Stellung des Beschuldigten, als auch in gewisser Weise die des Zeugen als Rechtspersönlichkeiten im Strafverfahren zu sichern. Er gewährleistet dem Beschuldigten sowie dem Zeugen dementsprechend die freie Entscheidung darüber, ob, wann und wie sie an ihrer eigenen strafrechtlichen Überführung bzw. der Überführung eines Angehörigen durch einen aktiven Beitrag zur Sachverhaltsaufklärung mitwirken möchten.

Als gemeinschaftsbezogene und gemeinschaftsgebundene Personen haben der Beschuldigte sowie der Zeuge jedoch zur Sicherung der geltenden Rechtsordnung die Durchführung eines rechtsstaatlichen Strafverfahrens wegen eines (vermeintlich) begangenen Fehlverhaltens zu respektieren. Insbesondere haben sie Ermittlungsmaßnahmen, die ihnen keine aktive Selbstbelastung bzw. Belastung eines Angehörigen im Sinne einer intellektuellen Leistungserbringung abverlangen, duldend über sich ergehen zu lassen. Ferner dürfen sie zum Zwecke der eigenen Verteidigung bzw. der Verteidigung eines Angehörigen keine weiteren Rechtsübertretungen begehen. Ein Recht zu selbstbegünstigenden bzw. einen Angehörigen begünstigenden Strafverdunkelungsmaßnahmen wird von dem Gewährleistungsumfang des Nemo-tenetur-Grundsatzes nicht erfasst. Ein solches Recht ist – im Gegensatz zu einem Schweigerecht – zur Wahrnehmung der dem Beschuldigten von der StPO eingeräumten Verteidigungsmöglichkeiten nicht erforderlich.

Ein Verstoß gegen den Nemo-tenetur-Grundsatz liegt schließlich vor, wenn die Mitwirkung an der Sachaufklärung durch den Beschuldigten bzw. Zeugen, der sich oder einen Angehörigen belasten müsste, im Sinne einer aktiven intellektuellen Leistungserbringung staatlich erzwungen und zur strafrechtlichen Überführung genutzt werden kann.

III. Der Nemo-tenetur-Grundsatz und konsensuale Elemente im Strafverfahren

Offen bleibt die Frage, ob die Belohnung der Kooperationsbereitschaft als Zwang zur Selbstbezichtigung zu qualifizieren ist mit der Folge, dass darin ein Verstoß gegen den Nemo-tenetur-Grundsatz liegt. Diese Frage stellt sich insbesondere im Zusammenhang mit Verständigungen im Strafverfahren.

Das zunächst in der Praxis entstandene Phänomen der Verständigungen wird seit den 80er-Jahren intensiv diskutiert.[91] Gegen derartige Verständigungen zwischen dem Gericht und den übrigen Verfahrensbeteiligten wird vorgebracht, dass diese mit den fundamentalen Prinzipien des reformierten Strafprozesses nicht vereinbar seien.[92]

Die Praxis urteilsbezogener Verständigungen hat sich – feststellbar – seit den 70er-Jahren als Instrument zur Bewältigung von Strafverfahren herausgebildet, ohne dass es dafür eine ausdrückliche Rechtsgrundlage gab.[93] Es handelt sich um Absprachen zwischen dem Gericht, der Staatsanwaltschaft, der Verteidigung und dem Angeklagten, nach denen das Gericht dem Angeklagten für den Fall eines Geständnisses eine bestimmte Strafe oder jedenfalls eine Strafobergrenze zusagt. Bei Abgabe des Geständnisses wurde in der Regel auf eine weitere Beweisaufnahme verzichtet.[94] Die Verständigung führte so zu einer wesentlichen Verfahrensabkürzung. In den meisten Fällen wurde gegen ein Urteil, das auf einer solchen Verständigung beruhte, kein Rechtsmittel eingelegt oder sogar ausdrücklich darauf verzichtet. Die überlastete deutsche Strafjustiz wäre ohne die Absprachepraxis oftmals nur schwer in der Lage gewesen, die Vielzahl von Großverfahren, besonders von Wirtschaftsstrafverfahren, zu erledigen.[95]

---

[91] Zur geschichtlichen Entwicklung der Absprachen im deutschen Strafverfahren vgl. insbesondere *Murmann*, ZIS 2009, 526 ff; *Peters*, Urteilsabsprachen im Strafprozess, S. 7 ff.

[92] Vgl. insbes. *Altenhain/Haimerl*, JZ 2010, 327 ff. (328); *Beulke/Satzger*, JuS 1997, 1072 ff. (1073); *Beulke/Swoboda*, JZ 2005, 67 ff. (69); *Fezer*, NStZ 2010, 177 ff. (181-185); *Fischer*, ZRP 2010, 249 ff. (250); *Hassemer*, JuS 1989, 890 ff. (892); *Schünemann*, ZRP 2009, 104 ff. (104); *Seier*, JZ 1988, 683 ff. (683-684); SK-StPO/*Velten*, § 257c StPO, Rn. 4; *Theile*, NStZ 2012, 666 ff. (669); a.A. *Böttcher/Dahs/Widmaier*, NStZ 1993, 375 ff. (376-377); *Cramer* in FS Rebmann 1989, S. 145 ff. (146-150); *Dahs*, NStZ 1988, 153 ff. (159); *Schmidt-Hieber*, StV 1986, 355 ff. (356-357); *Schmidt-Hieber*, Verständigung im Strafverfahren, S. 8; *Widmaier*, StV 1986, 357 ff. (358).

[93] Vgl. *Meyer-Goßner*, Einl. StPO, Rn. 119; BVerfG, Urt. v. 19.3.2013 – 2 BvR 2628/10, 2 BvR 28883/10, 2 BvR 2155/11.

[94] Vgl. *Meyer-Goßner*, Einl. StPO, Rn. 119; BVerfG, Urt. v. 19.3.2013 – 2 BvR 2628/10, 2 BvR 28883/10, 2 BvR 2155/11.

[95] Vgl. *Meyer-Goßner*, Einl. StPO, Rn. 119; BVerfG, Urt. v. 19.3.2013 – 2 BvR 2628/10, 2 BvR 28883/10, 2 BvR 2155/11.

Zunächst wurde ein vollkommen heimliches Verfahren außerhalb des Gerichtssaales betrieben. Dieses gestaltete sich wie folgt: Der Vorsitzende des Gerichts, der Staatsanwalt und der Verteidiger sprachen ab, dass der Angeklagte bei Ablegung eines Geständnisses zu einer bestimmten Strafe verurteilt werden sollte.[96]

1. Rechtsprechung

Nachdem die zuvor beschriebene Gerichtspraxis durch einen anonym erschienenen Aufsatz[97] allgemein bekannt wurde, hatten sich auch das BVerfG und der BGH mit den Verständigungen zu befassen.[98]

Das BVerfG prüfte 1987[99] in einer Kammerentscheidung die Zulässigkeit von Verständigungen im Strafprozess unter den Gesichtspunkten eines fairen, rechtsstaatlichen Verfahrens, der Gewährleistung einer funktionstüchtigen Strafrechtspflege und des Schuldprinzips. Es kam zu dem Ergebnis, dass diese Grundsätze es nicht verböten, außerhalb der Hauptverhandlung eine Verständigung zwischen dem Gericht und den Verfahrensbeteiligten über den Stand und die Aussichten der Verhandlung herbeizuführen, der schon das Strafrecht Grenzen setze. Dem Gericht und der Staatsanwaltschaft sei es deshalb untersagt, sich auf einen „Vergleich" im Gewande des Urteils, auf einen „Handel mit der Gerechtigkeit" einzulassen. Das Gericht dürfe sich also beispielsweise nicht mit einem Geständnis des Angeklagten begnügen, das dieser gegen die Zusage oder das In-Aussicht-Stellen einer Strafmilderung abgelegt habe, obwohl es sich beim gegebenen Verfahrensstand mit Blick auf das Ziel der Wahrheitserforschung und der schuldangemessenen, gerechten Ahndung der Tat zu weiterer Beweiserhebung hätte gedrängt sehen müssen. Das Gericht müsse es sich auch versagen, den Angeklagten auf eine in Betracht kommende geständnisbedingte Strafmilderung hinzuweisen, mit der es den Boden schuldangemessenen Strafens verließe. Darüber hinaus sei die Freiheit der Willensentschließung und Willensbetätigung des Angeklagten vor beachtenswerter Beeinträchtigung geschützt, was seinen Ausdruck auch in der Bestimmung des § 136a StPO finde. Der Angeklagte dürfe infolgedessen nicht durch ein gesetzlich nicht vorgesehenes Vorteilsversprechen oder durch Täuschung zu einem Geständnis gedrängt werden.

---

[96] *Meyer-Goßner*, Einl. StPO, Rn. 119c.
[97] *Deal*, StV 1982, 545 ff.
[98] *Meyer-Goßner*, Einl. StPO, Rn. 119d.
[99] BVerfG, Beschl. v. 27.1.1987 – 2 BvR 1133/86 = NJW 1987, 2662 ff.

In seiner Leitentscheidung aus dem Jahre 1997[100] erklärte der 4. Strafsenat in der Hauptverhandlung getroffene Verständigungen für grundsätzlich zulässig und sprach zudem aus, dass sie – sofern nach den von ihm aufgestellten Vorgaben zustande gekommen – für das Gericht verbindlich seien. Unter folgenden Voraussetzungen könne eine Verständigung getroffen werden: Der Schuldspruch dürfe nicht Gegenstand der Verständigung sein. Ein verständigungsbasiertes Geständnis müsse auf seine Glaubhaftigkeit hin überprüft werden. Sich hierzu aufdrängende Beweiserhebungen dürften nicht unterbleiben. Die freie Willensentschließung des Angeklagten müsse gewahrt bleiben. Insbesondere dürfe er nicht durch Drohung mit einer höheren Strafe oder durch Versprechen eines gesetzlich nicht vorgesehenen Vorteils zu einem Geständnis gedrängt werden. Die Vereinbarung eines Rechtsmittelverzichts sei unzulässig. Die Verständigung selbst müsse in öffentlicher Hauptverhandlung erfolgen. Vorgespräche außerhalb der Hauptverhandlung seien aber möglich. In die Verständigung seien alle Verfahrensbeteiligten einzubeziehen. Das Ergebnis der Verständigung sei im Protokoll niederzulegen. Eine bestimmte Strafe dürfe das Gericht nicht zusagen. Unbedenklich sei aber die Zusage einer Strafobergrenze. Von dieser dürfe nur abgewichen werden, wenn sich neue schwerwiegende Umstände zu Lasten des Angeklagten ergäben. Auf eine beabsichtigte Abweichung sei in der Hauptverhandlung hinzuweisen. Der Strafausspruch dürfe den Boden schuldangemessenen Strafens nicht verlassen.

Der Große Senat für Strafsachen präzisierte die vom 4. Strafsenat aufgestellten Voraussetzungen für die Zulässigkeit von Verständigungen in seinem Beschluss vom 3.3.2005[101] dahingehend, dass die Differenz zwischen der verständigungsgemäßen und der bei einem "streitigen Verfahren" zu erwartenden Sanktion nicht unangemessen groß sein ("Sanktionsschere") und das Gericht nicht nur wegen neuer Erkenntnisse von seiner Zusage abweichen dürfe, sondern – nach entsprechendem Hinweis – auch dann, wenn schon bei der Verständigung vorhandene relevante tatsächliche oder rechtliche Aspekte übersehen worden seien. Der nach einer Verständigung erklärte Rechtsmittelverzicht sei grundsätzlich unwirksam. Die Unwirksamkeit entfalle jedoch, wenn der Rechtsmittelberechtigte darüber belehrt worden sei, dass er ungeachtet der Verständigung in seiner Entscheidung frei sei, Rechtsmittel einzulegen (qualifizierte Belehrung). Die Strafprozessordnung sei jedoch in ihrer geltenden Fassung am Leitbild der materiellen Wahrheit orientiert, die

---

[100] BGHSt 43, 195 ff., Urt. v. 28.8.1997 – 4 StR 240/97.
[101] BGHSt 50, 40 ff., Urt. v. 3.3.2005 – GSSt 1/04.

vom Gericht in der Hauptverhandlung von Amts wegen zu ermitteln und der Disposition der Verfahrensbeteiligten weitgehend entzogen sei. Die Praxis der Verständigung sei daher kaum ohne Bruch in das gegenwärtige System einzupassen. Aus diesem Grund appellierte der Große Senat für Strafsachen an den Gesetzgeber, die Zulässigkeit und, bejahendenfalls, die wesentlichen rechtlichen Voraussetzungen und Begrenzungen von Verständigungen im Strafprozess gesetzlich zu regeln.

Dem kam der Gesetzgeber nach, indem er das am 4.8.2009 in Kraft getretene Gesetz zur Regelung der Verständigung im Strafverfahren vom 29.7.2007[102] schuf.[103] Die strafprozessuale Verständigung ist seitdem in der zentralen Vorschrift des § 257c StPO und den flankierenden Normen der §§ 35a, 160b, 202a, 212, 257b StPO nebst Änderungen der §§ 243, 267, 273 und 302 StPO gesetzlich geregelt.

Mit Urteil vom 19.3.2013[104] hat das BVerfG die gesetzlichen Regelungen der Verständigungen im Strafverfahren als mit dem Grundgesetz vereinbar erklärt. Eine das Verständigungsgesetz in nicht unerheblichem Umfang vernachlässigende Praxis belege derzeit noch kein verfassungsrechtlich relevantes Regelungsdefizit. Der Gesetzgeber sei allerdings gehalten, die Wirksamkeit der zur Wahrung eines verfassungskonformen Strafverfahrens vorgesehenen Vorkehrungen zu beobachten und erforderlichenfalls erneut über die Zulässigkeit sowie die Bedingungen von Verständigungen zu entscheiden.

2. Spannungen mit dem Nemo-tenetur-Grundsatz

Nach den gesetzlichen Vorschriften über die strafprozessuale Verständigung ist es dem Gericht möglich, den Angeklagten lediglich anhand des Akteninhaltes vor die Wahl zu stellen, gegen Ablegung eines Geständnisses eine bestimmte Strafhöhe zu erhalten oder bei Durchführung der Hauptverhandlung das Risiko höherer Bestrafung einzugehen.[105]

Es gilt daher zu prüfen, ob durch strafprozessuale Verständigungen die Entscheidungsfreiheit des Beschuldigten im Strafverfahren beeinträchtigt und somit dessen Stellung als Rechtspersönlichkeit in Frage gestellt wird. Denn das in Aussicht stellen einer Strafmilderung bei Ablegung eines Geständnisses im Rahmen einer strafprozessualen Verständigung ist geeignet, einen gewissen

---

[102] BGBl. I 2009, S. 2353.
[103] Näher hierzu vgl. *Stuckenberg*, ZIS 2013, 212 ff. (212).
[104] BVerfG, Urt. v. 19.3.2013 – 2 BvR 2628/10, 2 BvR 28883/10, 2 BvR 2155/11.
[105] Näher hierzu vgl. LR-StPO/*Stuckenberg*, § 257c StPO, Rn. 13.

Einlassungsdruck auf den Beschuldigten auszuüben.[106] Allerdings bedarf es diesbezüglich einer Differenzierung zwischen den verschiedenen Folgen, die eine Berufung auf das Schweigerecht in diesen Fällen nach sich zieht. Zu beachten ist, dass eine unzulässige Zwangswirkung grundsätzlich nicht mittels Angeboten, sondern nur mittels Drohungen ausgeübt werden kann,[107] d.h. wenn dem Betroffenen für den Fall, dass er das geforderte Geständnis nicht abgibt, ein Nachteil erwächst. Wird hingegen ein Vorteil, den der Betroffene so nicht zu beanspruchen vermag, unter eine Bedingung gestellt, besteht keine Zwangswirkung,[108] sondern höchstens eine „schwierige Entscheidungslage".[109] Die Ausübung von Druck auf eine Person ist damit nicht ausreichend für die Annahme, dass diese Person unter Zwang steht und damit nicht freiwillig handelt.[110]

Der Angeklagte erlangt durch eine strafprozessuale Verständigung nicht nur die Chance auf eine mildere Strafe, sondern kann vor allem auch den Schutz seiner Privat- und Intimsphäre erreichen, weil er sich so einem möglicherweise langwierigen Strafverfahren mit entsprechenden Bloßstellungen in der Öffentlichkeit entziehen kann.[111] Es bleibt damit im Ergebnis der Entscheidung des Beschuldigten überlassen, ob er sich auf das Angebot einer strafprozessualen Verständigung einlassen möchte oder nicht.

Geht man hingegen davon aus, dass der Richter in einer solchen Situation gar nicht mehr unbeeinflusst handeln und es bei der Strafzumessung wegen des ihm obliegenden Spielraumes lediglich noch eine Strafe für kooperierende und nicht kooperierende Beschuldigte geben kann, würde dem Beschuldigten, der das geforderte Geständnis verweigert, ein Nachteil erwachsen.[112] Da die Differenz zwischen der absprachegemäßen und der bei einem „streitigen" Verfahren zu erwartenden Sanktion aber bereits wegen § 136a StPO nicht so groß sein darf, dass sie strafzumessungsrechtlich unvertretbar und mit einer angemessenen Strafmilderung wegen des Geständnisses nicht mehr nachvoll-

---

[106] Vgl. *Eidam*, Die strafprozessuale Selbstbelastungsfreiheit, S. 242; Graf/*Eschelbach*, § 257c StPO, Rn. 1.5; *Hauer*, Geständnis, S. 348; LR-StPO/*Stuckenberg*, § 257c StPO, Rn. 17; *Müller*, Probleme um eine gesetzliche Regelung, S. 61-63; *Ostendorf*, ZIS 2013, 172 ff. (176); SK-StPO/*Paeffgen*, § 202a StPO, Rn. 15; *Weigend*, JZ 1990, 774 ff. (778-779); *Weigend*, StV 2013, 424 ff. (425-427).
[107] *Gutmann*, Freiwilligkeit, S. 203.
[108] *Gutmann*, Freiwilligkeit, S. 329-330.
[109] *Kölbel*, Selbstbelastungsfreiheiten, S. 345.
[110] *Gutmann*, Freiwilligkeit, S. 204.
[111] *Ostendorf*, ZIS 2013, 172 ff. (176); Ratke/Hohmann/*Ambos/Ziehn*, § 257c StPO, Rn. 2.
[112] *Eidam*, Die strafprozessuale Selbstbelastungsfreiheit, S. 243; *Hauer*, Geständnis, S. 347-349; *Weigend*, JZ 1990, 774 ff. (779).

ziehbar ist,[113] dürften sich für den Angeklagten die Vor- und Nachteile eines Geständnisses abwägen lassen.

Verständigungen im Strafverfahren verstoßen daher nicht gegen den Nemo-tenetur-Grundsatz.

3. Zwischenergebnis

Im Rahmen einer strafprozessualen Verständigung ist der Beschuldigte nicht zur Abgabe eines Geständnisses verpflichtet. Er bekommt lediglich einen Strafvorteil in Aussicht gestellt, den er ohne seine Aussage nicht zu beanspruchen hätte. Soweit die Vorschriften über die strafprozessuale Verständigung von den Verfahrensbeteiligten eingehalten werden, insbesondere der Beschuldigte über seine Rechte belehrt wird und der ihm bei Ablegung eines Geständnisses angebotene Strafrabatt nicht unangemessen hoch ist, ist der mit einer strafprozessualen Verständigung zwangsläufig verbundene Einlassungsdruck nicht geeignet, einen unzulässigen Zwang zur Selbstbelastung zu begründen. Wenn der Beschuldigte von der ihm angebotenen Möglichkeit der Durchführung einer strafprozessualen Verständigung keinen Gebrauch macht, sondern sich auf sein Schweigerecht beruft, erlangt er zwar nicht die in Aussicht gestellte Strafmilderung, er wird dadurch aber auch nicht schlechter gestellt, als er ohne die Möglichkeit einer strafprozessualen Verständigung stünde. Strafprozessuale Verständigungen stellen daher keinen Verstoß gegen den Nemo-tenetur-Grundsatz dar.

---

[113] BGH, Beschl. v. 14.8.2007 – 3 StR 266/07; *Meyer-Goßner*, § 257c StPO, Rn. 19.

B. Die Wirkung des Nemo-tenetur-Grundsatzes über den Bereich des Strafverfahrens hinaus

Unmittelbar gilt der Nemo-tenetur-Grundsatz nur für das Strafverfahren.[114] Die nachfolgenden Ausführungen werden jedoch zeigen, dass dem Einzelnen auch außerhalb des Strafverfahrens bestimmte Pflichten auferlegt werden, die dem Nemo-tenetur-Grundsatz widersprechen können. So würden dem Betroffenen seine strafprozessualen Rechte wenig nützen, wenn er die gleichen Tatsachen, die er im Strafprozess verschweigen darf, an anderer Stelle offenbaren müsste und die Strafverfolgungsbehörden auf diese Angaben zum Zwecke der Strafverfolgung zugreifen könnten.[115] Insoweit muss auch eine „Ausstrahlungswirkung" des Nemo-tenetur-Grundsatzes über den Bereich des Strafverfahrens hinaus anerkannt werden.[116]

I. Problematik im Hinblick auf außerstrafrechtliche Auskunfts- und Mitwirkungspflichten

Zum Teil werden von dem Betroffenen im Bereich des Zivil- und öffentlichen Rechts Mitwirkungspflichten mit selbstbelastendem Charakter abverlangt. Für die Entscheidung der Frage, ob der Nemo-tenetur-Grundsatz durch eine außerstrafprozessuale Mitwirkungspflicht unterlaufen wird, kommt es stets darauf an, ob das „Ob" der Mitwirkung auf die freie Entscheidung des Betroffenen zurückzuführen ist.[117] Der Nemo-tenetur-Grundsatz wird nur berührt, wenn die Auskunftspflicht rechtlich erzwingbar ist.[118]

1. Zivilrechtliche Mitwirkungspflichten

Gemäß § 138 ZPO haben die Parteien im Zivilprozess ihre Erklärungen vollständig und der Wahrheit entsprechend abzugeben. Da dem Betroffenen aber grundsätzlich die Entscheidung, sich oder einen Angehörigen durch seinen Tatsachenvortrag wegen einer Straftat oder Ordnungswidrigkeit zu belasten oder wegen verweigerter Mitwirkung im Zivilprozess zu unterliegen, selbst

---

[114] *Wolff*, Selbstbelastung und Verfahrenstrennung, S. 274.
[115] Vgl. *Wolff*, Selbstbelastung und Verfahrenstrennung, S. 275; *Schäfer* in FS Dünnebier 1982, S. 11 ff. (12).
[116] *Wolff*, Selbstbelastung und Verfahrenstrennung, S. 275.
[117] Vgl. *Dingeldey*, NStZ 1984, 529 ff. (534); *Wolff*, Selbstbelastung und Verfahrenstrennung, S. 276; *Verrel*, NStZ 1997, 415 ff. (415).
[118] Vgl. *Rogall* in FS Beulke 2015, S. 976.

überlassen bleibt, entsteht in der Regel kein Konflikt mit dem Nemo-tenetur-Grundsatz.[119]

Es bedarf allerdings der Differenzierung zwischen erzwingbaren Auskunftspflichten und bloßen Obliegenheiten.

a) Erzwingbare Auskunftspflichten

Im Bereich der Zwangsvollstreckung ist der Schuldner in bestimmten Fällen zur Abgabe einer eidesstattlichen Versicherung verpflichtet, beispielsweise nachdem eine Pfändung bei ihm erfolglos durchgeführt worden ist oder um die wahrheitsgemäße Erfüllung einer nach dem materiellen Recht für den Schuldner bestehenden und von dem Gläubiger einklagbaren Auskunft (z.B. nach §§ 666, 1379, 1435, 1605, 2130 Abs. 2, 2314 Abs. 1 BGB) zu überprüfen.

Die Abgabe einer eidesstattlichen Versicherung kann nach § 901 ZPO durch die Anordnung der Erzwingungshaft durchgesetzt werden und ihre Falschabgabe ist nach § 156 StGB strafbewehrt. In diesem Bereich besteht ein Konflikt mit dem Nemo-tenetur-Grundsatz bezüglich der erzwungenen Auskünfte des Schuldners, durch die dieser sich selbst wegen einer Straftat/Ordnungswidrigkeit belastet.

Die Rechtsprechung löst den Konflikt durch die Anerkennung eines strafrechtlichen Beweisverwertungsverbotes. In einem Urteil des BGH vom 19.3.1991[120] heißt es:

„Ebenso wie das Bundesverfassungsgericht dies für das Konkursverfahren entschieden hat,[121] wird ein strafverfahrensrechtliches Verwertungsverbot für die im Zwangsvollstreckungsverfahren erfolgten Angaben des Schuldners anzunehmen sein."[122]

Ein ähnlicher Konflikt kann auch durch die wettbewerbsrechtliche Auskunftspflicht des Arbeitnehmers gegenüber seinem Arbeitgeber nach § 242 BGB i.V.m. § 60 HGB, § 687 Abs. 2 BGB entstehen. In einem von dem LAG Hamm im Jahre 2009 zu entscheidenden Fall[123] war der Beklagte im Kfz-Handel beschäftigt. Im Teiledienst hatte er die Aufgabe, Bestellungen von Mitarbeitern

---

[119] Vgl. *Dingeldey*, NStZ 1984, 529 ff. (534); *Nothelfer*, Die Freiheit von Selbstbezichtigungszwang, S. 94-95; *Stürner*, NJW 1981, 1757 ff. (1759).
[120] BGHSt 37, 340 ff. (343), Urteil v. 19.3.1991 – 5 StR 516/90.
[121] Näheres zum sog. Gemeinschuldnerbeschluss des BVerfG siehe die Ausführungen unter 1.Teil B I 3.
[122] BGHSt 37, 340 ff. (343), Urteil v. 19.3.1991 – 5 StR 516/90.
[123] LAG Hamm, Urt. v. 3.3.2009 – 14 Sa 1689/08 = openJur 2011, 63008.

der Werkstatt für den Teilverkauf im Betrieb sowie für externe Kunden vorzunehmen. Dies erfolgte in einem vorgeschriebenen Bestellverfahren. Nachdem die Arbeitgeberin des Beklagten unter den bearbeiteten Bestellungen eine Vielzahl von Bestellungen aufgedeckt hatte, die dieser ohne Bezahlung „weggebucht" hatte, kündigte sie ihm fristlos. Mit ihrer Klage verlangte die Arbeitgeberin von dem Beklagten u.a. Auskunft über die Empfänger der bestellten und gebuchten Teile, über die Ersatzteile und Waren, die er veräußert oder weitergegeben hatte, sowie über die von ihm dadurch erzielten Erlöse, da er fortlaufend gegen das Wettbewerbsverbot nach § 60 HGB verstoßen habe. Gegen den Beklagten wurde parallel ein strafrechtliches Ermittlungsverfahren wegen des Verdachts der Unterschlagung, des Diebstahls sowie der Untreue eingeleitet.

Das LAG Hamm hat hierzu entschieden, dass die Verpflichtung zur Auskunftserteilung des beklagten Arbeitnehmers nicht deshalb entfalle, weil er sich durch die Auskunft möglicherweise selbst einer strafbaren Handlung bezichtigen könnte. Der Schutz des Arbeitnehmers bestehe in solchen Fällen darin, dass insoweit ein strafrechtliches Verwendungsverbot[124] bestehe.[125]

b) Bloße Obliegenheiten

In einem weiteren Fall entschied das KG Berlin im Jahre 1994, dass sich ein Kfz-Versicherungsnehmer nach einem unerlaubten Entfernen vom Unfallort entscheiden müsse, ob er unter Inkaufnahme strafrechtlicher Folgen seine vermögensrechtlichen Interessen vollständig und risikolos verwirklichen oder aber im Interesse des Selbstschutzes vor strafrechtlicher Verfolgung auf die teilweise Geltendmachung seiner finanziellen Ansprüche verzichten wolle.[126]

Zur Begründung führte das KG Berlin u.a. aus, dass aus dem Nemo-tenetur-Prinzip kein Beweisverwertungsverbot folge, wonach die Schadensakte der Versicherung in einem Strafverfahren gegen den Versicherungsnehmer nicht zum Gegenstand der Beweisaufnahme gemacht und ein Sachbearbeiter der Versicherung nicht als Zeuge über den Inhalt dieser Unterlagen vernommen werden dürfe. U.a. sei die Zwangslage eines nach § 100 KO offenbarungspflichtigen Gemeinschuldners oder eines nach § 807 ZPO zur Abgabe einer eidesstattlichen Versicherung verpflichteten Versicherungsschuldners nicht mit der Konfliktsituation vergleichbar, in der sich der Versicherungsnehmer einer

---

[124] Zu dem Begriff u. der Wirkung eines „Verwendungsverbots" siehe 3.Teil B IV.
[125] LAG Hamm, Urt. v. 3.3.2009 – 14 Sa 1689/08 = openJur 2011, 63008.
[126] KG Berlin, Urt. v. 7.7.1994 – (3) 1 Ss 175/93 (60/93) = NStZ 1995, 146 ff.

Kfz-Haftpflichtversicherung bei selbstbelastender Schadensmeldung gegenübersehe. Während der konkursrechtliche Gemeinschuldner ausweislich von § 101 Abs. 2 KO mit Beugehaft und der Vollstreckungsschuldner bei Abgabe einer eidesstattlichen Versicherung (§ 807 ZPO) über die besonderen Zwangsmittel der §§ 888, 901 oder 914 ZPO zu vollständiger wahrheitsgemäßer Auskunft angehalten werden könne, habe die Obliegenheitsverletzung des Versicherungsnehmers für diesen lediglich finanzielle Nachteile. Eine solche „Zwangslage" sei jedoch nicht mit derjenigen zu vergleichen, wie sie der rechtsstaatlichen Tradition des strafrechtlichen Selbstbelastungsverbots zu Grunde liege. Rechtsstaatlich unzumutbar sei nur ein Zwang, durch eigene Aussagen die Voraussetzungen entweder für die eigene (oder die eines Angehörigen) strafgerichtliche Verurteilung oder aber für die Verhängung staatlicher Sanktionen oder Zwangsmittel liefern zu müssen.[127]

c) Zwischenergebnis

Die von der Rechtsprechung im Bereich des Zivilrechts vorgenommene Differenzierung zwischen Pflichten, die notfalls mithilfe von Zwangsmitteln durchgesetzt werden können, und solchen, bei deren Nichterfüllung dem Betroffenen lediglich ein Nachteil daraus erwächst, dass er den Beweis für ein bestehendes Recht nur im Wege einer strafrechtlichen Selbstbelastung bzw. der Belastung eines Angehörigen führen kann, ist überzeugend. Im letztgenannten Fall ist der Nemo-tenetur-Grundsatz nicht berührt, da dem Betroffenen die freie Wahl belassen bleibt, ob er seine vermögensrechtlichen Interessen zu dem Preis einer strafrechtlichen Selbstbelastung bzw. Belastung eines Angehörigen verwirklichen will.

---

[127] KG Berlin, Urt. v. 7.7. 1994 – (3) 1 Ss 175/93 (60/93) = NStZ 1995, 146 ff.; so im Ergebnis auch *Geppert*, DAR 1981, 301 ff. (307); *Metz*, VersR 2010, 1265 ff. (1270-1271); *Reiß*, NJW 1982, 2540 f. (2541); *Rengier*, JR 1982, 477 ff. (478-479); SK-StPO/*Rogall*, Vor § 133 StPO, Rn. 139; *Stürner*, NJW 1981, 1757 ff. (1759); a.A. *v. Stetten*, JA 1996, 55 ff. (59-60); OLG Celle, Urt. v. 16.2.1982 – 1 Ss 605/81 = JR 1982, 475 ff. (477), welche die Konfliktlage des Gemeinschuldners und die des Versicherungsnehmers als grds. miteinander vergleichbar erachten.

2. Öffentlich-rechtliche Mitwirkungspflichten

a) Differenzierung zwischen Leistungs- und Eingriffsverwaltung

Auch im Bereich des öffentlichen Rechts werden vielfach Auskunfts- und sonstige Mitwirkungspflichten der Beteiligten statuiert. Durch diese Pflichten allein wird der Nemo-tenetur-Grundsatz grundsätzlich nicht verletzt, wenn ihr Hauptzweck in der Erfüllung anderer Aufgaben als der Ermöglichung einer Strafverfolgung liegt. Die anschließende Nutzung der von dem Betroffenen auf diesem Wege offenbarten Informationen, auch zum Zwecke der Strafverfolgung bzw. Verfolgung einer Ordnungswidrigkeit, kann jedoch anders zu beurteilen sein.[128]

Soweit durch die Erfüllung einer öffentlich-rechtlichen Auskunfts- oder sonstigen Mitwirkungspflicht die Gefahr einer strafrechtlichen Selbstbelastung bzw. Belastung eines Angehörigen für den Betroffenen besteht, ist zunächst zwischen dem Bereich der öffentlichen Leistungsverwaltung und der öffentlichen Eingriffsverwaltung zu differenzieren.

aa) Öffentliche Leistungsverwaltung

In öffentlich rechtlichen Verfahren gilt grundsätzlich der Amtsermittlungsgrundsatz (z.B. § 24 VwVfG, § 86 Abs. 1 VwGO). Im Bereich der Leistungsverwaltung hat die Weigerung des Betroffenen zur Mitwirkung jedoch zur Folge, dass die behördlichen[129] oder gerichtlichen[130] Ermittlungspflichten entsprechend reduziert sind.[131]

Bei aus Grundrechten folgenden Leistungsansprüchen könnte ein Verstoß gegen den Nemo-tenetur-Grundsatz auch dann anzunehmen sein, wenn der Betroffene nur unter dem Verzicht auf seinen Schutz in den Genuss der staatlichen Leistung gelangt.[132] Wer eine begangene Straftat verheimlichen will, würde dadurch sämtliche staatliche Leistungen verlieren, wenn diese nur durch die Offenlegung des relevanten Sachverhaltes gewährt werden können.[133]

---

[128] LR-StPO/*Kühne*, Einl. Abschn. J, Rn. 99; SK-StPO/*Rogall*, Vor § 133 StPO, Rn. 146; *Verrel*, NStZ 1997, 361 ff. (363); BVerfGE 56, 37 ff. (42), Beschl. v. 13.1.1981 – 1 BvR 116/77.
[129] Vgl. *Kopp/Ramsauer*, § 24 VwVfG, Rn. 12a.
[130] Vgl. *Kopp/Schenke*, § 86 VwGO, Rn. 12.
[131] Vgl. *Stürner*, NJW 1981, 1757 ff. (1761).
[132] So *Wolff*, Selbstbelastung und Verfahrenstrennung, S. 276.
[133] Vgl. Wolff, Selbstbelastung und Verfahrenstrennung, S. 133.

Der Zweck des Nemo-tenetur-Grundsatzes besteht jedoch nicht darin, den Betroffenen vor staatlicher Strafverfolgung zu schützen. Da dem Betroffenen im Ergebnis die Wahl zwischen einer Selbstbelastung bzw. einer Belastung Angehöriger und der Rechtsverwirklichung selbst überlassen bleibt, besteht kein Konflikt mit dem Nemo-tenetur-Grundsatz. Anspruchsverwirklichung und Schutz vor Selbstbezichtigung müssen zur Wahrung des Nemo-tenetur-Grundsatzes nicht gleichzeitig möglich sein.[134]

bb) Öffentliche Eingriffsverwaltung

Im Bereich der Eingriffsverwaltung ist der Gesetzgeber bei erzwingbaren Auskunftspflichten vielfach dem Bedürfnis, den Auskunftspflichtigen vor einer Selbstbelastung bzw. vor der Belastung eines Angehörigen zu schützen, durch die Gewährung von Auskunftsverweigerungsrechten nachgekommen (vgl. § 22 Abs. 3 GaststättenG, § 52 Abs. 5 BImschG, § 41 Abs. 4 LMBG).

Nicht geregelt, jedoch im Hinblick auf den Nemo-tenetur-Grundsatz ebenso problematisch, ist die im Wehrrecht bestehende Wahrheitspflicht des Soldaten nach § 13 Abs. 1 SG.[135] Danach hat ein Soldat in dienstlichen Angelegenheiten die Wahrheit zu sagen. Dazu zählt auch, dass er gegenüber seinem Vorgesetzten über alles, was dienstlich relevant sein könnte, Auskunft gibt.[136] Werden daraufhin Ermittlungen wegen eines Dienstvergehens gegen ihn geführt, wird er zwar insoweit vor einem Selbstbelastungszwang bewahrt, als er nach § 32 Abs. 4 Satz 3 WDO in Anlehnung an § 136 Abs. 1 Satz 2 StPO darauf hinzuweisen ist, dass es ihm freistehe, sich zur Sache zu äußern oder nicht auszusagen. Dies nützt dem Betroffenen jedoch wenig, wenn er sich bereits gegenüber seinem Vorgesetzten wegen des Dienstvergehens selbst belasten musste.[137]

Teilweise wird daher eine gesetzliche Klarstellung dahingehend gefordert, dass eine Aussage, die unter dem Zwang der Wahrheitspflicht zustande gekommen sei, einem Beweiserhebungs- oder -verwertungsverbot unterliegen müsse.[138] Die Wahrheitspflicht des Soldaten erkläre sich zwar mit der militärischen Notwendigkeit, ein klares Bild der Lage zu erhalten, sie dürfe jedoch

---

[134] Vgl. *Dingeldey*, NStZ 1984, 529 ff. (534); LR-StPO/*Kühne*, Einl. Abschn. J, Rn. 98; *Reiß*, NJW 1982, 2540 f. (2541); SK-StPO/*Rogall*, Vor § 133 StPO, Rn. 139; *Stürner*, NJW 1981, 1757 ff. (1762); BGHSt 36, 328 ff, (334), Beschl. v. 15.12.1989 – 2 StR 167/89.
[135] *Stam*, Strafverfolgung, S. 82-91; *Stam*, ZIS 2010, 628 ff. (629).
[136] Vgl. *Poretschkin*, DRiZ 2009, 288 ff. (288); *Scherer/Alff/Poretschkin*, § 13 SG, Rn. 1.
[137] Ausfühlich hierzu vgl. *Stam*, Strafverfolgung, S. 82-91; *Stam*, ZIS 2010, 628 ff. (629-630).
[138] *Stam*, Strafverfolgung, S. 91; *Stam*, ZIS 2010, 628 ff. (629).

nicht dazu führen, dass dem Soldaten, der gezwungen sei, in dienstlichen Angelegenheiten die Wahrheit zu sagen, diese Selbstbelastungsfreiheit genommen werde.[139]

Da die Auskunfts- und Wahrheitpflicht des Soldaten gegenüber seinem Vorgesetzen nicht den Zweck verfolgt, den Betroffenen strafrechtlich bzw. disziplinarrechtlich zu überführen, liegt in dieser Pflicht als solcher noch kein Verstoß gegen den Nemo-tenetur-Grundsatz. Möglicherweise liegt jedoch dann ein Verstoß gegen den Nemo-tenetur-Grundsatz vor, wenn die Aussage des Soldaten, mit der er sich u.U. wegen einer Straftat bzw. eines Dienstvergehens selbst belastet, ungehindert in ein gegen ihn geführtes Strafverfahren/ Disziplinarverfahren eingeführt werden kann.

Wie die vorhergehenden Ausführungen gezeigt haben, bedarf es der Differenzierung in erzwingbare Auskünfte (d.h. solche, die notfalls mit staatlichen Zwangsmitteln durchgesetzt werden können) und solche Auskünfte, deren Nichterfüllung lediglich eine Art Obliegenheitsverletzung des Betroffenen darstellt (d.h. solche Auskünfte, deren Nichterfüllung finanzielle Nachteile für den Betroffenen hat, weil die Durchsetzung des Anspruchs einen strafrechtlich relevanten und damit selbstbelastenden Sachvortrag des Betroffenen voraussetzt) und die daher als freiwillige Auskünfte zu werten sind, da der Betroffenen im Ergebnis in seiner Entscheidung frei ist.

Es stellt sich daher die Frage, ob die Auskunfts- und Wahrheitpflicht des Soldaten zwangsweise durchgesetzt werden kann bzw. welche Folgen dem Soldaten bei ihrer Nichterfüllung drohen. Nach § 23 Abs. 1 SG begeht der Soldat ein Dienstvergehen, wenn er schuldhaft seine Pflichten verletzt. Die Nichterfüllung der dem Soldaten nach § 13 Abs. 1 SG obliegenden dienstlichen Wahrheits- und Auskunftspflicht gegenüber seinem Vorgesetzen stellt dementsprechend ein Dienstvergehen dar. Der Soldat muss sich daher entweder wegen eines bereits begangenen Dienstvergehens selbst belasten oder er macht sich bei Nichterfüllung seiner Wahrheits- und Auskunftspflicht erneut wegen eines Dienstvergehens strafbar. Die Strafandrohung der Nichterfüllung der Wahrheits- und Auskunftspflicht des Soldaten nach §§ 23 Abs. 1, 13 Abs. 1 SG stellt daher einen Zwang zur Selbstbelastung dar, weil der Soldat dadurch in seiner Entscheidungsfreiheit bezüglich seines Schweigeverhaltens im Strafverfahren beeinträchtigt wird.

---

[139] *Stam*, ZIS 2010, 628 ff. (629).

Den widerstreitenden Interessen kann am besten mit der Einführung eines Beweisverwertungsverbotes wirksam begegnet werden.[140] Bei Einführung eines Beweiserhebungsverbotes hingegen könnte dem berechtigten öffentlichen Interesse an der vollständigen Sachaufklärung nicht Rechnung getragen werden.

b) Differenzierung zwischen Auskunfts- und sonstigen Mitwirkungspflichten

Während zum Schutz vor einem Selbstbelastungszwang durch außerstrafgesetzliche Auskunftspflichten Vorkehrungen allgemein für notwendig erachtet werden, bestehen gegen gesetzliche Aufzeichnungs- und Vorlagepflichten sowie deren strafrechtliche Nutzbarmachung weder seitens des Gesetzgebers noch seitens der Rechtsprechung Bedenken, da die Aussagefreiheit des Betroffenen davon nicht berührt werde.[141]

In der Literatur wird die von der Rechtsprechung vorgenommene Beschränkung der Selbstbelastungsfreiheit auf Auskünfte des Betroffenen überwiegend kritisch beurteilt.[142]

Teilweise wird eine solche differenzierte Betrachtung außerstrafgesetzlicher Mitwirkungspflichten auch für gerechtfertigt gehalten, da aus dem Nemo-tenetur-Grundsatz – ähnlich wie im Strafverfahren – kein Recht folge, zur Verdeckung einer Straftat/Ordnungswidrigkeit die verwaltungsbehördlichen Erkenntnismöglichkeiten (d.h. die Einsichtnahme in die vom Betroffenen zu führenden Unterlagen) einzuschränken.[143]

Die von der Rechtsprechung vorgenommene und von Teilen der Literatur befürwortete Differenzierung nach der Art der gesetzlichen Mitwirkungspflicht ist problematisch, da der Nemo-tenetur-Grundsatz den Beschuldigten im Strafverfahren nicht nur vor dem Zwang zu selbstbelastenden Aussagen schützt.[144]

---

[140] *Stam*, Strafverfolgung, S. 91; *Stam*, ZIS 2010, 628 ff. (629).
[141] Vgl. BVerfGE 55, 144 ff. (151), Beschl. v. 22.10.1980 – 2 BvR 1172, 1238/79; BVerfG, Beschl. v. 7.12.1981 – 2 BvR 1172/81 = NJW 1982, 568.
[142] Vgl. *Bärlein/Pananis/Rehmsmeier*, NJW 2002, 1825 ff. (1828); LR-StPO/*Kühne*, Einl. Abschn. J, Rn. 99; *Michalke*, NJW 1990, 417 ff. (419); SK-StPO/*Rogall*, Vor § 133 StPO, Rn. 146; *Verrel*, NStZ 1997, 361 ff. (363).
[143] Vgl. *Dingeldey*, NStZ 1984, 529 ff. (534); *Franzheim*, NJW 1990, 2049; *Schäfer* in FS Dünnebier 1982, 11 ff. (48).
[144] Vgl. die Ausführungen im 1.Teil A.

Zu bedenken ist jedoch, dass der Beschuldigte auch im Bereich des Strafverfahrens in begrenztem Umfang zur Mitwirkung verpflichtet ist. So muss er zwar nicht aktiv zur Aufklärung des Sachverhaltes beitragen, er hat die Durchführung des Verfahrens jedoch aktiv zu ermöglichen, indem er zu bestimmten Vernehmungen und Verhandlungsterminen erscheinen und Angaben zu seiner Person machen muss. Passiv hat er zudem bestimmte Ermittlungsmaßnahmen zu erdulden.[145] Kommt der Beschuldigte diesen „Mitwirkungs"-Pflichten im Strafverfahren nicht nach, können diese zwangsweise durchgesetzt werden (vgl. §§ 134, 230 Abs. 2 StPO). Daher könnten außerstrafgesetzliche Aufzeichnungs- und Vorlagepflichten aus dem Gewährleistungsinhalt des Nemo-tenetur-Grundsatzes herausfallen.

Zunächst ist zu konstatieren, dass gesetzliche Vorlagepflichten letztlich auf die Duldung der Einsichtnahme der vorzulegenden Dokumente durch die zu prüfende Stelle hinauslaufen und daher mit den passiven Duldungspflichten des Beschuldigten im Strafverfahren vergleichbar sind. Durch gesetzliche Aufzeichnungspflichten kann der Betroffene jedoch gehalten sein, von ihm begangene Straftaten/Ordnungswidrigkeiten selbst zu dokumentieren. Daher wird sowohl bei Auskunfts- als auch bei Aufzeichnungspflichten – im Gegensatz zu bloßen Vorlagepflichten, die über ein rein mechanisches Heraussuchen der Unterlagen nicht hinausgehen – von dem Betroffenen eine intellektuelle Leistung abverlangt, durch die er unter Umständen gehalten ist, zu seiner eigenen strafrechtlichen Überführung beizutragen. Davor soll der Betroffene durch den Nemo-tenetur-Grundsatz aber gerade geschützt werden. Ein Verstoß gegen den Nemo-tenetur-Grundsatz ist daher sowohl durch gesetzliche Auskunfts- als auch durch gesetzliche Aufzeichnungspflichten möglich. Durch gesetzliche Vorlagepflichten kann der Nemo-tenetur-Grundsatz berührt sein, wenn diese untrennbar mit der Aufzeichnungspflicht zusammenhängen.

c) Eigenüberwachungsfälle

Man könnte die generelle Verwertbarkeit der in verwaltungsrechtlichen Eigenüberwachungsfällen erlangten Informationen in Straf- und Ordnungswidrigkeitsverfahren jedoch für zulässig erachten, soweit sie in unmittelbarem Zusammenhang mit den verwaltungsrechtlichen Pflichten stehen, zu deren Schutz die Eigenüberwachung festgelegt wurde.[146] Gemeint sind Fälle, in denen der Betroffene bestimmte Kontrollaufzeichnungen anzufertigen hat, z.B.

---

[145] Vgl. die Ausführungen im 1.Teil A II 2.
[146] *Wolff*, Selbstbelastung und Verfahrenstrennung, S. 218-221.

§ 29 BImschG. Denn der Pflichtige kennt in diesen Fällen seine verwaltungs-rechtliche Mitwirkungspflicht im Augenblick seiner Handlung schon als aktuelle und nicht nur als potentielle Pflicht.[147] Aus diesem Grunde könnte eine Ver-wertung solcher von dem Pflichtigen im Verwaltungsverfahren vorgelegten Un-terlagen in einem Strafverfahren/Ordnungswidrigkeitsverfahren zulässig sein, die aufgrund gesetzlicher Vorschriften zu erstellen seien.[148]

Der Ansatz, einen Verstoß gegen den Nemo-tenetur-Grundsatz davon abhän-gig zu machen, ob eine gesetzliche Mitwirkungspflicht, mit der sich der Be-troffene selbst einer Straftat/Ordnungswidrigkeit bezichtigen muss, als aktuelle oder nur als potentielle Pflicht besteht, ist nicht überzeugend. Es macht keinen Unterschied, ob die Pflicht, sich selbst belasten zu müssen, aktueller oder le-diglich potentieller Art ist. Regelmäßig wird sich der Betroffene zum Zeitpunkt der Begehung einer Straftat bzw. Ordnungswidrigkeit seiner verwaltungsrecht-lichen Pflichten ohnehin nicht bewusst sein, insbesondere nicht im Falle einer nur fahrlässigen Begehung.

Von einem Verstoß gegen den Nemo-tenetur-Grundsatz ist daher auch dann auszugehen, wenn der Betroffene seine verwaltungsrechtliche Pflicht zu selbstbelastenden Angaben zum Zeitpunkt der Handlung kennt und die von ihm in Erfüllung seiner verwaltungsrechtlichen Pflicht gemachten Angaben strafrechtlich gegen ihn genutzt werden können.

Vereinzelt wird auch danach differenziert, wann die gesetzlichen Aufzeich-nungspflichten zu erfüllen sind bzw. ob zu diesem Zeitpunkt bereits eine Straf-tat/Ordnungswidrigkeit begangen wurde.[149] Wenn dies zu verneinen sei, weil zu Beginn des Aufzeichnungsvorganges noch gar nicht feststehe, ob und von wem gegebenenfalls eine Straftat oder Ordnungswidrigkeit begangen werde (als Beispiel wird der Fahrtenschreiber nach § 57a StVZO genannt), befinde sich der Betroffene in keiner Zwangslage, da von ihm erwartet werden könne, dass er die Begehung von Straftaten/Ordnungswidrigkeiten unterlasse.[150] In Fällen, in denen der Betroffene zur Aufzeichnung bereits begangener Strafta-ten/Ordnungswidrigkeiten gesetzlich verpflichtet ist – beispielsweise bei einer Fahrtenbuchauflage nach § 31a StVZO –, wird dementsprechend ohne Absi-

---

[147] *Wolff*, Selbstbelastung und Verfahrenstrennung, S. 279.
[148] *Wolff*, Selbstbelastung und Verfahrenstrennung, S. 280.
[149] Vgl. SK-StPO/*Rogall*, Vor § 133 StPO, Rn. 150; kritisch hierzu *Bärlein/Pananis/Rehms-smeier*, NJW 2002, 1825 ff. (1828); *Verrel*, NStZ 1997, 361 ff. (363).
[150] Vgl. SK-StPO/*Rogall*, Vor § 133 StPO, Rn. 150.

cherung durch ein Offenbarungsverbot ein Verstoß gegen den Nemo-tenetur-Grundsatz bejaht.[151]

Dem lässt sich jedoch entgegenhalten, dass auch, wenn zu dem Zeitpunkt, zu dem die Aufzeichnungspflicht zu erfüllen ist, noch keine Straftat/Ordnungswidrigkeit begangen wurde, spätestens zu dem Zeitpunkt, an dem die zum gleichen Zweck bestehende Vorlagepflicht zu erfüllen ist, eine solche vorliegen kann.

d) Zwischenergebnis

Im Bereich des öffentlichen Rechts wird grundsätzlich zwischen Auskunftspflichten und sonstigen Mitwirkungspflichten differenziert. Nur für den Fall, dass der Betroffene gezwungen ist, zur Erfüllung einer bestehenden Auskunftspflicht sich selbst oder einen Angehörigen strafrechtlich zu belasten, werden vom Gesetzgeber sowie von der Rechtsprechung zur Wahrung des Nemo-tenetur-Grundsatzes Schutzvorkehrungen für notwendig erachtet.

Dies ist jedoch nicht überzeugend, da der Betroffene nicht nur durch Auskunftspflichten gezwungen werden kann, an seiner bzw. an der Überführung eines Angehörigen wegen einer bereits begangenen Straftat durch mitzuwirken. Auch zur Erfüllung von gesetzlichen Aufzeichnungs- und Vorlagepflichten kann er gehalten sein, Hinweise für begangene Straftaten oder Ordnungswidrigkeiten zu liefern und damit sich bzw. einen Angehörigen zu belasten. Dabei ist es nicht entscheidend, ob sich der Betroffene zum Zeitpunkt der Begehung einer Straftat/Ordnungswidrigkeit darüber bewusst ist, dass er die Tat zur Erfüllung seiner verwaltungsrechtlichen Pflichten dokumentieren muss.

---

[151] Vgl. SK-StPO/*Rogall*, Vor § 133 StPO, Rn. 150.

3. Lösung der Nemo-tenetur-Problematik im Bereich der InsO

Im Insolvenzverfahren ist der Insolvenzschuldner nach § 97 Abs. 1 InsO verpflichtet, über alle das Verfahren betreffenden Verhältnisse Auskunft zu erteilen. Diese umfassende Auskunftspflicht des Insolvenzschuldners dient der effektiven Durchführung des Insolvenzverfahrens (vgl. § 1 InsO).[152]

Auskunft kann grundsätzlich zu allen rechtlichen und wirtschaftlichen Verhältnissen, die für das Insolvenzverfahren in irgendeiner Weise von Bedeutung sein können, verlangt werden.[153] Da die Auskunftspflicht somit unbeschränkt ist, hat der Insolvenzschuldner unter Umständen auch strafrechtlich relevante Sachverhalte zu offenbaren,[154] d.h. er muss auch solche Tatsachen mitteilen, die im Zusammenhang mit dem Abschluss betrügerischer Geschäfte, der Verschiebung von Massegegenständen oder der Nichtabführung von Steuern und Sozialabgaben stehen.[155]

Kommt der Insolvenzschuldner seinen Mitwirkungspflichten im Insolvenzverfahren nicht nach, können diese gemäß § 98 InsO zwangsweise durchgesetzt werden.

Den bestehenden Konflikt zwischen den Auskunftspflichten des Insolvenzschuldners und dem Nemo-tenetur-Grundsatz löst der Gesetzgeber im Bereich der die Konkursordnung[156] ablösenden Insolvenzordnung durch die Normierung eines strafrechtlichen Verwendungsverbotes[157] in § 97 Abs. 1 Satz 3 InsO für solche Auskünfte des Insolvenzschuldners, zu denen dieser nach der InsO verpflichtet ist, durch deren Erfüllung er sich oder einen Angehörigen aber gleichzeitig wegen einer Straftat/Ordnungswidrigkeit belastet.

Nach der h.M. bezieht sich dieses Verwendungsverbot nicht nur auf die Auskünfte selbst, die der Insolvenzschuldner in Erfüllung seiner Pflicht nach § 97 Abs. 1 Satz 1 InsO erteilt hat, sondern umfasst seinem Sinn und Zweck nach auch eine mittelbare Heranziehung der Schuldnerauskunft als Spurenansatz für weitere strafrechtliche bzw. Ermittlungen wegen einer Ordnungswidrigkeit

---

[152] Vgl. MüKo-InsO/*Stephan*, § 97 InsO, Rn 1.
[153] Vgl. MüKo-InsO/*Stephan*, § 97 InsO, Rn. 14a; *Uhlenbruck*, § 97 InsO, Rn. 7.
[154] Vgl. Jäger/*Schilken*, § 97 InsO, Rn. 22; MüKo-InsO/*Stephan*, § 97 InsO, Rn. 15; *Uhlenbruck*, § 97 InsO, Rn. 8.
[155] Vgl. Jäger/*Schilken*, § 97 InsO, Rn. 22.
[156] Die KO enthielt keine mit § 97 Abs. 1 Satz 3 InsO vergleichbare Regelung.
[157] Zu dem Begriff u. der Wirkung eines „Verwendungsverbots" siehe 3.Teil B IV.

gegen den Insolvenzschuldner oder einen nach § 52 Abs. 1 StPO bezeichneten Angehörigen.[158]

Nicht erfasst ist nach h.M. hingegen die Vorlage von Geschäftsunterlagen, die der Schuldner aufgrund allgemeiner gesetzlicher Bestimmungen führt, wie z.b. Handelsbücher, Bilanzen, Verträge und sonstige Unterlagen des Rechnungswesens.[159] Diese Dokumente könnten daher auch dann in einem Strafverfahren Verwendung finden, wenn sie vom Schuldner vorgelegt worden sind.[160]

Die gesetzliche Regelung des strafrechtlichen Verwendungsverbotes in § 97 Abs. 1 Satz 3 InsO ist letztlich auf den sog. Gemeinschuldnerbeschluss des Bundesverfassungsgerichts aus dem Jahre 1981[161] zurückzuführen. Im Wesentlichen hat das Bundesverfassungsgericht in diesem Beschluss ausgeführt, dass die geltende Rechtsordnung kein ausnahmsloses Gebot kenne, dass niemand zu Auskünften oder sonstigen Handlungen gezwungen werden dürfe, durch die er eine von ihm begangene strafbare Handlung offenbare. Die Regelungen und die darin vorgesehenen Schutzvorkehrungen seien vielmehr je nach Rolle der Auskunftsperson und Zweckbestimmung der Auskunft verschieden.[162] Unzumutbar und mit der Würde des Menschen unvereinbar sei ein Zwang, durch eigene Aussagen die Voraussetzungen für eine strafgerichtliche Verurteilung oder Verhängung entsprechender Sanktionen liefern zu müssen.[163]

Im Falle des Gemeinschuldners bestehe die Auskunftpflicht uneingeschränkt daher nur für die Zwecke des Konkursverfahrens, da insoweit das Interesse des Gemeinschuldners hinter den Belangen der Gläubiger zurückzutreten habe. Das Persönlichkeitsrecht des Gemeinschuldners würde jedoch unverhältnismäßig beeinträchtigt werden, wenn seine unter Zwang herbeigeführten Selbstbezichtigungen gegen seinen Willen zweckentfremdet und der Verwertung für eine Strafverfolgung zugeführt würden.[164]

---

[158] Jäger/*Schilken*, § 97 InsO, Rn. 23; MüKo-InsO/*Stephan*, § 97 InsO, Rn. 16; LG Stuttgart, Beschl. v. 21.6.2000 – 11 Qs 46/2000 = wistra 2000, 439 f. (439).

[159] Jäger/*Schilken*, § 97 InsO, Rn. 25; MüKo-InsO/*Stephan*, § 97 InsO, Rn. 18a; *Richter*, wistra 2000, 1 ff. (4); LG Stuttgart, Beschl. v. 21.6.2000 – 11 Qs 46/2000 = wistra 2000, 439 f. (439).

[160] Jäger/*Schilken*, § 97 InsO, Rn. 25; MüKo-InsO/*Stephan*, § 97 InsO, Rn. 18a; *Richter*, wistra 2000, 1 ff. (4); kritisch hierzu *Uhlenbruck*, § 97 InsO, Rn. 10.

[161] BVerfGE 56, 37 ff., Beschl. v. 13.1.1981 – 1 BvR 116/77.

[162] BVerfGE 56, 37 ff. (42), Beschl. v. 13.1.1981 – 1 BvR 116/77.

[163] BVerfGE 56, 37 ff. (49), Beschl. v. 13.1.1981 – 1 BvR 116/77.

[164] BVerfGE 56, 37 ff. (50), Beschl. v. 13.1.1981 – 1 BvR 116/77.

Aus diesem Grund hat das Bundesverfassungsgericht im Wege verfassungskonformer Auslegung der damals geltenden Vorschriften der Konkursordnung als Ergänzung der Auskunftspflicht des Gemeinschuldners ein strafrechtliches Verwertungsverbot für dessen im Konkursverfahren getätigte selbstbelastende Auskünfte angenommen. Zur Begründung hat es ausgeführt, dass das im Strafverfahren geltende Schweigerecht des Beschuldigten illusorisch sei, wenn eine außerhalb des Strafverfahrens erzwungene Selbstbezichtigung gegen seinen Willen strafrechtlich verwertet werden dürfe. Der bloße Umstand, dass dem Gemeinschuldner im Interesse seiner Gläubiger eine uneingeschränkte Auskunftspflicht zuzumuten sei, rechtfertige es nicht, dass er zugleich zu seiner Verurteilung beitragen müsse und dass die staatlichen Strafverfolgungsbehörden weitergehende Möglichkeiten erlangten, als in anderen Fällen der Strafverfolgung.[165]

Der von der Legislative eingeschlagene Lösungsweg über die Implementierung eines strafprozessualen Beweisverwendungsverbotes in § 97 Abs. 1 Satz 3 InsO zur Regelung des Konfliktes zwischen den umfassenden Auskunftspflichten des Insolvenzschuldners und dem Nemo-tenetur-Grundsatz überzeugt. Wie im Wehrrecht würde auch im Bereich des Insolvenzrechts die Anerkennung eines Auskunftsverweigerungsrechts zu keinem angemessenen Ergebnis führen. Durch ein strafverfahrensrechtliches Beweisverwendungsverbot für die selbstbelastenden Auskünfte des Insolvenzschuldners kann den widerstreitenden Interessen hingegen ausreichend Rechnung getragen werden. Zum einen wird die Durchführung des Insolvenzverfahrens ermöglicht. Zum anderen wird ein Verstoß gegen den Nemo-tenetur-Grundsatz verhindert, da die unter Zwang gemachten Angaben nicht gegen den Willen des Insolvenzschuldners in ein gegen ihn oder einen Angehörigen geführtes Strafverfahren eingeführt werden dürfen. Zwar werden auch von dem in § 97 Abs. 1 Satz 3 InsO geregelten Verwendungsverbot nur selbstbelastende Auskünfte des Insolvenzschuldners erfasst, während selbstbelastende Informationen, die sich aus Unterlagen ergeben, die der Insolvenzschuldner aufgrund allgemeiner gesetzlicher Bestimmungen führt, in einem Strafverfahren genutzt werden können. Darin liegt jedoch kein Verstoß gegen den Nemo-tenetur-Grundsatz, da diese Dokumente – im Gegensatz zu den Aufzeichnungen in Eigenüberwachungsfällen – nicht zur Erfüllung insolvenzrechtlicher Mitwirkungspflichten vom Insolvenzschuldner erstellt wurden und deren Vorlage an den Insolvenzverwalter somit einer passiven Duldungspflicht gleichkommt.

---

[165] BVerfGE 56, 37 ff. (50-51), Beschl. v. 13.1.1981 – 1 BvR 116/77.

II. Zwischenergebnis

Die vorhergehenden Ausführungen haben gezeigt, dass der Nemo-tenetur-Grundsatz auch durch außerstrafprozessuale Auskunfts- und sonstige Mitwirkungspflichten verletzt werden kann.

Da außerstrafprozessuale Mitwirkungspflichten jedoch primär anderen Zwecken als der Strafverfolgung zu dienen bestimmt sind, verstoßen sie nicht bereits als solche gegen den Nemo-tenetur-Grundsatz. Ein Verstoß gegen den Nemo-tenetur-Grundsatz durch außerstrafprozessuale Auskunfts- und sonstige Mitwirkungspflichten kann vielmehr erst dann festgestellt werden, wenn der Betroffene zu ihrer Erfüllung gezwungen ist, sich oder einen Angehörigen durch eine aktive geistige Leistung einer Straftat/Ordnungswidrigkeit zu bezichtigen und die von dem Betroffenen gemachten Angaben darüber hinaus ungehindert in einem gegen ihn oder seinen Angehörigen geführten Strafverfahren genutzt werden können.

Von einem Zwang zur Selbstbelastung bzw. Belastung eines Angehörigen ist immer dann auszugehen, wenn die zu erfüllenden Pflichten, mit denen Straftaten oder Ordnungswidrigkeiten offenbart werden, (notfalls) zwangsweise durchgesetzt werden können oder wenn ihre Nichterfüllung strafbewehrt ist.

Droht dem Betroffenen hingegen bei Nichterfüllung seiner außerstrafgesetzlichen Mitwirkungspflichten lediglich ein finanzieller Nachteil, weil er z.B. zivilrechtliche Ansprüche (ohne zugleich selbstbelastende Angaben zu machen) nicht durchsetzen kann oder wird die strafprozessuale Nutzung der zwar erzwingbaren Mitwirkungspflichten beispielsweise durch ein strafprozessuales Beweisverwendungsverbot verhindert, ist der Nemo-tenetur-Grundsatz nicht verletzt.

C. Ergebnis

Der Nemo-tenetur-Grundsatz stellt die Rechtsstellung des Einzelnen als eigen- und folgenverantwortliche Persönlichkeit im Bereich des Strafverfahrens klar und sichert ihm dementsprechend die freie Entscheidung darüber zu, ob er zu der Aufklärung des Sachverhaltes in einem gegen ihn oder seinen Angehörigen geführten Straf- oder Ordnungswidrigkeitsverfahren durch eine geistige Leistung beitragen möchte.

Ein Verstoß gegen den Nemo-tenetur-Grundsatz ist dementsprechend anzunehmen, wenn der Betroffene innerhalb oder außerhalb des Strafverfahrens gezwungen wird, sich selbst oder einen Angehörigen durch sein intellektuelles Zutun (stets in Form von Aussage- und Aufzeichnungs- und ggf. durch Vorlagepflichten, soweit diese mit den Aufzeichnungspflichten untrennbar zusammenhängen) wegen einer Straftat/Ordnungswidrigkeit zu belasten und seine Angaben ungehindert in einem gegen ihn oder einen Angehörigen geführten Strafverfahren/Ordnungswidrigkeitsverfahren genutzt werden können. In diesem Fall ist die Entscheidungsfreiheit des Beschuldigten im Strafverfahren massiv beeinträchtigt, da er sein Schweigerecht als eine seiner Verteidigungsmöglichkeiten nicht mehr frei ausüben kann. Im Falle des Zeugen ist dessen Stellung als Rechtsperson insofern betroffen, da dieser durch die Auferlegung einer Pflicht zur Belastung eines Angehörigen in eine schwere seelische Zwangslage gerät, die mit seiner Stellung als Rechtspersönlichkeit nicht zu vereinbaren ist.

2. Teil: Selbstbelastungszwang durch steuerrechtliche Mitwirkungspflichten

A. Das Besteuerungsverfahren

Das Besteuerungsverfahren ist auf eine „kooperative Arbeitsteilung" zwischen dem Finanzamt und dem Steuerpflichtigen angelegt.[166] Die Verfahrensherrschaft liegt bei der Finanzbehörde (vgl. § 88 Abs. 1 Satz 1 AO), die sich jedoch zur Erfüllung ihrer Aufklärungspflicht sowohl des Steuerpflichtigen selbst, als auch anderer Personen und Beteiligter (vgl. §§ 78, 93 AO) als Beweismittel bedient.[167] Der Grund hierfür ist, dass die Ermittlungsmöglichkeiten der Finanzbehörde begrenzt sind, weil die Besteuerung meist an Vorgänge aus dem Lebensbereich des Steuerpflichtigen anknüpft, der Steuerpflichtige dem Beweis am nächsten steht und oft der einzige Wissensträger ist.[168]

Um die Besteuerung sicherzustellen, kennt das Steuerrecht zunächst neben der Personenstandsaufnahme (§§ 134-136 AO) eine Reihe von Anzeigepflichten (§§ 136-139 AO), die die Behörde mit Tatsachen vertraut machen sollen, die auf mögliche Steuerpflichten hinweisen. So sind etwa die Eröffnung von Gewerbebetrieben, Grundstücksveräußerungsgeschäfte oder Erbfälle den Finanzbehörden gegenüber anzuzeigen.[169]

Soweit eine Steuerpflicht besteht, nennt § 90 Abs. 1 Satz 2 AO als hauptsächlichen Inhalt der steuerrechtlichen Mitwirkungspflichten des Betroffenen die vollständige Offenlegung der für die Besteuerung erheblichen Tatsachen sowie die Angabe der bekannten Beweismittel. Dies geschieht im Wesentlichen durch die Abgabe einer wahrheitsgemäßen Steuererklärung mittels der vom Finanzamt zur Verfügung gestellten Erklärungsvordrucke und ggf. den nach § 60 EStDV beizufügenden Unterlagen. Die steuerrechtlichen Mitwirkungspflichten stellen somit eine Art der verwaltungsrechtlichen „Eigenüberwachung" dar.[170]

---

[166] Vgl. TK/*Seer*, § 90 AO, Rn. 1; Tipke/Lang/*Seer*, Steuerrecht, § 21, Rn. 4.
[167] Schwarz/Pahlke/*Schmitz*, § 90 AO, Rn. 6; TK/*Seer*, § 90 AO, Rn. 1.
[168] Schwarz/Pahlke/*Schmitz*, § 90 AO, Rn. 6; TK/*Seer*, § 90 AO, Rn. 1.
[169] Näher hierzu vgl. Tipke/Lang/*Seer*, Steuerrecht, § 21, Rn. 176-177.
[170] Vgl. *Wolff*, Selbstbelastung und Verfahrenstrennung, S. 164.

Erhöht sind die Mitwirkungspflichten des Steuerpflichtigen nach § 90 Abs. 2 AO insbesondere in Fällen mit Auslandsbezug, da die Finanzbehörde bei der Ermittlung eines Steuerfalles grundsätzlich nicht im Ausland tätig werden darf.[171] Zwar hat der zwischenstaatliche Auskunftsverkehr in Steuersachen in den letzten Jahren an Bedeutung gewonnen, insbesondere hat Deutschland mit zahlreichen Staaten DBA mit sog. „großen Auskunftsklauseln" geschlossen, jedoch unterliegt der internationale Auskunftsverkehr auch weiterhin erheblichen rechtlichen Beschränkungen und tatsächlichen Schwierigkeiten.[172] In Fällen mit Auslandsbezug ist der Steuerpflichtige daher sowohl zur Sachverhaltsaufklärung, als auch zur Beschaffung der erforderlichen Beweismittel (z.b. durch Beibringung von Bankbelegen bei einem im Ausland geführten Konto) verpflichtet.[173]

Zu den erweiterten Mitwirkungspflichten nach § 90 Abs. 2 Satz 1, 2 AO treten nach Satz 3 noch besondere Erklärungs- und Versicherungspflichten hinzu, wenn objektiv erkennbare Anhaltspunkte dafür bestehen, dass der Steuerpflichtige über Geschäftsbeziehungen zu Finanzinstituten in bestimmten unkooperativen Staaten und Gebieten (sog. „Steueroasen") verfügt.[174] In solchen Fällen kann der Steuerpflichtige von der Finanzbehörde sogar aufgefordert werden, die Richtigkeit und Vollständigkeit seiner Angaben an Eides statt zu versichern und die Finanzbehörde zur Geltendmachung möglicher Auskunftsansprüche gegenüber diesen Kreditinstituten zu bevollmächtigen.[175]

Der Steuerpflichtige erfüllt seine steuerrechtlichen Pflichten nur dann, wenn er die für die Besteuerung erheblichen Tatsachen vollständig und wahrheitsgemäß offen legt.[176] Erkennt der Steuerpflichtige nachträglich – vor Ablauf der Steuerfestsetzungsfrist – die Unrichtigkeit oder Unvollständigkeit seiner Angaben in seiner bereits beim Finanzamt eingereichten Steuererklärung, obliegt ihm nach § 153 AO insoweit eine Berichtigungspflicht.[177]

---

[171] HHSp/*Söhn*, § 90 AO, Rn. 136; Klein/*Rätke*, § 90 AO, Rn. 21; Schwarz/Pahlke/*Schmitz*, § 90 AO, Rn. 33; TK/*Seer*, § 90 AO, Rn. 18; Tipke/Lang/*Seer*, Steuerrecht, § 21, 174.
[172] HHSp/*Söhn*, § 90 AO, Rn. 137; Schwarz/Pahlke/*Schmitz*, § 90 AO, Rn. 34; TK/*Seer*, § 90 AO, Rn. 18.
[173] HHSp/*Söhn*, § 90 AO, Rn. 143, 152; Klein/*Rätke*, § 90 AO, Rn. 23; Schwarz/Pahlke/*Schmitz*, § 90 AO, Rn. 37-41; TK/*Seer*, § 90 AO, Rn. 22-26; Tipke/Lang/*Seer*, Steuerrecht, § 21, Rn. 174.
[174] HHSp/*Söhn*, § 90 AO, Rn. 184-186; Schwarz/Pahlke/*Schmitz*, § 90 AO, Rn. 43; TK/*Seer*, § 90 AO, Rn. 27-29.
[175] Näher hierzu vgl. HHSp/*Söhn*, § 90 AO, Rn. 187-187a; Schwarz/Pahlke/*Schmitz*, § 90 AO, Rn. 43-52; TK/*Seer*, § 90 AO, Rn. 28.
[176] HHSp/*Söhn*, § 90 AO, Rn. 46; Klein/*Rätke*, § 90 AO, Rn. 6; TK/*Seer*, § 90 AO, Rn. 9.
[177] Näher hierzu vgl. Tipke/Lang/*Seer*, Steuerrecht, § 21, Rn. 191.

Für die Besteuerung ist es nach § 40 AO unerheblich, ob ein Verhalten, das den Tatbestand eines Steuergesetzes ganz oder zum Teil erfüllt, gegen ein gesetzliches Verbot oder gegen die guten Sitten verstößt. Die Vorschrift stellt damit klar, dass die Besteuerung wertneutral ist und auf das wirtschaftliche Ergebnis abstellt.[178] Der Steuerpflichtige muss somit auch z.b. Einkünfte aus Hehlerei-, Drogen-, Geldwäsche- und Betrugsgeschäften oder aus der Annahme von Schmiergeldzahlungen zum Zwecke der Besteuerung gegenüber der Finanzbehörde offenbaren.[179] Der Zweck des § 40 AO besteht darin, alle Bürger nach Maßgabe ihrer Leistungsfähigkeit gleichmäßig zu den öffentlichen Lasten heranzuziehen.[180] Daher lässt die Vorschrift die Rechtsfolgen des Zivil- und Strafrechts unberührt, um so die als ungerecht empfundene Begünstigung von Personen, die gegen Gesetze verstoßen, zu verhindern.[181]

§ 40 AO verstößt nicht – wie es auf den ersten Blick scheint – gegen den Grundsatz der Einheit der Rechtsordnung.[182] Ein Widerspruch der Regelung des § 40 AO mit den Wertungen des Zivilrechts und/oder Strafrechts lässt sich gerade wegen der Wertneutralität der Vorschrift nicht feststellen.[183] Denn eines der tragenden Prinzipien des Steuerrechts ist das Leistungsfähigkeitsprinzip, d.h. die Bestimmung der Steuerpflichtigkeit des Einzelnen nach dessen persönlicher Leistungsfähigkeit.[184] Jeder Bürger soll gleichmäßig und nur so weit es ihm wirtschaftlich zumutbar ist, zu den öffentlichen Lasten herangezogen werden. Diesem Zweck wird die Vorschrift des § 40 AO (i.V.m. § 41 AO) insoweit gerecht, als durch sie zum Ausdruck gebracht wird, dass die Besteuerung ausschließlich von wirtschaftlichen Gesichtspunkten geleitet ist und dadurch eine steuerliche Begünstigung von Personen, die gegen die guten Sitten oder ein gesetzliches Verbot verstoßen, ausgeschlossen ist.[185]

---

[178] HHSp/*Fischer*, § 40 AO, Rn. 15; Schwarz/Pahlke/*Schwarz*, § 393 AO, Rn. 1; TK/*Drüen*, § 40 AO, Rn. 1.
[179] Näher hierzu vgl. Schwarz/Pahlke/*Schwarz*, § 40 AO, Rn. 13; *Wulf*, wistra 2006, 89 ff. (90).
[180] HHSp/*Fischer*, § 40, Rn. 15; TK/*Drüen*, § 40 AO, Rn. 4.
[181] HHSp/*Fischer*, § 40 AO, Rn. 15; Schwarz/Pahlke/*Schwarz*; § 40 AO, Rn. 1-2; TK/*Drüen*, § 40 AO, Rn. 4.
[182] Vgl. HHSp/*Fischer*, § 40 AO, Rn. 23-26; *Raupach* in FS Tipke 1995, S. 105 ff. (114); *Reiß*, Besteuerungsverfahren, S. 9; Schwarz/Pahlke/*Schwarz*, § 40 AO, Rn. 2; *Spriegel*, Steuergeheimnis und Strafverfahren, S. 49; so auch bereits *Würtenberger*, FR 21 (1966), 20 ff. (23) zu § 5 Abs. 2 StAnpG.
[183] Vgl. *Claßen*, Besteuerung des Unrechts, S. 182-183.
[184] Klein/*Gersch*, § 3 AO, Rn. 14.
[185] Vgl. HHSp/*Fischer*, § 40, Rn. 15; TK/*Drüen*, § 40 AO, Rn. 1.

Kommt der Steuerpflichtige oder eine andere nach der AO zur Mitwirkung verpflichtete Person ihren steuerrechtlichen Pflichten nicht nach, können diese in bestimmten Fällen mit Hilfe von Zwangsmitteln (§ 328 AO) durchgesetzt werden. Zwangsmittel nach § 328 AO sind das Zwangsgeld (§ 329 AO), die Ersatzvornahme (§ 330 AO) sowie die Anwendung unmittelbaren Zwangs (§ 331 AO).

Des Weiteren ist die Finanzbehörde bei verweigerter Mitwirkung des Steuerpflichtigen nach § 162 AO unter Umständen berechtigt, die Besteuerungsgrundlagen zu schätzen. Die Schätzung nach § 162 AO ist eine besondere Art der Sachverhaltsaufklärung im Wege freier Beweiswürdigung mit reduziertem Beweismaß im Falle eines Beweisnotstandes.[186] Bei einer Schätzung sind zwar alle Umstände zu berücksichtigen, die für die Steuerfestsetzung von Bedeutung sind. Die fehlende Möglichkeit der vollen Sachaufklärung kann sich jedoch auch zu Ungunsten des Steuerpflichtigen auswirken, da insbesondere bei vorsätzlicher Verletzung der steuerrechtlichen Mitwirkungspflichten auch an den oberen Rand des Schätzungsrahmens gegangen werden darf.[187] Eine Schätzung nach § 162 AO kann dann u.U. einen mehr oder weniger großen finanziellen Nachteil für den Steuerpflichtigen zur Folge haben.

Vor allem kann die Verletzung steuerrechtlicher Mitwirkungspflichten bei Vorliegen weiterer Voraussetzungen steuerstrafrechtliche (vgl. §§ 369 ff. AO) bzw. steuerordnungsrechtliche (vgl. §§ 377 ff. AO) Folgen für den Steuerpflichtigen haben.

Im Folgenden sollen Inhalt und Zweck sowie die konkreten Folgen eines Verstoßes gegen die wesentlichen steuerrechtlichen Mitwirkungspflichten näher erläutert werden.

---

[186] Näher hierzu Tipke/Lang/*Seer*, Steuerrecht, § 21, Rn. 207-210.
[187] Klein/*Rüsken*, § 162 AO, Rn. 37-38; Tipke/Lang/*Seer*, Steuerrecht, § 21, Rn. 209.

I. Steuerrechtliche Mitwirkungspflichten

1. Pflicht zur Abgabe von Steuererklärungen

Die wichtigste steuerrechtliche Mitwirkungspflicht ist die Pflicht zur Abgabe von Steuererklärungen. Nach §§ 149 Abs. 1 Satz 1, 150 Abs. 4 AO ergibt sich aus den Einzelsteuergesetzen bzw. Rechtsverordnungen wer zur Abgabe von Steuererklärungen verpflichtet ist und welche Unterlagen diesen ggf. zur Nachprüfbarkeit beigefügt werden müssen (vgl. §§ 56, 60 EStDV, § 31 KStG i.V.m. § 25 Abs. 3 Satz 1 EStG, § 25 GewStDV, §§ 18, 18a UStG, § 31 ErbStG, § 28 Abs. 1 BewG).

§ 150 Abs. 1 Satz 1 AO bestimmt, dass Steuererklärungen grundsätzlich „nach amtlich vorgeschriebenem Vordruck" abgegeben werden müssen.[188] Die Finanzbehörde ergreift mithilfe der Vordrucke die „Frageninitiative".[189] Verlangt werden darin neben höchstpersönlichen Daten, insbesondere Angaben über Art und Umfang sowie ggf. auch über die Herkunft der Einkünfte. Eine Steuererklärung stellt damit eine „umfassende formalisierte Auskunft" des Steuerpflichtigen oder seines Vertreters dar.[190]

Bei Nichtabgabe der Steuererklärung kann diese nach §§ 328 ff. AO erzwungen werden, und zwar gemäß § 149 Abs. 1 Satz 4 AO auch nach Erlass eines Schätzungsbescheides. Außerdem kann ein Verspätungszuschlag nach § 152 AO festgesetzt werden. Außerdem kann bei Vorliegen weiterer Voraussetzungen der Straftatbestand einer Steuerhinterziehung nach § 370 AO oder der Tatbestand einer Steuerordnungswidrigkeit nach § 378 AO erfüllt sein.

2. Steuerrechtliche Buchführungs- und Aufzeichnungspflichten

Das EStG (§§ 4, 5) und die AO (§§ 140, 141) ordnen für bestimmte Steuerpflichtige – insbesondere für Gewerbetreibende nach §§ 2 Abs. 1 Nr. 2, 15 EStG – Buchführungspflichten an. Für Kaufleute i.S.d. § 1 HGB ergibt sich eine Buchführungspflicht bereits aus § 238 HGB. So sind nach §§ 240 und 242 HGB Kaufleute u.s.w. verpflichtet, Vermögensverzeichnisse (Inventare) und Bilanzen zu erstellen.[191] Die Buchführung dient dazu, Vorgänge, die eine Än-

---

[188] Näher hierzu vgl. Tipke/Lang/*Seer*, Steuerrecht, § 21, Rn. 182-187.
[189] HHSp/*Heuermann*, Vor §§ 149-153 AO, Rn. 2; *Schick*, StuW 1988, 301 ff. (305).
[190] HHSp/*Heuermann*, Vor § 149-153 AO, Rn. 3; TK/*Seer*, Vor § 149 AO, Rn. 2.
[191] Näher hierzu vgl. Tipke/Lang/*Seer*, Steuerrecht, § 21, Rn. 178-181.

derung des Vermögens und des Kapitals bewirken, zeitlich geordnet aufzuzeichnen, um die Unternehmenslage richtig darzustellen.[192]

Steuerpflichtige, die nicht auf Grund gesetzlicher Vorschriften verpflichtet sind, Bücher zu führen sowie regelmäßig Abschlüsse zu machen, und die auch (freiwillig) keine Bücher führen und keine Abschlüsse machen, können nach § 4 Abs. 3 EStG als Gewinn den Überschuss der Betriebseinnahmen über die Betriebsausgaben ansetzen (sog. Einnahme-Überschussrechnung). Darüber hinaus verpflichten die §§ 143, 144 AO alle gewerblichen Unternehmer zur gesonderten Aufzeichnung des Wareneingangs und des Warenausgangs.

Verstößt der Steuerpflichtige gegen die steuerrechtlichen Buchführungs- oder Aufzeichnungspflichten, können die Besteuerungsgrundlagen nach § 162 Abs. 1 i.V.m. Abs. 2 Satz 2 AO geschätzt werden. Außerdem kann die Erfüllung der Buchführungs- und Aufzeichnungspflichten nach §§ 328 ff. AO erzwungen werden. Eine nicht vollständige oder nicht vollständig aufbewahrte Buchführung kann z.b. zu einer Strafbarkeit nach § 331 HGB führen.[193] Dadurch kann wiederum der Tatbestand der leichtfertigen Steuerverkürzung (§ 378 AO), der Steuergefährdung (§ 379 AO) oder der Steuerhinterziehung (§ 370 AO) erfüllt sein.[194]

3. Steuerrechtliche Aufbewahrungspflichten

Weiter sind Steuerpflichtige, die nach § 4 Abs. 1 AO buchführungspflichtig sind bzw. freiwillig Bücher führen oder ihren Gewinn durch Einnahme-Überschussrechnung (§ 4 Abs. 3 AO) ermitteln, nach §§ 147, 147a AO sechs bzw. zehn Jahre zur Aufbewahrung bestimmter Unterlagen verpflichtet, die für die Besteuerung von Bedeutung sind. Darunter fallen u.a. Handelsbücher, Aufzeichnungen (z.B. Inventare), Buchungsbelege (z.B. Rechnungen, Lieferscheine, Bankauszüge, Gehaltslisten).[195] Die Aufbewahrungspflichten sollen die Überprüfung der formellen und sachlichen Richtigkeit der Buchführung sowie der Steuererklärungen des Steuerpflichtigen durch die Finanzämter,[196] insbesondere im Rahmen einer steuerlichen Außenprüfung nach § 200 AO, ermöglichen.

---

[192] MüKo-BilanzR/*Graf*, § 238 HGB, Rn. 39.
[193] MüKo-BilanzR/*Graf*, § 238 HGB, Rn. 96.
[194] Näher hierzu vgl. MüKo-BilanzR/*Graf*, § 238 HGB, Rn. 97.
[195] Vgl. HHSp/*Trzaskalik*, § 147 AO, Rn. 8; Klein/*Rätke*, § 147 AO, Rn. 15-25.
[196] Vgl. HHSp/*Trzaskalik*, § 147 AO, Rn. 8; Klein/*Rätke*, § 147 AO, Rn. 1.

Im Falle der Verletzung der Aufbewahrungspflicht ist eine Schätzung nach § 162 Abs. 2 Satz 2 AO möglich. Aus dem Steuerrecht selbst ergeben sich keine strafrechtlichen oder bußgeldrechtlichen Folgen aus der Verletzung der Aufbewahrungspflicht. Im Falle einer Insolvenz können jedoch die Straftatbestände der §§ 283 Abs. 1 Nr. 6, 283b Abs. 1 Nr. 2 StGB erfüllt sein. Zudem kommt eine Strafbarkeit wegen Urkundenvernichtung nach § 274 StGB in Betracht.

4. Steuerrechtliche Auskunftspflichten

Gemäß § 93 Abs. 1 Satz 1 AO haben die Beteiligten und andere Personen der Finanzbehörde generell die zur Feststellung eines für die Besteuerung erheblichen Sachverhaltes erforderlichen Auskünfte zu erteilen. Während die Steuererklärung sich auf den gesamten Steueranspruch bezieht, betreffen die zu erteilenden Auskünfte einzelne für die Besteuerung erheblichen Punkte.[197] Daher setzt die Auskunftserteilungspflicht voraus, dass die Auskunft zur Feststellung eines für die Besteuerung erheblichen Sachverhaltes erforderlich ist.[198] Dies ist insbesondere dann der Fall, wenn die abgegebene Steuererklärung lückenhaft, widersprüchlich oder nicht plausibel ist.[199] Auch die Auskunftserteilung ist nach §§ 328 ff. AO erzwingbar.

5. Mitwirkungspflichten bei steuerlichen Außenprüfungen

Nach § 200 Abs. 1 Satz 1, 2 AO hat der Steuerpflichtige bei der Feststellung der Sachverhalte, die für die Besteuerung erheblich sein können, im Rahmen einer steuerlichen Außenprüfung mitzuwirken. Insbesondere hat er Auskünfte zu erteilen, Aufzeichnungen, Bücher, Geschäftspapiere und andere Urkunden zur Einsicht und Prüfung vorzulegen sowie die zum Verständnis der Aufzeichnungen erforderlichen Erläuterungen zu geben. Außerdem muss der Steuerpflichtige die Finanzbehörde bei der Ausübung ihrer Befugnisse nach § 147 Abs. 6 AO (Zugriffsrecht der Finanzbehörde auf die EDV-Buchführung des Steuerpflichtigen) unterstützen. Unterstützungshandlung i.S.d. § 200 Abs. 1 Satz 1 i.V.m. § 147 Abs. 6 AO ist insbesondere die allgemeine Erläuterung der

---

[197] HHSp/*Heuermann*, Vor §§ 149-153 AO, Rn. 5; Schwarz/Pahlke/*Schmitz*, § 93 AO, Rn. 2-3; TK/*Seer*, § 93 AO, Rn. 5.
[198] Vgl. HHSp/*Schuster*, § 93 AO, Rn. 3; Klein/*Rätke*, § 93 AO, Rn. 6; TK/*Seer*, § 93 AO, Rn. 5-6.
[199] HHSp/*Schuster*, § 93 AO, Rn. 3; Schwarz/Pahlke/*Schmitz*, § 93 AO, Rn. 2; TK/*Seer*, § 93 AO, Rn. 5.

verwendeten Software.[200] Der Umfang der Befugnisse des Prüfers bzw. seines Datenzugriffsrechts bestimmt sich nach dem Umfang der Aufbewahrungspflicht des Steuerpflichtigen nach § 147 Abs. 1 AO und erstreckt sich auf alle Konten der Finanzbuchhaltung, und zwar auch solche, die bislang nur das handelsrechtliche, nicht aber auch das steuerliche Ergebnis beeinflusst haben, sowie auf alle Konten der Lohn- und Anlagenbuchhaltung.[201]

Die Außenprüfung dient der Erfüllung der den Finanzbehörden nach § 85 AO gestellten Aufgabe.[202] Dazu werden im Rahmen der Außenprüfung nach §§ 194 Abs. 1 Satz 1, 199 Satz 1 AO die Besteuerungsgrundlagen ermittelt.[203] Ziel der Außenprüfung ist es, die Steuergerechtigkeit durch gleichmäßige Vollziehung der Steuergesetze zu verwirklichen.[204] Sie findet regelmäßig als Routinekontrolle statt.[205] Auch hier können die Mitwirkungspflichten nach §§ 328 ff. AO notfalls zwangsweise durchgesetzt werden.

Die Außenprüfung unterscheidet sich von der Steuerfahndung dadurch, dass die Steuerfahndung grundsätzlich nur dann tätig wird, wenn bereits der begründete Verdacht eines Steuerdeliktes vorliegt, und die Außenprüfung auf die Mitwirkung des Steuerpflichtigen angelegt und angewiesen ist, während sich der Steuerfahnder polizeilicher Methoden bedient und der beschuldigte Steuerpflichtige ein Mitwirkungsverweigerungsrecht hat.[206]

II. Konfliktlage des Steuerpflichtigen

Ein Konflikt zwischen dem Nemo-tenetur-Grundsatz und den steuerrechtlichen Mitwirkungspflichten kann zunächst aufgrund der Vorschrift des § 40 AO bestehen. Denn dadurch wird der Steuerpflichtige zur Erfüllung seiner steuerrechtlichen Pflichten unter Umständen zur Selbstbezichtigung bezüglich einer bereits begangenen nichtsteuerlichen Straftat/Ordnungswidrigkeit gezwungen.

Außerdem besteht ein Konflikt mit dem Nemo-tenetur-Grundsatz aufgrund des durch steuerrechtliche Mitwirkungspflichten unter Umständen bewirkten Zwangs zur Selbstbelastung hinsichtlich früherer Steuerstraftaten/Steuerordnungswidrigkeiten. Da die Pflicht zur Abgabe einer wahrheitsgemäßen Steuer-

---

[200] Vgl. HHSp/*Schallmoser*, § 200 AO, Rn. 66.
[201] Klein/*Rätke*, § 147 AO, Rn. 61.
[202] HHSp/*Schallmoser*, Vor §§ 193-203 AO, Rn. 40; TK/*Seer*, Vor § 193 AO, Rn. 9; Tipke/Lang/*Seer*, Steuerrecht, § 21, Rn. 225.
[203] Tipke/Lang/*Seer*, Steuerrecht, § 21, Rn. 225.
[204] HHSp/*Schallmoser*, Vor §§ 193-203 AO, Rn. 40; TK/*Seer*, Vor § 193 AO, Rn. 9; Tipke/Lang/*Seer*, Steuerrecht, § 21, Rn. 225.
[205] HHSp/*Schallmoser*, Vor §§ 193-203 AO, Rn. 205.
[206] HHSp/*Schallmoser*, Vor §§ 193-203 AO, Rn. 205.

erklärung für jeden Besteuerungszeitraum (i.d.R. das Kalenderjahr) von neuem entsteht, kann auch in jedem Besteuerungszeitraum, in dem sie nicht erfüllt wird, z.b. der Tatbestand des § 370 Abs. 1 AO von neuem erfüllt werden.

Spannungen der steuerrechtlichen Mitwirkungspflichten mit dem Nemo-
tenetur-Grundsatz entstehen daher, wenn der Steuerpflichtige, um seiner aktuellen Pflicht zur Abgabe einer wahrheitsgemäßen Steuererklärung nachzukommen, gezwungen ist, Steuerhinterziehungen in zurückliegenden Besteuerungszeiträumen aufzudecken.[207] So kann die Finanzbehörde durch die wahrheitsgemäße Angabe der zu erklärenden Einkünfte aufgrund deren sprunghaf-
ten Anstiegs – insbesondere bei Einkünften aus selbständiger Tätigkeit oder
aus (ausländischem) Kapitalvermögen – auf frühere Steuerhinterziehungen
des Steuerpflichtigen aufmerksam werden.[208]

III. Zwischenergebnis

Im Besteuerungsverfahren treffen den Steuerpflichtigen weitreichende Mitwirkungspflichten. Spannungen mit dem Nemo-tenetur-Grundsatz entstehen
dann, wenn der Steuerpflichtige Einkünfte aus strafbaren Handlungen erzielt
hat und diese aufgrund der Vorschrift des § 40 AO gegenüber der Finanzbehörde offenbaren muss, oder wenn er zur Erfüllung seiner aktuellen Pflicht zur
Abgabe einer wahrheitsgemäßen Steuererklärung gezwungen ist, Anhaltspunkte für eine in früheren Besteuerungszeiträumen begangene Steuerhinterziehung zu liefern. Da die steuerrechtlichen Mitwirkungspflichten notfalls auch
zwangsweise durchgesetzt werden können und ihre Nichterfüllung bei Vorliegen weiterer Voraussetzungen zudem strafbewehrt ist, besteht für den Steuerpflichtigen in diesen Fällen ein Zwang zur Selbstbelastung.

---

[207] Vgl. etwa *Aselmann*, NStZ 2003, 71 ff. (71); Flore/Tsambikakis/*Webel*, Steuerstrafrecht,
Teil 2 Kap. 1 § 393 AO, Rn. 51; GJW/*Bülte*, Wirtschafts- u. Steuerstrafrecht; § 393 AO, Rn.
51; Grezesch, DStR 1997, 1273 ff. (1273); *Hellmann* in FS Seebode 2008, S. 143 ff. (144);
Hellmann, JZ 2002, 617 ff. (618); HHSp/*Hellmann*, § 393 AO, Rn. 26; JJR/*Joecks*, § 393 AO,
Rn. 21; Kohlmann/*Hilgers-Klautzsch*, § 393 AO, Rn. 107.
[208] Vgl. etwa *Aselmann*, NStZ 2003, 71 ff. (71); *Grezesch*, DStR, 1997, 1273 ff. (1273); *Hell-
mann* in FS Seebode 2008, S. 143 ff. (153); *Hellmann*, JZ 2002, 617 ff. (618);
HHSp/*Hellmann*, § 393 AO, Rn. 26; JJR/*Joecks*, § 393 AO, Rn. 47.

B. Kollision zwischen Besteuerungs- und Steuerstrafverfahren

Spannungen zwischen den Mitwirkungspflichten des Steuerpflichtigen im Besteuerungsverfahren und dem Nemo-tenetur-Grundsatz entstehen ferner dadurch, dass den Finanzbehörden sowie der Steuer- und Zollfahndung durch die §§ 208 Abs. 1, 386 Abs. 1, 2, 399, 402, 404 AO neben steuerrechtlichen auch staatsanwaltschaftliche und polizeiliche Aufgaben und Befugnisse eingeräumt werden.

Da die Finanzbehörden damit sowohl für die Durchführung des Besteuerungsverfahrens als auch für die Verfolgung von Steuerstraftaten/Steuerordnungswidrigkeiten zuständig sind, könnte die Rechtsstellung des einer Steuerstraftat/Steuerordnungswidrigkeit beschuldigten Steuerpflichtigen gefährdet sein.

I. Aufgaben und Befugnisse der Finanzbehörde

Die Finanzbehörde ist für die Durchführung des Besteuerungsverfahrens zuständig und nimmt unter den Voraussetzungen der §§ 386 Abs. 2, 399 Abs. 1, 2, 402 Abs. 2 AO zudem staatsanwaltschaftliche Rechte und Pflichten wahr.

Die Finanzbehörde führt das steuerstrafrechtliche Ermittlungsverfahren nach § 386 Abs. 2 AO in den Grenzen des § 399 Abs. 1 und der §§ 400, 401 AO selbständig durch, wenn die Tat ausschließlich eine Steuerstraftat darstellt (§ 386 Abs. 2 Nr. 1 AO) oder wenn zugleich andere Strafgesetze verletzt und deren Verletzung Kirchensteuern oder andere öffentlich-rechtliche Abgaben betrifft, die an Besteuerungsgrundlagen, Steuermessbeträge oder Steuerbeträge anknüpfen (§ 386 Abs. 2 Nr. 2 AO).

Soweit den Finanzbehörden selbständige Ermittlungsbefugnisse eingeräumt werden, können sie somit als „Steuerstaatsanwaltschaften" bezeichnet werden.[209] Innerhalb des Finanzamtes wird diese Aufgabe von den sog. Straf- und Bußgeldsachenstellen (StraBu-Stellen oder BuStra-Stellen) wahrgenommen (vgl. § 387 AO).[210]

---

[209] Tipke/Lang/*Seer*, Steuerrecht, § 24, Rn. 6.
[210] Tipke/Lang/*Seer*, Steuerrecht, § 24, Rn. 6.

§ 387 Abs. 2 AO gestattet die Konzentration der sachlichen Zuständigkeit für den Bereich mehrerer Behörden. Die meisten Bundesländer haben von dieser Möglichkeit Gebrauch gemacht und entsprechende Bußgeld- und Strafsachenstellen innerhalb eines Finanzamtes geschaffen, die für den Bereich mehrerer Finanzämter tätig werden. Einige Bundesländer haben auch eigenständige Finanzämter für Bußgeld- und Strafsachen errichtet. Da diese behördeninterne Aufgabenverteilung die sachliche Zuständigkeit der Behörde im Verhältnis zum Bürger jedoch unberührt lässt, ist im Ergebnis trotzdem die Dienststelle, die das Besteuerungsverfahren durchführt, gleichzeitig auch zuständig für das strafprozessuale Ermittlungsverfahren nach §§ 386, 387 AO.[211] So wird z.B. in § 399 Abs. 2 Satz 1 AO angeordnet, dass, wenn einer Finanzbehörde nach § 387 Abs. 2 AO die Zuständigkeit für den Bereich mehrerer Finanzbehörden übertragen ist, das Recht und die Pflicht dieser Finanzbehörden, bei dem Verdacht einer Steuerstraftat den Sachverhalt zu erforschen und alle unaufschiebbaren Anordnungen zu treffen, um die Verdunkelung der Sache zu verhüten, unberührt bleiben. Auch die nach § 208 Abs. 1 Satz 1 Nr. 1 und 2 AO vorrangige und spezielle Zuständigkeit der Steuerfahndung, bei Einleitung eines steuerstrafrechtlichen Verfahrens die steuerrechtlichen sowie die steuerstrafrechtlichen Ermittlungen zu führen, hindert das (Festsetzungs-)Finanzamt nicht, das Besteuerungsverfahren fortzuführen und insoweit zu ermitteln.[212]

Der Grund für diese Regelung wird überwiegend darin gesehen, dass die Ermittlungen in Steuerstrafverfahren besondere steuerliche Sachkunde erfordern, die gerade bei den Finanzbehörden vorhanden sei.[213] Auch wenn diese Begründung angreifbar ist, weil sich die notwendige Sach- und Rechtskunde auch bei den Staatsanwaltschaften schaffen ließe,[214] ist die Regelung dennoch sinnvoll und berechtigt, da die Prüfung des Straftatbestandes der Steuerhinterziehung stets die inzident zu klärende Frage der Steuerschuld beinhaltet und damit zunächst die Feststellung der Besteuerungsgrundlagen erfordert.[215] Außerdem wird auf diesem Wege auch zum Schutz des Steuergeheimnisses (§ 30 AO) beigetragen.[216]

---

[211] *Böse*, Wirtschaftsaufsicht, S. 465.
[212] HHSp/*Schallmoser*, Vor §§ 193-203 AO, Rn. 210; Kohlmann/*Matthes*, § 404 AO, Rn. 55.
[213] Flore/Tsambikakis/*Nikolaus*, Steuerstrafrecht, Teil 2 Kap. 1 § 386 AO, Rn. 6; Klein/*Jäger*, § 386 AO, Rn. 1;
[214] *Hellmann*, Das Nebenstrafverfahrensrecht, S. 14.
[215] *Wendeborn*, Das Recht der Steuerfahndung, S. 159.
[216] Flore/Tsambikakis/*Nikolaus*, Steuerstrafrecht, Teil 2 Kap. 1 § 386 AO, Rn. 6; JJR/*Randt*, § 386 AO, Rn. 11.

Dennoch wird die Situation des Steuerpflichtigen durch die personelle Verflechtung von Besteuerungs- und Steuerstrafverfahren erheblich erschwert. Einerseits ist der Steuerpflichtige verpflichtet, beispielsweise im Rahmen einer steuerlichen Außenprüfung mitzuwirken, andererseits kann die Gefahr bestehen, dass er sich durch seine Mitwirkung wegen einer bereits begangenen Steuerstraftat belastet. Die Aufgabenstellung sowie die Rechte und Pflichten der Finanzbehörde werden daher teilweise als unzulässige Vermischung von Besteuerungs- und Steuerstrafverfahren zu Lasten der Rechte des Steuerpflichtigen begriffen.[217]

Vor allem im Rahmen einer steuerlichen Außenprüfung kann es vorkommen, dass der Übergang vom Besteuerungsverfahren in das Steuerstrafverfahren fließend ist und der Steuerpflichtige nicht weiß, welche Rechte und Pflichten er in der konkreten Situation hat. Dem Steuerpflichtigen sind vor Beginn der Betriebsprüfung nach § 197 Abs. 1 AO die Prüfungsanordnung, der voraussichtliche Prüfungsbeginn sowie die Namen der Prüfer bekannt zu geben, soweit der Prüfungszweck dadurch nicht gefährdet wird. Nach § 5 Abs. 2 BPO sind der Prüfungsanordnung auch Hinweise auf die wesentlichen Rechte und Pflichten des Steuerpflichtigen beizufügen. Der Steuerpflichtige ist also bereits vor der Prüfung darüber informiert, dass er im Rahmen des Besteuerungsverfahrens zur umfassenden Mitwirkung verpflichtet ist, sobald steuerstrafrechtliche Ermittlungen gegen ihn geführt werden, von ihm jedoch die Mitwirkung nicht mehr erzwungen werden kann und ihm insoweit ein Aussageverweigerungsrecht zusteht. Nach § 385 Abs. 1 AO gelten für das Steuerstrafverfahren grundsätzlich die allgemeinen Gesetze über das Strafverfahren, namentlich die StPO, das GVG und das JGG. Dies nützt dem Steuerpflichtigen jedoch wenig, wenn ihn der Prüfer – um das Prüfungsklima nicht zu gefährden und sich seine weitere Mitwirkung im Besteuerungsverfahren zu sichern – nicht darüber informiert, dass bereits Anhaltspunkte für ein Steuerdelikt vorliegen.

Speziell für diese Situation enthält die AO eine Regelung. Nach § 393 Abs. 1 Satz 4 AO ist der Steuerpflichtige darüber zu belehren, dass seine Mitwirkung im Besteuerungsverfahren nicht mehr mit Zwangsmitteln durchgesetzt werden kann, wenn er dadurch gezwungen würde, sich selbst wegen einer von ihm begangenen Steuerstraftat oder Steuerordnungswidrigkeit zu belasten. Wenn sich also im Verlauf der Prüfung der konkrete Verdacht einer Steuerstraftat ergibt, muss der Steuerpflichtige nach § 10 Abs. 1 Satz 4 BPO in dieser Situa-

---

[217] HHSp/*Schallmoser*, Vor §§ 193-203 AO, Rn. 207; HHSp/*Schick*, § 208 AO, Rn. 56; *Jesse*, DB 2013, 1803 ff. (1814); *Teske*, Die Abgrenzung der Zuständigkeiten, S. 458-459; a.A. *Dusch*, wistra 2013, 129 ff. (134).

tion (nochmals) mündlich belehrt werden.[218] Denn auch wenn eine möglichst frühzeitige Belehrung erfolgen sollte, genügt eine generelle Belehrung in abstrakter Form durch Aushändigung des Merkblatts zu Beginn einer Betriebsprüfung nicht mehr.[219]

Außerdem begründet seit einer Entscheidung des BGH aus dem Jahre 1992 ein Verstoß gegen die Pflicht zur Belehrung nach § 136 Abs. 1 Satz 2, § 163a Abs. 4 StPO stets ein Beweisverwertungsverbot, wenn der Betroffene sein Schweigerecht nicht gekannt hat.[220] Es ist daher davon auszugehen, dass auch bei einem Verstoß gegen die Belehrungspflicht nach § 393 Abs. 1 Satz 4 AO grundsätzlich ein Beweisverwertungsverbot besteht, soweit die Belehrung nur versehentlich unterlassen worden ist.[221] In Fällen, in denen der Prüfer wissentlich die bereits erfolgte Einleitung des Steuerstrafverfahrens verschwiegen hat oder wenn ein Prüfer trotz konkreter Anhaltspunkte für das Vorliegen einer Steuerstraftat die Betriebsprüfung unbeirrt fortsetzt um die nötigen Beweise vorsorglich zu sichern, ergibt sich ein Beweisverwertungsverbot zudem aus § 136a Abs. 3 Satz 2 StPO i.V.m § 385 Abs. 1 AO.[222] Ein Verstoß gegen den Nemo-tenetur-Grundsatz wird insoweit verhindert.

II. Aufgaben und Befugnisse der Steuer- und Zollfahndung

Die Aufgaben, die sonst der Polizei zugewiesen sind, werden im Falle einer Steuerstraftat durch die Steuer- und Zollfahndung als „Steuerkriminalpolizei" wahrgenommen.[223] Steuer- und Zollfahndung sind nach § 208 Abs. 1 Nr. 1 AO für die Erforschung von Steuerstraftaten und Steuerordnungswidrigkeiten zuständig. Gleichzeitig haben Fahndungsbehörden nach § 208 Abs. 1 Nr. 2, Abs. 2 AO die Aufgabe der Ermittlung der Besteuerungsgrundlagen. Die Befugnisse der Fahndungsbehörden richten sich dementsprechend nach der Aufgabe, die sie im Einzelfall wahrnehmen.[224]

---

[218] HHSp/*Hellmann*, § 393 AO, Rn. 110; JJR/*Joecks*, § 393 AO, Rn. 54; *Klug*, Zur Rechtmäßigkeit, S. 188; Kohlmann/*Hilgers-Klautzsch*, § 393 AO, Rn. 134.

[219] Vgl. GJW/*Bülte*, Wirtschafts- u. Steuerstrafrecht, § 393 AO, Rn. 28; HHSp/*Hellmann*, § 393 AO, Rn. 106; JJR/*Joecks*, § 393 AO, Rn. 54; *Klug*, Zur Rechtmäßigkeit, S. 188.

[220] Vgl. BGHSt 38, 214 ff. (218 ff.), Beschl. v. 27.2.1992 – 5 StR 190/91.

[221] Vgl. *Hellmann*, Das Nebenstrafverfahrensrecht, S. 383; JJR/*Joecks*, § 393 AO, Rn. 60; Klein/*Jäger*, § 393 AO, Rn. 41; BGH, Beschl. v. 16.6.2005 – 5 StR 118/05 = wistra 2005, 381 ff.

[222] Vgl. HHSp/*Hellmann*, § 393 AO, Rn. 112-114; JJR/*Joecks*, § 393 AO, Rn. 61; Kohlmann/*Hilgers-Klautzsch*, § 393 AO, Rn. 160.

[223] HHSp/*Hellmann*, § 393 AO, Rn. 44; TK/*Seer*, § 208 AO, Rn. 17; Tipke/Lang/*Seer*, Steuerrecht, § 21, Rn. 254.

[224] Vgl. Klein/*Rüsken*, § 208 AO, Rn. 3-4; Tipke/Lang/*Seer*, Steuerrecht, § 21, Rn. 253-255.

Werden sie zur Erforschung von Steuerstraftaten/Steuerordnungswidrigkeiten tätig, haben sie nach § 404 Satz 1 AO dieselben Rechte und Pflichten wie die Polizei und dem Steuerpflichtigen steht ein Aussageverweigerungsrecht nach § 385 Abs. 1 AO i.V.m. § 136 Abs. 1 Satz 2 StPO zu.

Werden sie hingegen zur Ermittlung der Besteuerungsgrundlagen oder zur Aufdeckung und Ermittlung unbekannter Steuerfälle (sog. Vorfeldermittlungen, bei denen noch nicht klar ist, ob sie in ein besteuerungsrechtliches und/oder ein steuerstrafrechtliches Verfahren gegen den Steuerpflichtigen einmünden[225]) tätig, stehen ihnen die Befugnisse als Finanzbehörde zur Verfügung mit der Folge, dass der Steuerpflichtige nach § 200 AO zur Mitwirkung verpflichtet ist (vgl. § 208 Abs. 1 Satz 3, 2. Halbs. AO).

Diese „Doppelfunktion" von Steuer- und Zollfahndung wird vielfach als problematisch im Hinblick auf die Wahrung des Nemo-tenetur-Grundsatzes angesehen.[226] Daher versucht man den Konflikt teilweise dadurch zu lösen, indem eine echte „Doppelzuständigkeit" von Steuer- und Zollfahndung generell verneint wird und davon ausgegangen wird, dass § 208 Abs. 1 Satz 1 Nr. 2 u. 3 AO den Fahndungsstellen gar keine steuerverfahrensrechtlichen Befugnisse einräume, da die Ermittlung der Besteuerungsgrundlagen im Zusammenhang mit der Erforschung von Steuerstraftaten und der Aufdeckung und Ermittlung unbekannter Steuerfälle insgesamt strafrechtlicher Natur sei.[227]

Zur Begründung wird auf den Wortlaut der Vorschrift § 208 Abs. 1 Satz 1 Nr. 2 AO „in den in Nr. 1 bezeichneten Fällen" verwiesen.[228] Zudem gehöre die Ermittlung der Besteuerungsgrundlagen ohnehin zur Erforschung einer Steuerstraftat/Steuerordnungswidrigkeit.[229] Ein eigenständiger Anwendungsbereich in dem Sinne, dass die Steuer- und Zollfahndung auch steuerliche Ermittlungen durchzuführen hätte, die nicht durch das Steuerstrafverfahren veranlasst sind, komme der Vorschrift des § 208 Abs. 1 Satz 1 Nr. 2 AO nicht zu.[230] Gegen diese Sichtweise sprechen jedoch die eindeutigen Formulierungen in § 208 Abs. 1 Nr. 3 und Abs. 2 AO, welche mit einer ausschließlich steuerstraf-

[225] Klein/*Rüsken*, § 208 AO, Rn. 6.
[226] HHSp/*Schallmoser*, Vor §§ 193-203 AO, Rn. 206-207; JJR/*Randt*, § 404 AO, Rn. 6; Kohlmann/*Matthes*, § 404 AO, Rn. 51-52.1; TK/*Seer*, § 208 AO, Rn. 15.
[227] *Hellmann*, Das Nebenstrafverfahrensrecht, S. 400; HHSp/*Hellmann*, § 393 AO, Rn. 65; HHSp/*Schick*, § 208 AO, Rn. 42, 97-99.
[228] *Hellmann*, Das Nebenstrafverfahrensrecht, S. 198.
[229] *Hellmann*, Das Nebenstrafverfahrensrecht, S. 198.
[230] *Hellmann*, Das Nebenstrafverfahrensrecht, S. 201-204.

prozessualen Aufgabenzuweisung der Fahndungsbehörden klar in Widerspruch stehen.[231]

Der BFH hat hierzu in einer grundlegenden Entscheidung aus dem Jahre 1997 ausgeführt, dass zu den Aufgaben der Steuerfahndung die Ermittlung der Besteuerungsgrundlagen im Zusammenhang mit der Erforschung von Steuerstraftaten und Steuerordnungswidrigkeiten auch dann gehöre, wenn hinsichtlich dieser Delikte bereits Strafverfolgungsverjährung eingetreten sei.[232] Zur Begründung hat der BFH im Wesentlichen ausgeführt, dass es nahe liege, den Begriff der Steuerstraftaten in der Nr. 1 des § 208 Abs. 1 AO umfassend als den nach dem Gesetz unter Strafe gestellten Lebenssachverhalt zu würdigen, ohne Rücksicht darauf, ob die Strafbarkeit im Einzelfall infolge besonderer Umstände ausgeschlossen sei.[233]

Dem ist beizupflichten. Da die Ermittlung der Besteuerungsgrundlagen stets Voraussetzung für die Prüfung eines Steuerdeliktes ist, d.h. zwingend mit der in § 208 Abs. 1 Satz 1 Nr. 1 AO genannten steuerstrafprozessualen Aufgabe zusammenhängt, hätte die Ermittlung der Besteuerungsgrundlagen nicht einer gesonderten Aufzählung in § 208 Abs. 1 Satz 1 Nr. 2 AO bedurft. Es ist daher vielmehr mit der Rechtsprechung davon auszugehen, dass in der Nr. 2 des § 208 Abs. 1 Satz 1 AO den Fahndungsbehörden Aufgaben und Befugnisse eingeräumt werden, welche mit den ihnen in Nr. 1 zugewiesenen Aufgaben und Befugnissen zwar in Zusammenhang stehen, die über diese jedoch noch hinausgehen. Eindeutig wird die außersteuerstrafprozessuale Aufgabe der Fahndungsbehörden zudem in § 208 Abs. 2 AO. Denn diese Vorschrift stellt klar, dass der Steuer- und Zollfahndung auf Ersuchen der zuständigen Finanzbehörde auch die Befugnis zukommt, steuerliche Ermittlungen zu führen und ihr auch sonstige Aufgaben zugewiesen werden können, soweit es sich um Aufgaben handelt, für deren Wahrnehmung die Finanzbehörde ohnehin zuständig ist. Eine Doppelfunktion der Fahndungsbehörden ist daher eindeutig gegeben.

Von diesem doppelfunktionalen Befugnis- und Aufgabenverständnis der Fahndungsbehörden ausgehend, bleiben die Spannungen mit dem Nemotenetur-Grundsatz weiter bestehen. Insbesondere die Vorschrift des § 208 Abs. 1 Satz 1 Nr. 2 AO erweckt den Anschein, dass den Steuerfahndungsstellen wegen ihrer Doppelstellung sowohl die strafverfahrensrechtlichen als auch die steuerrechtlichen Befugnisse zur Verfügung stehen, wenn sie die Besteue-

---

[231] Kohlmann/*Matthes*, § 404 AO, Rn. 51; TK/*Seer*, § 208 AO, Rn. 15.

[232] BFH, Beschl. v. 16.12.1997 – VII B 45/97 = wistra 1998, 230 ff. (230).

[233] BFH, Beschl. v. 16.12.1997 – VII B 45/97 = wistra 1998, 230 ff. (231).

rungsgrundlagen ermitteln und diese sowohl für das Steuerstraf- als auch für das Besteuerungsverfahren relevant sind.[234]

Träfe dies tatsächlich zu, wäre es möglich, den Steuerpflichtigen auch zur Mitwirkung bei steuerstrafrechtlichen Ermittlungen zu zwingen, was wiederum einen Verstoß gegen den Nemo-tenetur-Grundsatz bedeuten würde.

§ 208 Abs. 1 Satz 3, 2 Halbs. AO ordnet an, dass § 393 AO unberührt bleibt. In § 393 Abs. 1 AO hat der Gesetzgeber das Verhältnis des Strafverfahrens zu dem Besteuerungsverfahren speziell geregelt und in Satz 1 angeordnet, dass sich die Rechte und Pflichten der Steuerpflichtigen und der Finanzbehörde im Besteuerungsverfahren und im Strafverfahren nach den für das jeweilige Verfahren geltenden Vorschriften richten. Es ist daher davon auszugehen, dass die Finanzbehörde weder im Steuerstrafverfahren, noch im Besteuerungsverfahren, formal von einem „Meistbegünstigungsprinzip" Gebrauch machen kann, sich also nicht beliebig der jeweils erfolgsversprechenderen Verfahrensart bedienen kann.[235]

III. Zwischenergebnis

In der „Doppelfunktionalität" von Finanzbehörde und Steuer- und Zollfahndung als solcher liegt kein Verstoß gegen den Nemo-tenetur-Grundsatz. Der Steuerpflichtige wird dadurch nicht zu einer Mitwirkung im Steuerstrafverfahren gezwungen. Das Verbot einer „Befugnisvermischung", insbesondere bei den Steuer- und Zollfahndungsstellen, im Sinne eines Meistbegünstigungsprinzips ergibt sich bereits aus der Vorschrift des § 393 Abs. 1 Satz 1 AO. Die Situation des Steuerpflichtigen wird durch die „Doppelzuständigkeit" von Finanzbehörde und Steuer- und Zollfahndung jedoch erheblich erschwert.

---

[234] Vgl. *Hellmann*, Das Nebenstrafverfahrensrecht, S. 207; HHSp/*Hellmann*, § 393 AO, Rn. 62.
[235] *Hellmann*, Das Nebenstrafverfahrensrecht, S. 207-208; HHSp/*Hellmann*, § 393 AO, Rn. 62; JJR/*Randt*, § 404 AO, Rn. 120; Simon/Vogelberg/*Simon*, Steuerstrafrecht, S. 379; Tipke/Lang/*Seer*, Steuerrecht, § 21, Rn. 256.

C. Ergebnis

Der Steuerpflichtige ist im Besteuerungsverfahren zu einer umfassenden Informationspreisgabe verpflichtet. Er muss sogar Einkünfte aus strafbaren Handlungen in seinen regelmäßig abzugebenden Steuererklärungen deklarieren. Ein Konflikt zwischen den steuerrechtlichen Mitwirkungspflichten und dem Nemo-tenetur-Grundsatz besteht daher zum einen im Hinblick auf den damit verbundenen Zwang zur Selbstbelastung bezüglich früherer Steuerdelikte, wenn der Steuerpflichtige, um seine aktuelle Pflicht zur Abgabe einer wahrheitsgemäßen Steuerklärung zu erfüllen, gezwungen ist Anhaltspunkte für bereits begangene Steuerdelikte zu liefern. Zum anderen besteht aufgrund der Vorschrift des § 40 AO ein Zwang zur Selbstbelastung bezüglich begangener nichtsteuerlicher Straftaten/Ordnungswidrigkeiten.

Zusätzlich erschwert wird die Situation des Steuerpflichtigen – der eine Steuerstraftat/Steuerordnungswidrigkeit begangen hat – außerdem durch die personale Verknüpfung von Besteuerungs- und Steuerstrafverfahren.

3. Teil: Lösung des Konflikts zwischen dem Nemo-tenetur-Grundsatz und den steuerrechtlichen Mitwirkungspflichten im Hinblick auf den Zwang zur Selbstbelastung bzgl. früherer Steuerdelikte des Steuerpflichtigen de lege lata und de lege ferenda

A. Kollisionsregelungen der AO de lege lata

Zur Auflösung des Konfliktes zwischen dem Nemo-tenetur-Grundsatz und den steuerrechtlichen Mitwirkungspflichten im Hinblick auf den Zwang zur Selbstbelastung bezüglich früherer Steuerdelikte des Steuerpflichtigen enthält die AO mehrere Regelungen. Zunächst ist in § 30 AO das Steuergeheimnis geregelt. Wie bereits im 2. Teil angesprochen wurde, enthält die AO zur Regelung des Verhältnisses des Strafverfahrens zum Besteuerungsverfahren die Vorschrift des § 393 AO. Zudem bietet § 371 AO dem Steuerstraftäter unter bestimmten Voraussetzungen die Möglichkeit einer strafbefreienden Selbstanzeige. Zu prüfen ist daher, ob diese Vorschriften zur Konfliktlösung ausreichend sind.

I. § 30 AO

Das in § 30 AO geregelte Steuergeheimnis stellt in gewissem Rahmen einen Ausgleich zu den umfangreichen und einschneidenden steuerrechtlichen Offenbarungs- und Mitwirkungspflichten des Steuerpflichtigen dar.[236] Das Steuergeheimnis verbietet es den Finanzbehörden grundsätzlich, im Besteuerungsverfahren bekannt gewordene Tatsachen und Beweismittel unbefugt zu offenbaren oder zu verwerten (vgl. § 30 Abs. 2 AO). Es gewährleistet, dass der Staat die vom Steuerpflichtigen offenbarten Informationen nicht für steuerfremde Zwecke (z.B. für polizeiliche, wirtschaftssteuernde, sozialgestaltende Zwecke) einsetzt.[237]

Das Steuergeheimnis stellt insoweit ein sog. „qualifiziertes Amtsgeheimnis" dar.[238] Der Schutzbereich des Steuergeheimnisses erstreckt sich auf sämtliche persönlichen, wirtschaftlichen, rechtlichen, öffentlichen oder privaten Verhältnisse einer Person.[239] Der Steuerpflichtige soll nicht aus Furcht vor den Folgen

---

[236] HHSp/*Alber*, § 30 AO, Rn. 6; Klein/*Rüsken*, § 30 AO, Rn. 1; Schwarz/Pahlke/*Schwarz*, § 30 AO, Rn. 2, 4; TK/*Drüen*, § 30 AO, Rn. 8.

[237] HHSp/*Alber*, § 30 AO, Rn. 6.

[238] Flore/Tsambikakis/*Schade*, Steuerstrafrecht, Teil 2 Kap. 3 § 30 AO, Rn. 4; HHSp/*Alber*, § 30, Rn. 5; Klein/*Rüsken*, § 30 AO, Rn. 3; TK/*Drüen*, § 30 AO, Rn. 4.

[239] HHSp/*Alber*, § 30 AO, Rn. 32; Klein/*Rüsken*, § 30 AO, Rn. 43; TK/*Drüen*, § 30 AO, Rn. 12.

der Weitergabe seiner sensiblen Daten daran gehindert werden, seine steuer-rechtlichen Pflichten zu erfüllen.[240] Das Steuergeheimnis dient damit nicht nur dem Geheimhaltungsinteresse des Steuerpflichtigen (sog. Recht auf informationelle Selbstbestimmung), sondern zugleich auch dem öffentlichen Interesse an der Sicherstellung des vollständigen und rechtzeitigen staatlichen Steuer-aufkommens.[241]

1. Durchbrechungen des Steuergeheimnisses

In den in § 30 Abs. 4 und 5 AO genannten Fällen ist die Offenbarung der im Rahmen eines Besteuerungs- oder Steuerstrafverfahrens erlangten Informationen jedoch ausdrücklich zulässig, insbesondere wenn sie der Durchführung eines Besteuerungs- oder Steuerstrafverfahrens dient (Abs. 4 Nr. 1), die Offenbarung durch Gesetz ausdrücklich zugelassen ist (Abs. 4 Nr. 2), oder wenn für die Offenbarung ein zwingendes öffentliches Interesse besteht (Abs. 4 Nr. 5).

a) Durchbrechung des Steuergeheimnisses nach § 30 Abs. 4 Nr. 1 AO

Die Offenbarung steuerlicher Daten nach § 30 Abs. 4 Nr. 1 AO ist sowohl im Hinblick auf andere steuerliche Verfahren desselben Steuerpflichtigen als auch im Hinblick auf Verfahren anderer Steuerpflichtiger gegenüber anderen Behörden und Gerichten zulässig, wenn sie der Durchführung eines steuerlichen Verfahrens nach § 30 Abs. 2 Nr. 1 a oder b dient.[242]

Es kommen nach § 30 Abs. 4 Nr. 1 AO in Betracht: Eine Offenbarung wegen der Besteuerung des Steuerpflichtigen; eine Offenbarung zur Durchsetzung der Steuerforderung; eine Offenbarung, wenn ein anderer die betreffenden Informationen in seiner Sache zwingend benötigt um seine Rechte wahrnehmen oder verteidigen zu können; eine Offenbarung und Verwendung fremder Steuerdaten innerhalb der Finanzbehörde, wenn sie zur Durchführung der Besteuerung anderer Steuerpflichtiger, insbesondere zur Überprüfung von Steuererklärungen (z.B. mittels Kontrollmitteilungen), notwendig ist; eine Offenbarung für strafrechtliche und ordnungswidrigkeitsrechtliche Verfahren in Steuersachen, selbst dann, wenn die Steuerstraftat in Tateinheit mit nicht steuerlichen Taten steht oder jedenfalls eine einheitliche Tat im strafprozessualen

---

[240] HHSp/*Alber*, § 30 AO, Rn. 7; Klein/*Rüsken*, § 30 AO, Rn. 2; TK/*Drüen*, § 30 AO, Rn. 10.
[241] HHSp/*Alber*, § 30 AO, Rn. 7; Klein/*Rüsken*, § 30 AO, Rn. 2; TK/*Drüen*, § 30 AO, Rn. 10.
[242] Klein/*Rüsken*, § 30 AO, Rn. 71; TK/Drüen, § 30 AO, Rn. 64-70.

Sinne vorliegt, durch die auch Steuergesetze verletzt werden, und sich die offenbarten Erkenntnisse auf Tatbestandsmerkmale der verletzten nicht steuerlichen Strafnorm beziehen.[243]

Das Steuergeheimnis lässt insbesondere dann eine Informationsweitergabe zu, wenn die Finanzbehörde den Fall mangels Verfahrensherrschaft i.s.d. § 386 Abs. 2 AO der Staatsanwaltschaft vorlegt oder ihn nach § 386 Abs. 4 AO an die Staatsanwaltschaft abgibt.[244] Ein solcher Fall liegt vor, wenn die Tat nicht ausschließlich eine Steuerstraftat darstellt, sondern zugleich auch nichtsteuerliche Strafnormen verletzt werden. Zwar stellt diese Vorlage-/Abgabeverpflichtung keine ausdrückliche Zulassung der Offenbarung i.s.d. § 30 Abs. 4 Nr. 2 AO dar, die Durchbrechung des Steuergeheimnisses ist in diesen Fällen jedoch wegen des auch die Finanzbehörde bindenden Legalitätsprinzips geboten.[245]

b) Durchbrechung des Steuergeheimnisses nach § 30 Abs. 4 Nr. 2 AO

Durch Gesetz im Sinne des § 30 Abs. 4 Nr. 2 AO ausdrücklich zugelassen ist eine Offenbarung von Informationen u.a. nach §§ 31a und 31b AO. § 31a AO verpflichtet die Finanzbehörde zur Offenbarung an alle für die Bekämpfung der Schwarzarbeit zuständigen Stellen zur Durchführung eines Strafverfahrens oder Bußgeldverfahrens.[246] Ziel der Vorschrift ist es, die Finanzbehörden stärker in die Verfolgung der Schwarzarbeit, der illegalen Beschäftigung sowie des Leistungsmissbrauchs miteinzubeziehen.[247] Nach § 31b AO obliegt der Finanzbehörde eine Offenbarungspflicht zur Bekämpfung der finanziellen Unterstützung einer terroristischen Vereinigung (§§ 129a, 129b StGB) sowie der Geldwäsche (§ 261 StGB).[248]

Außerdem müssen bzw. dürfen die Informationen offenbart werden gegenüber Ämtern für Ausbildungsförderung nach Maßgabe des jeweiligen Landesrechts (z.B. Studentenwerk) zur Feststellung von Einkommens- oder Vermögensverhältnissen, soweit es für die Gewährung von Leistungen erforderlich ist (§ 21 Abs. 4 SGB X i.V.m. §§ 12, 18 SGB I); gegenüber Ausländerbehörden zur Erfüllung ihrer Auflagen nach dem AuslG und nach ausländerrechtlichen Best-

---

[243] Klein/*Rüsken*, § 30 AO, Rn. 74-91; TK/Drüen, § 30 AO, Rn. 64-70.
[244] Klein/*Jäger*, § 393 AO, Rn. 45; Rolletschke/Kemper/*Rolletschke*, § 393 AO, Rn. 72.
[245] Vgl. Rolletschke/Kemper/*Roth*, § 393 AO, Rn. 122.
[246] HHSp/*Alber*, § 31a AO, Rn. 1; Klein/*Rüsken*, § 31a AO, Rn. 1-2; TK/Drüen, § 31a AO, Rn. 1.
[247] HHSp/*Alber*, § 31a AO, Rn. 5.
[248] HHSp/*Alber*, § 31b AO, Rn. 5; Klein/*Rüsken*, § 31b AO, Rn. 1; TK/Drüen, § 31b, Rn. 2.

immungen in anderen Gesetzen (§§ 76 Abs. 5 Satz 1 Nr. 7, 77 Abs. 3 AuslG i.V.m. der VO über Datenübermittlungen an die Ausländerbehörden v. 18.12.1990, BGBl. I 2997, soweit der Ausländer gegen eine Vorschrift des Steuer-, Zoll- oder Außenwirtschaftsrechts verstoßen hat, § 88 Abs. 3 AufenthG); gegenüber Behörden der inneren Verwaltung zur Feststellung der Leistungen nach dem UnterhaltssicherungsG oder UnterhaltsvorschußG, zur Feststellung des Wohngeldes nach dem WohngeldG (§ 21 Abs. 4 SGB X i.V.m. §§ 12,26 SGB I), zur Feststellung von Ausgleichszahlungen für Fehlbelegung öffentlich geförderter Wohnungen (§ 5 Abs. 3 Gesetz zum Abbau der Fehlsubventionierung im Wohnungswesen); gegenüber Berufskammern der Angehörigen der steuerberatenden Berufe und den für das ehren- oder berufsgerichtliche Verfahren zuständigen Stellen (§§ 5 Abs. 2, 10 StBerG); gegenüber Besoldungsstellen im öffentlichen Dienst den für die Kindergeldzahlung maßgeblichen Sachverhalt (§ 68 Abs. 4 EStG); gegenüber der Bundesagentur für Arbeit zur Ermittlung der Einkommens- und Vermögensverhältnisse nach dem SGB III (§ 21 Abs. 4 SGB X i.V.m. §§ 12,19 SGB I); gegenüber Trägern der Sozialhilfe (grds. Kreise, kreisfreie Städte, § 3 SGB XII) zur Feststellung von Einkommens- oder Vermögensverhältnissen für die Gewährung von Leistungen nach dem SGB XII (§ 21 Abs. 4 SGB X i.V.m. § 117 Abs. 1 Satz 4 SGB XII) und zur Rückforderung von gewährten Sozialleistungen; gegenüber Trägern der gesetzlichen Sozialversicherung (Krankenkassen, Landesversicherungsanstalten, Berufsgenossenschaften, Bundesbahnversicherungsanstalt, Bundesversicherungsanstalt für Angestellte, Bundesagentur für Arbeit u.a.), Künstlersozialkassen zum Zweck der Festsetzung von Beiträgen und zur Rückforderung von gewährten Sozialleistungen; gegenüber Versorgungsämtern zur Feststellung von Einkommens- und Vermögensverhältnissen für die soziale Entschädigung bei Gesundheitsschäden (§ 21 Abs. 4 X i.V.m §§ 12, 24 SGB I).[249]

Ob die Finanzbehörde zur Auskunfterteilung verpflichtet oder ob sie zur Auskunfterteilung lediglich berechtigt ist, ergibt sich aus der jeweiligen Offenbarungsnorm.[250]

---

[249] Ausführlich hierzu Klein/*Rüsken*, § 30 AO, Rn. 110-145; TK/*Drüen*, § 30 AO, Rn. 74-105.
[250] Vgl. hierzu HHSp/Alber, § 30 AO, Rn. 162.

c) Durchbrechung des Steuergeheimnisses nach § 30 Abs. 4 Nr. 5 AO

Nach § 30 Ab. 4 Nr. 5 AO ist die Offenbarung der im Rahmen eines Besteuerungs- oder Steuerstrafverfahrens erlangten Informationen zulässig, wenn für sie ein zwingendes öffentliches Interesse besteht. Ein zwingendes öffentliches Interesse ist namentlich gegeben, wenn Verbrechen und vorsätzliche schwere Vergehen gegen Leib und Leben oder gegen den Staat und seine Einrichtungen verfolgt werden oder verfolgt werden sollen (a), Wirtschaftsstraftaten verfolgt werden oder verfolgt werden sollen, die nach ihrer Begehungsweise oder wegen des Umfangs des durch sie verursachten Schadens geeignet sind, die wirtschaftliche Ordnung erheblich zu stören oder das Vertrauen der Allgemeinheit auf die Redlichkeit des geschäftlichen Verkehrs oder auf die ordnungsgemäße Arbeit der Behörden und der öffentlichen Einrichtungen erheblich zu erschüttern (b), oder die Offenbarung erforderlich ist zur Richtigstellung in der Öffentlichkeit verbreiteter unwahrer Tatsachen, die geeignet sind, das Vertrauen in die Verwaltung erheblich zu erschüttern (c). § 30 Abs. 4 Nr. 5a-c) zählt die Anwendungsfälle „namentlich" auf. Daraus folgt, dass die Aufzählung nicht abschließend ist und es weitere, unbenannte Fälle des öffentlichen Interesses gibt.[251]

Bei den in § 30 Abs. 4 Nr. 5a) AO genannten Verbrechen und vorsätzlich schweren Vergehen handelt es sich jedenfalls um die in § 138 StGB enthaltenen Kapitalverbrechen und die dort genannten Vergehen, zu deren Anzeige schon im Planungsstadium jedermann verpflichtet ist.[252] Darüber hinaus sind aber auch schwerwiegende Verbrechen und Vergehen gegen Leib und Leben oder den Staat und seine Einrichtungen erfasst, insbesondere Untreue und Unterschlagungshandlungen zu Lasten des Staates, wenn der drohende Schaden bedeutsam ist.[253] Unter den in § 30 Abs. 4 Nr. 5b) AO genannten Begriff der Wirtschaftsstraftaten, der aus § 74c GVG übernommen worden ist, fallen Straftaten, die unter Ausnutzung der Verhältnisse des Wirtschaftsverkehrs begangen werden und sich gegen das Vermögen oder die gesamtwirtschaftliche Ordnung richten.[254] Die Regelung des § 30 Abs. 4 Nr. 5c) AO stellt eine „Art Notwehrrecht" der Finanzbehörde dar, falls verleumderische Angaben über die Behörde im Zusammenhang mit einem Steuerfall gemacht wer-

---

[251] Klein/*Rüsken*, § 30 AO, Rn. 182; TK/*Drüen*, § 30 AO, Rn. 120.
[252] HHSp/*Alber*, § 30 AO, Rn. 193; Klein/*Rüsken*, § 30 AO, Rn. 183; TK/*Drüen*, § 30 AO, Rn. 123.
[253] HHSp/*Alber*, § 30 AO, Rn. 193; Klein/*Rüsken*, § 30 AO, Rn. 183; TK/*Drüen*, § 30 AO, Rn. 123.
[254] HHSp/*Alber*, § 30 AO, Rn. 194; Klein/*Rüsken*, § 30 AO, Rn. 185; TK/*Drüen*, § 30 AO, Rn. 124.

den.[255] Ohne die Vorschrift wäre die Finanzbehörde diesen Angriffen u.U. ausgeliefert, wenn sie sich dagegen nur unter Verletzung des Steuergeheimnisses wehren könnte, wobei es nicht erforderlich ist, dass die verleumderischen Behauptungen vom Steuerpflichtigen herrühren.[256]

2. § 30 AO als Schutzbestimmung zur Wahrung des Nemo-tenetur-Grundsatzes

Aufgrund seiner zahlreichen Durchbrechungsmöglichkeiten wird durch das in § 30 AO geregelte Steuergeheimnis die Einführung von selbstbelastenden Angaben, zu denen der Steuerpflichtige unter Umständen zur Erfüllung seiner steuerrechtlichen Mitwirkungspflichten gezwungen ist, in ein gegen ihn geführtes Strafverfahren nicht ausgeschlossen.

Es stellt sich daher die Frage, ob das Steuergeheimnis insoweit lückenhaft ist. Denkbar ist auch, dass das Steuergeheimnis von seiner Konzeption her überhaupt nicht darauf angelegt ist, einen Verstoß gegen den Nemo-tenetur-Grundsatz zu verhindern.

Die systematische Stellung des Steuergeheimnisses im allgemeinen Teil der AO spricht zwar weder gegen, noch für eine Qualifizierung des § 30 AO als Schutzbestimmung zur Wahrung des Nemo-tenetur-Grundsatzes. Da die genannten Ausnahmen von dem Steuergeheimnis eine Weitergabe von selbstbelastenden Informationen jedoch ausdrücklich zulassen, kann insoweit nicht von einer Lücke im Hinblick auf die Wahrung des Nemo-tenetur-Grundsatzes ausgegangen werden. Vielmehr erscheint die fehlende Beschränkung, falsche Angaben oder unvollständige Angaben in einem Steuerstrafverfahren gegen den Steuerpflichtigen zu verwenden, als konsequent, weil § 30 AO es dem Bürger gerade ermöglichen soll, seinen Offenbarungs- und Mitwirkungspflichten ohne Furcht vor den negativen Folgen ihrer Weitergabe nachzukommen.[257] Wer falsche oder unvollständige Angaben macht, soll somit den Schutz des Steuergeheimnisses gerade nicht für sich beanspruchen können.

Es ist daher davon auszugehen, dass das Steuergeheimnis zwar in einigen Fällen zur Wahrung des Nemo-tenetur-Grundsatzes beiträgt, jedoch nicht primär dazu bestimmt ist, den Steuerpflichtigen vor strafrechtlicher Verfolgung zu schützen.[258]

---

[255] HHSp/*Alber*, § 30 AO, Rn. 199; Klein/*Rüsken*, § 30 AO, Rn. 189.
[256] HHSp/*Alber*, § 30 AO, Rn. 199; Klein/*Rüsken*, § 30 AO, Rn. 189.
[257] *Hellmann*, Das Nebenstrafverfahrensrecht, S. 29.
[258] Vgl. *Besson*, Das Steuergeheimnis, S. 180.

3. Zwischenergebnis

Wie die vorangehenden Ausführungen gezeigt haben, sichert das Steuergeheimnis nicht den Nemo-tenetur-Grundsatz. Es ist als eine Art Verschwiegenheitspflicht der Finanzbehörde vielmehr darauf angelegt, die Entstehung anderer Nachteile, die sich für den Steuerpflichtigen durch das Bekanntwerden seiner persönlichen oder vermögensrechtlichen Verhältnisse in der Öffentlichkeit ergeben können, zu verhindern, um ihm seine Mitwirkung im Besteuerungsverfahren zu erleichtern.

§ 30 Abs. 4 Nr. 5 AO erlaubt z.B. eine Offenbarung von Informationen, die den Tatbestand eines Strafgesetzes erfüllen gegenüber den Strafverfolgungsbehörden, obwohl der Steuerpflichtige zu ihrer Offenlegung gegenüber der Finanzbehörde zum Zwecke der Besteuerung verpflichtet ist. Kommt er dieser Pflicht nicht nach, kann seine Mitwirkung zwangsweise nach §§ 328 ff. AO durchgesetzt werden. Außerdem ist die Nichterfüllung steuerrechtlicher Pflichten unter den Voraussetzungen des § 370 AO strafbewehrt.

Mithilfe der Vorschrift des § 30 AO lässt sich der aufgezeigte Konflikt zwischen den steuerrechtlichen Mitwirkungspflichten und dem Nemo-tenetur-Grundsatz somit nicht lösen.

II. § 393 Abs. 1 AO

§ 393 Abs. 1 AO dient dem Schutz des Steuerpflichtigen vor einem Zwang zur Selbstbelastung bezüglich bereits begangener Steuerstraftaten/Steuerordnungswidrigkeiten.[259] Im Folgenden gilt es daher herauszufinden, ob sich mithilfe der Vorschrift des § 393 Abs. 1 AO ein Verstoß gegen den Nemo-tenetur-Grundsatz im Hinblick auf den u.U. mit den steuerrechtlichen Mitwirkungspflichten verbundenen Zwang zur Selbstbelastung bezüglich früherer Steuerdelikte verhindern lässt.

---

[259] Vgl. GJW/*Bülte*, Wirtschafts- u. Steuerstrafrecht, § 393 AO, Rn. 10; HHSp/*Hellmann*, § 393 AO, Rn. 5; Klein/*Jäger*, § 393 AO, Rn. 10.

§ 393 Abs. 1 AO lautet:

„¹Die Rechte und Pflichten der Steuerpflichtigen und der Finanzbehörde im Besteuerungsverfahren und im Strafverfahren richten sich nach den für das jeweilige Verfahren geltenden Vorschriften. ²Im Besteuerungsverfahren sind jedoch Zwangsmittel (§ 328 AO) gegen den Steuerpflichtigen unzulässig, wenn er dadurch gezwungen würde, sich selbst wegen einer von ihm begangenen Steuerstraftat oder Steuerordnungswidrigkeit zu belasten. ³Dies gilt stets, soweit gegen ihn wegen einer solchen Tat das Strafverfahren eingeleitet worden ist. ⁴Der Steuerpflichtige ist hierüber zu belehren, soweit Anlass dazu besteht."

1. Sachlicher Anwendungsbereich

Aufgrund des Wortlauts „wegen einer von ihm begangenen Steuerstraftat oder Steuerordnungswidrigkeit" ist davon auszugehen, dass der strafprozessuale Tatbegriff i.S.d. §§ 155 Abs. 1, 264 Abs. 1 StPO gemeint ist, mit der Folge, dass sich das Zwangsmittelverbot auf die gesamte, unrichtige Einkommensteuererklärung erstreckt bzw. den einheitlichen Einkommensteueranspruch für einen bestimmten Besteuerungszeitraum betrifft.[260]

Zeitlich endet das Zwangsmittelverbot des § 393 Abs. 1 Satz 2 AO nicht notwendig mit Beendigung des Steuerstrafverfahrens oder des Steuerordnungswidrigkeitsverfahrens, soweit kein Verbrauch der Strafklage oder Verjährung eingetreten ist und die Gefahr der Selbstbelastung bei einer Mitwirkung des Steuerpflichtigen im Besteuerungsverfahren damit noch nicht endgültig beseitigt ist.[261]

2. Personaler Anwendungsbereich

Gemäß § 393 Abs. 1 Satz 2 AO ist die Anwendung von Zwangsmitteln im Besteuerungsverfahren gegenüber dem Steuerpflichtigen unzulässig, wenn er dadurch gezwungen würde, sich selbst wegen einer von ihm begangenen Steuerstraftat oder Steuerordnungswidrigkeit zu belasten. Ein Schutz des Steuerpflichtigen vor der strafrechtlichen Belastung eines Angehörigen sieht § 393 Abs. 1 Satz 2 AO nicht vor. Da der Nemo-tenetur-Grundsatz jedoch – wie bereits festgestellt[262] – sowohl vor einen Zwang zur strafrechtlichen Selbstbelastung als auch vor einem Zwang zur strafrechtlichen Belastung ei-

---

[260] Vgl. HHSp/*Hellmann*, § 393 AO, Rn. 88-91; JJR/*Joecks*, § 393 AO, Rn. 42; Kohlmann/*Hilgers-Klautzsch*, § 393 AO, Rn. 96; Rolletschke/Kemper/*Roth*, § 393 AO, Rn. 71.
[261] Vgl. HHSp/*Hellmann*, § 393 AO, Rn. 92-98; Kohlmann/*Hilgers-Klautzsch*, § 393 AO, Rn. 100.
[262] Vgl. die Ausführungen im 1.Teil A II 2 b).

nes Angehörigen schützt, wird § 393 Abs. 1 Satz 2 AO insoweit teilweise als lückenhaft angesehen.[263]

Steuerpflichtiger ist nach § 33 AO wer eine Steuer schuldet, für eine Steuer haftet, eine Steuer für Rechnung eines Dritten einzubehalten und abzuführen hat, wer eine Steuererklärung abzugeben, Sicherheit zu leisten, Bücher und Aufzeichnungen zu führen oder andere ihm durch die Steuergesetze auferlegte Verpflichtungen zu erfüllen hat. Steuerpflichtige im Sinne des § 393 AO sind daher auch die von den §§ 34, 35 AO erfassten Personen, da ihnen als gesetzliche Vertreter, Vermögensverwalter bzw. Verfügungsberechtigte die steuerlichen Pflichten der eigentlichen Steuerpflichtigen als eigene auferlegt werden.[264]

Fraglich ist daher, ob zur Wahrung des Nemo-tenetur-Grundsatzes ein weitergehender Schutz überhaupt erforderlich ist. Denn soweit das Zwangsmittelverbot des § 393 Abs. 1 Satz 2 AO nicht eingreift, ist entweder der Anwendungsbereich des § 103 AO oder der des § 102 AO eröffnet.

§ 103 AO regelt ein Auskunftsverweigerungsrecht für Personen, die nicht Beteiligte und nicht für einen Beteiligten auskunftspflichtig sind. Diese können die Auskunft auf solche Fragen verweigern, deren Beantwortung sie selbst oder einen ihrer Angehörigen der Gefahr strafrechtlicher Verfolgung oder eines Verfahrens nach dem Gesetz über Ordnungswidrigkeiten aussetzen würde. Nach § 101 Abs. 1 Satz 1 AO können die Angehörigen eines Beteiligten die Auskunft verweigern, soweit sie nicht selbst als Beteiligte über ihre eigenen steuerlichen Verhältnisse auskunftspflichtig sind oder die Auskunftspflicht für einen Beteiligten zu erfüllen haben. Beteiligte in diesem Sinne sind nach § 78 Nr. 2 AO diejenigen, an die die Finanzbehörde den Verwaltungsakt richten will. Im Fall der Zusammenveranlagung von Ehegatten handelt es sich jedoch um zwei inhaltlich und verfahrensrechtlich selbständige Verwaltungsakte in einem Bescheid, sodass § 101 AO auch hier zur Anwendung kommt.[265] Im Hinblick auf die Reichweite des Zwangsmittelverbots nach Satz 2 ist die Regelung des § 393 Abs. 1 AO daher nicht lückenhaft.

---

[263] Vgl. HHSp/*Hellmann*, § 393 AO, Rn. 78-82; *Teske*, Die Abgrenzung der Zuständigkeiten, S. 460; *Teske*, wistra 1988, 207 ff. (212).
[264] HHSp/*Boeker*, § 33 AO, Rn. 19 u. § 34 AO, Rn. 6; Klein/*Rüsken*, § 34 AO, Rn. 1-2; TK/*Loose*, § 34 AO, Rn. 1; a.A. Koenig/*Koenig*, § 33 AO, Rn. 30.
[265] Vgl. Klein/*Rätke*, § 101 AO, Rn. 2.

3. Zwangsmittelverbot

Die Regelung des § 393 Abs. 1 AO ist jedoch insofern unzureichend, als durch das Zwangsmittelverbot des § 393 Abs. 1 Satz 2 AO lediglich die zwangsweise Durchsetzung der steuerrechtlichen Mitwirkungs-pflichten ausgeschlossen wird. Da die steuerrechtlichen Mitwirkungspflichten aber auch bei drohender Selbstbelastung durch § 393 Abs. 1 AO formal nicht aufgehoben werden, wird auch der durch die Strafandrohung des § 370 AO bewirkte Zwang zur Abgabe einer neuen wahrheitsgemäßen Steuererklärung und die damit unter Umständen einhergehende Selbstbelastung hinsichtlich einer früheren Steuerstraftat/Steuerordnungswidrigkeit nicht beseitigt.[266]

In Fällen, in denen noch kein steuerstrafrechtliches Ermittlungsverfahren eingeleitet worden ist bzw. die Steuerhinterziehung noch nicht kurz vor ihrer Aufdeckung steht und der Steuerpflichtige die hinterzogenen Steuern nachentrichtet, kann sich der Steuerpflichtige – dem eine strafrechtliche Selbstbelastung wegen früherer Steuerhinterziehungen durch wahrheitsgemäße Angaben in nachfolgenden Steuererklärungen droht – durch eine strafbefreiende Selbstanzeige nach § 371 AO[267] selbst aus seiner Konfliktsituation befreien.[268]

§ 371 AO sieht vor, dass der Steuerpflichtige, der gegenüber der Finanzbehörde zu allen nicht verjährten Steuerstraftaten einer Steuerart in vollem Umfang seine unrichtigen Angaben berichtigt, seine unvollständigen Angaben ergänzt oder seine unterlassenen Angaben nachholt, wegen dieser bereits vollendeten Steuerstraftat nicht bestraft wird und damit nachträglich straflos wird. Die Frage nach dem Grund für diese, im Verzicht auf den staatlichen Strafanspruch liegende Privilegierung des Steuerstraftäters gegenüber anderen Straftätern, lässt sich mit der Besonderheit des Steuerstrafverfahrens beantworten. Durch die Strafbewährtheit der Nichterfüllung steuerrechtlicher Pflichten wird das Besteuerungsverfahren gesichert, wobei die Feststellung der Steuerpflichtigkeit bestimmter Vorgänge wiederum Voraussetzung für die Feststellung der Erfüllung eines Steuerstraftatbestandes bzw. des Tatbestandes einer Steuerordnungswidrigkeit ist. Da der Fiskus im Besteuerungsverfahren dringend auf die Mitwirkung der Steuerpflichtigen angewiesen ist, will der Gesetzgeber den

---

[266] Vgl. Flore/Tsambikakis/*Webel*, Steuerstrafrecht, Teil 2 Kap. 1 § 393 AO, Rn. 13; GJW/*Bülte*, Wirtschafts- u. Steuerstrafrecht, § 393 AO, Rn. 3-4; HHSp/*Hellmann*, § 393 AO, Rn. 18; Klein/*Jäger*, § 393 AO, Rn. 1, 10; Kohlmann/*Hilgers-Klautzsch*, § 393 AO, Rn. 20; Rolletschke/Kemper/*Rolletschke*, § 393 AO, Rn. 5; *Schaefer*, Der Nemo-Tenetur-Grundsatz, S. 38-39.
[267] Im Falle einer Steuerordnungswidrigkeit vgl. die Vorschrift des § 378 Abs. 3 AO.
[268] Vgl. Flore/Tsambikakis/*Webel*, Steuerstrafrecht, Teil 2 Kap. 1 § 393 AO, Rn. 52; HHSp/*Hellmann*, § 393 AO, Rn. 27; JJR/*Joecks*, § 393 AO, Rn. 53.

Steuerpflichtigen durch die Möglichkeit mit einer wirksamen Selbstanzeige Straffreiheit zu erlangen, zum einen dazu motivieren, zur Steuerehrlichkeit zurückzukehren, und zum anderen können dadurch dem Fiskus bisher unbekannte Steuerquellen erschlossen werden.[269] Im Falle einer Steuerhinterziehung kann die Rechtsgutsverletzung also durch eine – wenn auch verspätete – Steuernachzahlung, im Unterschied zu den meisten anderen Straftaten, vollständig geheilt werden, da durch die Verzinsung nach § 235 AO auch der entstandene Zinsschaden des Fiskus beseitigt wird.[270] Die nachträgliche Erfüllung steuerrechtlicher Pflichten wird erst entbehrlich, sobald die Finanzbehörde nicht mehr auf die Mithilfe des Steuerpflichtigen angewiesen ist, d.h. wenn einer der Ausschlussgründe nach § 371 Abs. 2 AO einschlägig ist.[271] Soweit dem Steuerpflichtigen also ein Ausweg aus seiner Konfliktsituation durch die Abgabe einer strafbefreienden Selbstanzeige nach § 371 AO möglich ist, entsteht kein Konflikt mit dem Nemo-tenetur-Grundsatz.

a) Verhältnis zu § 284 AO

Die Verpflichtung zur Abgabe einer eidesstattlichen Versicherung nach § 284 AO zählt nicht zu den unzulässigen Zwangsmitteln i.S.d. §§ 393 Abs. 1 Satz 2, 328 AO. § 393 Abs. 1 AO wird daher teilweise auch insoweit als lückenhaft angesehen und eine analoge Anwendung des § 393 Abs. 1 Satz 2 AO auf die eidesstattliche Versicherung gefordert.[272]

Die Pflicht zur Vorlage eines Vermögensverzeichnisses/Abgabe einer eidesstattlichen Versicherung nach § 284 AO greift insbesondere dann ein, wenn die Vollstreckung vergeblich versucht worden ist. Zwar ist die Aufforderung zur Vorlage eines Vermögensverzeichnisses/Abgabe einer eidesstattlichen Versicherung selbst dann nicht ermessensfehlerhaft, wenn gegen den Vollstreckungsschuldner bereits ein Steuerstrafverfahren wegen Steuerhinterziehung im steuerlichen Festsetzungsverfahren eingeleitet worden ist,[273] jedoch lassen sich, wenn es sich um eine Steuerhinterziehung im Festsetzungsverfahren handelt und die Vorlage eines Vermögensverzeichnisses/Abgabe einer eides-

---

[269] Vgl. Flore/Tsambikakis/*Wessing*, Steuerstrafrecht, Teil 1 Kap. 1 § 371 AO, Rn. 12; HHSp/*Rüping*, § 371 AO, Rn. 19-20; JJR/*Joecks*, § 371 AO, Rn. 28; Klein/*Jäger*, § 371 AO, Rn. 2; Kohlmann/*Schauf*, § 371 AO, Rn. 43-45; Rolletschke/Kemper/*Kemper*, § 371 AO, Rn. 9-11; Schwarz/Pahlke/*Webel*, § 371 AO, Rn. 9-10.
[270] Vgl. HHSp/*Rüping*, § 371 AO, Rn. 25; JJR/*Joecks*, § 371 AO, Rn. 29-30; Rolletschke/Kemper/*Kemper*, § 371 AO, Rn. 362.
[271] Vgl. HHSp/*Rüping*, § 371 AO, Rn. 20; Rolletschke/Kemper/*Kemper*, § 371 AO, Rn. 11.
[272] Vgl. Kohlmann/*Hilgers-Klautzsch*, § 393 AO, Rn. 71.
[273] Klein/*Brockmeyer*, § 284 AO, Rn. 6.

stattlichen Versicherung der Durchführung des Vollstreckungsverfahrens dient, selbstbelastende Rückschlüsse daraus zwar nicht ganz ausschließen, sie dürften jedoch eher unwahrscheinlich sein.[274]

In einem vom BGH im Jahre 2012 zu entscheidenden Fall hatte der betroffene Steuerpflichtige – gegen den zu diesem Zeitpunkt bereits das steuerstrafrechtliche Ermittlungsverfahren wegen unrichtiger Angaben im steuerlichen Festsetzungsverfahren eingeleitet worden war – in dem gegen ihn durchgeführten Vollstreckungsverfahren in zwei an das Finanzamt gerichteten Schreiben sowie in einer abgegebenen Selbstauskunft (obwohl er tatsächlich über ein beträchtliches Vermögen verfügte) wahrheitswidrig seine Vermögenslosigkeit behauptet und so die Beitreibung der geschuldeten Steuern vereitelt.[275] Im Anschluss daran gab er auf Verlangen des Finanzamtes im steuerlichen Vollstreckungsverfahren eine eidesstattliche Versicherung (§ 284 AO) ab und verschwieg auch darin wesentliche Teile seiner Vermögenswerte. Ein Anfangsverdacht für die unrichtigen Angaben auch im Vollstreckungsverfahren bestand zu diesem Zeitpunkt jedoch nicht.[276]

Der BGH hat in diesem Falle gegen die Verurteilung des Steuerpflichtigen wegen Steuerhinterziehung im Vollstreckungsverfahren keine Bedenken erhoben. Ein Verstoß gegen den Nemo-tenetur-Grundsatz liege nicht vor, weil sich der angeklagte Steuerpflichtige in keiner Konfliktlage befunden habe, in der er gezwungen gewesen wäre, sich wegen einer Steuerstraftat oder Steuerordnungswidrigkeit selbst zu belasten (vgl. § 393 Abs. 1 Satz 2 AO). Denn zum Zeitpunkt der Abgabe der eidesstattlichen Versicherung durch den Angeklagten im steuerlichen Vollstreckungsverfahren sei zwar das steuerstrafrechtliche Ermittlungsverfahren wegen falscher oder fehlender Angaben im steuerlichen Festsetzungsverfahren, das schließlich auch zu der Verurteilung des Angeklagten geführt habe, bereits eingeleitet gewesen. Die unrichtige eidesstattliche Versicherung des angeklagten Steuerpflichtigen habe jedoch nicht das steuerliche Festsetzungsverfahren (§§ 155 ff. AO) betroffen, sondern habe dazu gedient, im steuerlichen Vollstreckungsverfahren (§§ 249 ff. AO) Vermögenswerte aufzuspüren, auf die dann aufgrund eines dinglichen Arrests gegen den angeklagten Steuerpflichtigen hätte zugegriffen werden können. Das steuerstrafrechtliche Ermittlungsverfahren wegen Steuerhinterziehung im steuerlichen Beitreibungsverfahren/Vollstreckungsverfahren, das zu der hier gegenständlichen Verurteilung wegen Steuerhinterziehung im steuerlichen

---

[274] Vgl. Rolletschke/Kemper/*Roth*, § 393 AO, Rn. 42.
[275] Vgl. BGH, Beschl. v. 21.8.2012 – 1 StR 26/12, S. 3.
[276] Vgl. BGH, Beschl. v. 21.8.2012 – 1 StR 26/12, S. 3.

Vollstreckungsverfahren geführt habe, sei demgegenüber damals noch nicht eingeleitet gewesen. Der angeklagte Steuerpflichtige habe sich daher in keiner Konfliktsituation befunden.[277]

Möglich ist der Fall, dass der Steuerpflichtige, der eine Steuerhinterziehung im Festsetzungsverfahren begangen hat, weil er z.b. Einkünfte aus beträchtlichem Kapitalvermögen nicht erklärt hat, im Rahmen des Vollstreckungsverfahrens durch die wahrheitsgemäße Abgabe eines Vermögensverzeichnisses sowie einer eidesstattlichen Versicherung (aufgrund der Angabe eben dieses Kapitalvermögens) Anhaltspunkte für die im Festsetzungsverfahren begangene Steuerhinterziehung liefern muss. Darin könnte ein Zwang zur Selbstbelastung und somit ein Verstoß gegen den Nemo-tenetur-Grundsatz liegen. Denn wenn der Steuerpflichtige im Rahmen des Vollstreckungsverfahrens zutreffende Angaben über sein Vermögen macht, offenbart er dadurch gleichzeitig die Höhe der hinterzogenen Steuern und belastet sich hinsichtlich der im Festsetzungsverfahren begangenen Steuerhinterziehung selbst. Macht er hingegen im Vollstreckungsverfahren keine oder unrichtige Angaben, macht er sich erneut wegen einer Steuerhinterziehung im Vollstreckungsverfahren strafbar. Zu berücksichtigen ist jedoch, dass der Steuerpflichtige sich aus dieser Zwangslage selbst befreien kann, indem er die gegen ihn festgesetzten Steuern begleicht. Lediglich dann, wenn ihm hierzu die nötigen finanziellen Mittel fehlen, kommt ein Verstoß gegen den Nemo-tenetur-Grundsatz in Betracht.

b) Verhältnis zu § 162 AO

Trotz des in § 393 Abs. 1 Satz 2, 3 AO angeordneten Zwangsmittelverbots ist es der Finanzbehörde auch weiterhin erlaubt – da die Mitwirkungspflichten des Steuerpflichtigen im Besteuerungsverfahren zumindest theoretisch weiter bestehen bleiben[278] –, die sich aus der verweigerten Mitwirkung des Steuerpflichtigen ergebenden steuerlichen Folgerungen zu ziehen und durch die Möglichkeit, ungünstige Schätzungen nach § 162 AO vorzunehmen, einen gewissen finanziellen Druck auf den Betroffenen auszuüben.[279]

---

[277] BGH, Beschl. v. 21.8.2012 – 1 StR 26/12.

[278] Vgl. *Aselmann*, NStZ 2003, 71 ff. (72); HHSp/*Hellmann*, § 393 AO, Rn. 39; Klein/*Jäger*, § 393 AO, Rn. 1; Kohlmann/*Hilgers-Klautzsch*, § 393 AO, Rn. 20.

[279] Vgl. Kohlmann/*Hilgers-Klautzsch*, § 393 AO, Rn. 67-70.

Gemäß § 162 Abs. 1 AO hat die Finanzbehörde die Besteuerungsgrundlagen zu schätzen, soweit sie sie nicht ermitteln oder berechnen kann. Dabei hat sie alle Umstände zu berücksichtigen, die für die Besteuerung von Bedeutung sind.[280] Nach § 162 Abs. 2 Satz 1 AO sind die Besteuerungsgrundlagen insbesondere dann zu schätzen, wenn der Steuerpflichtige über seine Angaben keine ausreichende Aufklärung zu geben vermag, eine weitere Auskunft oder eine Versicherung an Eides statt verweigert oder seine Mitwirkungspflicht nach § 90 Abs. 2 AO verletzt. Die Verletzung der Mitwirkungspflichten durch den Steuerpflichtigen hat die Einschränkung der Aufklärungspflicht der Finanzbehörde nach § 88 AO in dem Sinne zur Folge, dass im Rahmen der Beweiswürdigung aus der verweigerten Mitwirkung des Steuerpflichtigen im Besteuerungsverfahren negative Schlüsse zu Lasten des Steuerpflichtigen gezogen werden können.[281] Die Möglichkeit, die Besteuerungsgrundlagen auch zum Nachteil des Steuerpflichtigen schätzen zu können, läuft dann praktisch darauf hinaus, dass der Steuerpflichtige gegebenenfalls vor die Alternative gestellt werden kann, entweder seine steuerrechtlichen Pflichten zu erfüllen und sich dadurch selbst einer früheren Steuerstraftat oder Steuerordnungswidrigkeit zu bezichtigen oder die mit einer Schätzung eventuell verbundenen finanziellen Nachteile hinzunehmen.[282]

Ein Verstoß gegen den Nemo-tenetur-Grundsatz ist jedenfalls dann gegeben, wenn dem Steuerpflichtigen bewusst mit einem überhöhten Schätzungsergebnis gedroht wird, um ihn zur Mitwirkung zu veranlassen.[283]

Fraglich ist jedoch, ob dies auch dann gilt, wenn sich die Schätzung in dem ihr vorgegebenen Rahmen hält, d.h. wenn die Finanzbehörde die Schätzung im Wege einer ordnungsgemäßen Anwendung der vorgegebenen Schätzungsmethoden vornimmt.

Zu klären ist daher, ob der finanzielle Druck, der mit einer möglicherweise ungünstigen Schätzung auf den Steuerpflichtigen ausgeübt wird, so groß sein

---

[280] Ausführlich hierzu vgl. *Gehm*, NZWiSt 2015, 408 ff.; *Höft/Danelsing/Grams/Rook*, Schätzung, S. 11-12.
[281] Vgl. TK/*Seer*, § 90 AO, Rn. 14-16.
[282] Vgl. Kohlmann/*Hilgers-Klautzsch*, § 393 AO, Rn. 67-70.
[283] Vgl. Flore/Tsambikakis/*Webel*, Steuerstrafrecht, Teil 2 Kap. 1 § 393 AO, Rn. 24; *Hellmann*, Das Nebenstrafverfahrensrecht, S. 118; HHSp/*Hellmann*, § 393 AO, Rn. 76; Klein/*Jäger*, § 393 AO, Rn. 20; Kohlmann/*Hilgers-Klautzsch*, § 393 AO, Rn. 68; *Volk* in FS Kohlmann 2003, S. 579 ff. (589).

kann, dass er als unzulässiger Zwang zur Selbstbelastung zu qualifizieren ist und damit einen Verstoß gegen den Nemo-tenetur-Grundsatz darstellt.[284]

Gegen einen Verstoß gegen den Nemo-tenetur-Grundsatz spricht zunächst, dass das Schätzungsergebnis dem wahren Sachverhalt möglichst nahe kommen muss[285] und deshalb eine durch die Schätzungsmöglichkeit bewirkte unzulässige Druckwirkung kaum zu erwarten sein wird.[286]

Für einen Verstoß gegen den Nemo-tenetur-Grundsatz lässt sich die Wirkungsähnlichkeit mit dem Zwangsgeld nach § 329 AO anführen. Beide haben für den Betroffenen einen finanziellen Nachteil zur Folge. Der Unterschied zwischen dem Zwangsgeld und einer ungünstigen Schätzung liegt jedoch vor allem in ihrer Zweckrichtung. Sowohl die Androhung des Zwangsgeldes als auch die Festsetzung des Zwangsgeldes sind darauf angelegt, den Steuerpflichtigen zur Erfüllung seiner steuerrechtlichen Mitwirkungspflichten zu bewegen und stellen damit „in die Zukunft wirkende Beugemittel" dar.[287] Die Schätzung hat hingegen nicht den Zweck, den Steuerpflichtigen zu beugen. Sie dient zur Klärung der Besteuerungsgrundlagen aufgrund bestehender Beweisnot. Während das Schätzungsergebnis an die Stelle der festgesetzten Steuer durch die im Normalfall durchgeführte Sachverhaltsaufklärung zur Feststellung der Besteuerungsgrundlagen tritt, tritt das Zwangsgeld noch zusätzlich neben die festzusetzende Steuer.

Der mit einer möglichweise überhöhten Schätzung verbundene Druck kann daher nicht als so hoch eingestuft werden, dass er als unzulässiger Zwang zur Selbstbelastung zu qualifizieren ist. Wäre dem so, würde dies zu einer ungerechtfertigten Besserstellung des Steuerunehrlichen gegenüber dem Steuerehrlichen führen. Zudem würde das rechtzeitige und vollständige staatliche Steueraufkommen gefährdet.

---

[284] So Kohlmann/*Hilgers-Klautzsch*, § 393 AO, Rn. 69-70; *List*, DB 2006, 469 ff. (471); *Rengier*, BB 1985, 720 ff. (723); *Spriegel* in FS Jakob 2001, S. 221 ff. (225-227); *Streck/Spatscheck*, wistra 1998, 334 ff. (339); *Teske*, Die Abgrenzung der Zuständigkeiten, S. 462; *Teske*, wistra 1988, 207 ff. (213); a.A. *Besson*, Das Steuergeheimnis, S. 119; Flore/Tsambikakis/*Webel*, Steuerstrafrecht, Teil 2 Kap. 1 § 393 AO, Rn. 23; *Hellmann*, Das Nebenstraf-verfahrensrecht, S. 112-118; HHSp/*Hellmann*, § 393 AO, Rn. 74-75; JJR/*Joecks*, § 393 AO, Rn. 37; Klein/*Jäger*, § 393 AO, Rn. 20; Koch/Scholtz/*Scheurmann-Kettner*, § 393 AO, Rn. 5; Rolletschke/Kemper/*Roth*, § 393 AO, Rn. 38; *Rüster*, Der Steuerpflichtige, S. 45; *Rüster*, wistra 1988, 49 ff. (50).

[285] Klein/*Rüsken*, § 162 AO, Rn. 36-38.

[286] *Hellmann*, Das Nebenstrafverfahrensrecht, S. 115-116; HHSp/*Hellmann*, § 393 AO, Rn. 75; Rolletschke/Kemper/*Roth*, § 393 AO, Rn. 38.

[287] Vgl. Klein/*Brockmeyer*, § 328 AO, Rn. 6.

c) Exkurs: Tatsächliche Verständigungen

Statt die Besteuerungsgrundlagen zu schätzen, greift die Finanzbehörde insbesondere nach einer steuerlichen Außenprüfung oder Steuerfahndungsprü-
fung zur Behebung eines Beweisnotstandes auch des Öfteren zum Mittel der
sog. „tatsächlichen Verständigung".[288] Dabei handelt es sich um eine bindende
Einigung zwischen der Finanzbehörde und dem Steuerpflichtigen über die Annahme eines bestimmten Sachverhalts und dessen Behandlung im Besteuerungsverfahren.[289]

Eine gesetzliche Grundlage für tatsächliche Verständigungen gibt es nicht. Für
die Finanzverwaltung sind die Grundsätze lediglich in einem BMF-Schreiben[290] festgehalten. Danach kann eine tatsächliche Verständigung in jedem
Stadium des Veranlagungsverfahrens, insbesondere auch anlässlich einer
Außenprüfung und während eines anhängigen Rechtsbehelfs- bzw. Rechts-
mittelverfahrens, getroffen werden. Von ihr kann auch bei Steuerfahndungs-
prüfungen bzw. nach Einleitung eines Steuerstrafverfahrens Gebrauch gemacht werden.

aa) Wirkungen der tatsächlichen Verständigung

Der Inhalt einer tatsächlichen Verständigung ist nur dann für die Beteiligten
bindend, wenn ihr Inhalt nicht zu einer offensichtlich unzutreffenden Besteuerung führt.[291] Außerdem ist die tatsächliche Verständigung immer dann unwirksam, wenn sie durch unzulässigen Druck oder durch eine unzulässige Beeinflussung des Steuerpflichtigen zustande gekommen ist.[292] Ein unzulässiger
Druck oder eine unzulässige Beeinflussung des Steuerpflichtigen liegt insbe-

---

[288] Vgl. *Höft/Danelsing/Grams/Rook*, Schätzung, S. 165-170; Klein/*Rüsken*, § 162 AO,
Rn. 30; Simon/Vogelberg/*Simon*, Steuerstrafrecht, S. 389-390; Schwarz/Pahlke/*Frotscher*,
§ 162 AO, Rn. 162; Tipke/Lang/*Seer*, Steuerrecht, § 21, Rn. 21.

[289] Ausführlich hierzu vgl. *Englisch*, Bindende „tatsächliche" und „rechtliche" Verständigungen, S. 15-31; *Jochum*, Grundfragen des Steuerrechts, 138-141; Koenig/*Wünsch*, § 88 AO,
Rn. 47; *Mösbauer*, Steuerliche Außenprüfung, S. 218-220; Schwarz/Pahlke/*Frotscher*,
§ 162 AO, Rn. 160-163; Seer, BB 2015, 214 ff. (214); Simon/Vogelberg/*Simon*, Steuerstrafrecht, S. 386-387.

[290] BMF-Schreiben v. 30.7.2008, BStBl. I 2008, S. 831 ff.

[291] Vgl. *Brinkmann*, Schätzungen im Steuerrecht, S. 450; JJR/*Randt*, § 404 AO, Rn. 155;
Mösbauer, Steuerliche Außenprüfung, S. 220-221; BFH, Beschl. v. 25.11.2009 – V B 31/09 =
openJur 2011, 87903.

[292] JJR/*Randt*, § 404 AO, Rn. 158; *Lockmann*, Verständigung, S. 136-137; BFH, Urt. v.
23.10.1996 – I R 63/95 = JurionRS 1996, 18293; BFH, Urt. v. 28.10.1998 – X R 93/95 = JurionRS 1998, 12330.

sondere dann vor, wenn seitens der Finanzbehörde für den Fall des Nichtabschlusses mit der Einleitung eines Steuerstrafverfahrens gedroht wird.[293]

Eine im Besteuerungsverfahren getroffene tatsächliche Verständigung entfaltet – wie ein bestandskräftiger Steuerbescheid – keine Bindungswirkung für das Steuerstrafverfahren, da der Strafrichter nur Recht und Gesetz unterworfen ist.[294] Deshalb darf z.b. die tatsächliche Verständigung im Besteuerungsverfahren über eine Gewinnschätzung (§ 162 AO) nicht ohne weiteres als Geständnis des Steuerpflichtigen auf das Steuerstrafverfahren übertragen werden.[295] Dem Strafrichter obliegt daher bei der Beurteilung der Frage, ob und in welcher Höhe eine Steuerverkürzung eingetreten ist, die volle Vorfragenkompetenz.[296] Die Konsequenz daraus ist, dass es im Besteuerungsverfahren und Steuerstrafverfahren zu divergierenden Steuerfeststellungen kommen kann.[297]

bb) Das Verhältnis zwischen strafprozessualer Verständigung und tatsächlicher Verständigung im Besteuerungsverfahren

Der einvernehmliche Abschluss streitiger Feststellungen einer Außenprüfung im Wege einer tatsächlichen Verständigung stößt auf Schwierigkeiten, wenn ein Steuerstrafverfahren eingeleitet worden ist oder dessen Einleitung seitens der Außenprüfung noch droht.[298] In diesen Fällen wird der Steuerpflichtige nur dann zum Abschluss einer tatsächlichen Verständigung bereit sein, wenn er sich sicher sein kann, dass ein Steuerstrafverfahren nicht eingeleitet oder dieses ebenfalls einvernehmlich abgeschlossen wird.[299]

---

[293] JJR/*Randt*, § 404 AO, Rn. 158; *Lockmann*, Verständigung, S. 136-137; BFH, Urt. v. 23.10.1996 – I R 63/95 = JurionRS 1996, 18293; BFH, Urt. v. 28.10.1998 – X R 93/95 = JurionRS 1998, 12330.

[294] Vgl. Flore/Tsambikakis/*Sommer*, Steuerstrafrecht, Teil 2 Kap. 11 Tatsächliche Verständigung/Strafprozessuale Absprache, Rn. 16; JJR/*Randt*, § 404 AO, Rn. 153; Kohlmann/*Hilgers-Klautzsch*, § 385 AO, Rn. 518; *Pflaum*, Kooperative Gesamtbereinigung, S. 216; Simon/Vogelberg/*Simon*, Steuerstrafrecht, S. 392.

[295] JJR/*Randt*, § 404 AO, Rn. 153; Simon/Vogelberg/*Simon*, Steuerstrafrecht, S. 392; Tipke/Lang/*Seer*, Steuerrecht, § 24, Rn. 44;

[296] Flore/Tsambikakis/*Sommer*, Steuerstrafrecht, Teil 2 Kap. 11 Tatsächliche Verständigung/Strafprozessuale Absprache, Rn. 16; Kohlmann/*Hilgers-Klautzsch*, § 385 AO, Rn. 518; BGH, Beschl. v. 13.10.2005 – 5 StR 368/05; BGH, Beschl. v. 19.04.2007 – 5 StR 549/06; BGH, Urt. v. 12.05.2009 – 1 StR 718/08.

[297] Vgl. Flore/Tsambikakis/*Sommer*, Steuerstrafrecht, Teil 2 Kap. 11 Tatsächliche Verständigung/Strafprozessuale Absprache, Rn. 20.

[298] *Seer* in Steuerstrafrecht an der Schnittstelle zum Steuerrecht, S. 331.

[299] *Seer* in Steuerstrafrecht an der Schnittstelle zum Steuerrecht, S. 331-332.

Außerdem ist der steuerrechtliche Verfahrensabschluss im Steuerstrafverfahren von großer Bedeutung.[300] Denn die Berechnung der hinterzogenen Steuer ist notwendige Voraussetzung für den steuerstrafrechtlichen Verfahrensabschluss, da die Höhe der hinterzogenen Steuern das Maß der Schuld (§ 46 Abs. 1 StGB) bildet.[301]

Daher kommt es in der Praxis des Steuerstrafverfahrens zwischen den Strafverfolgungsbehörden (Steuerfahndung, StraBu-Stelle) und dem Beschuldigten häufig zu Verständigungen im Sinne einer sog. „kooperativen Gesamtbereinigung" des Falles, die sowohl das Besteuerungs- als auch das Strafverfahren zum Gegenstand hat.[302] Inhalt derartiger Verständigungen sind sowohl tatsächliche Verständigungen im Besteuerungsverfahren als auch strafprozessuale Verständigungen.[303] Diese Vorgehensweise bringt für den Steuerpflichtigen im Besteuerungs- und Steuerstrafverfahren sowohl Vor- als auch Nachteile mit sich.[304]

Für den Steuerpflichtigen ist es bereits risikobehaftet, einer ihn steuerlich belastenden tatsächlichen Verständigung zuzustimmen, wenn die Eröffnung oder der Ausgang des Steuerstrafverfahrens noch gar nicht gewiss ist.[305] Wird ein Steuerstrafverfahren tatsächlich eingeleitet, bekommt der Steuerpflichtige auf diese Weise die Möglichkeit, durch Zugeständnisse im Besteuerungsverfahren einen günstigen Ausgang des Steuerstrafverfahrens zu erreichen.[306]

Außerdem ist zu berücksichtigen, dass für den Fall, dass eine strafbefreiende Selbstanzeige scheitert oder es der Steuerpflichtige gänzlich versäumt hat, eine solche abzugeben, die verfahrensrechtliche Möglichkeit zu einer konsensualen Lösung des steuerstrafrechtlichen Konflikts, in deren Rahmen die Kooperationsbereitschaft des Beschuldigten weiterhin honoriert werden kann, weiter bestehen bleibt.[307]

---

[300] Vgl. Flore/Tsambikakis/*Sommer*, Steuerstrafrecht, Teil 2 Kap. 11 Tatsächliche Verständigung/Strafprozessuale Absprache, Rn. 22.
[301] Vgl. Flore/Tsambikakis/*Sommer*, Steuerstrafrecht, Teil 2 Kap. 11 Tatsächliche Verständigung/Strafprozessuale Absprache, Rn. 15, 21.
[302] Kohlmann/*Hilgers-Klautzsch*, § 385 AO, Rn. 519; *Pflaum*, Kooperative Gesamtbereinigung, S. 256; TK/*Seer*, § 208 AO, Rn. 105; Tipke/Lang/*Seer*, Steuerrecht, § 24, Rn. 44.
[303] Vgl. Kohlmann/*Hilgers-Klautzsch*, § 385 AO, Rn. 519; TK/*Seer*, § 208 AO, Rn. 105; Tipke/Lang/*Seer*, Steuerrecht, § 24, Rn. 44.
[304] Ausführlich hierzu *Seer*, BB 2015, 214 ff. (218-220).
[305] *Seer* in Steuerstrafrecht an der Schnittstelle zum Steuerrecht, S. 333.
[306] Vgl. *Pflaum*, Kooperative Gesamtbereinigung, S. 269-270; Wabnitz/Janovsky/*Pflaum*, Handbuch des Wirtschafts- u. Steuerstrafrechts, 20 Kap., Rn. 321.
[307] Vgl. *Leibold*, NZWiSt 2015, 74 ff. (80).

Gerade weil die strafbefreiende Selbstanzeige wegen der gesetzgeberischen Verschärfungen der §§ 371, 398a AO für den Steuerpflichtigen unattraktiver geworden ist, ist anzunehmen, dass die Möglichkeiten der konsensualen Verfahrenserledigung in Zukunft an Bedeutung gewinnen werden.[308]

cc) Tatsächliche Verständigungen und der Nemo-tenetur-Grundsatz

Es stellt sich die Frage, ob die durch eine solche tatsächliche Verständigung im Besteuerungsverfahren auf den Steuerpflichtigen ausgeübte Druckwirkung so groß sein kann, dass der Nemo-tenetur-Grundsatz verletzt wird.

Obwohl die tatsächliche Verständigung nicht als Geständnis im Sinne der StPO angesehen werden kann, birgt sie dennoch gewisse Gefahren für das Steuerstrafverfahrens in sich:[309] Es besteht das Risiko, dass die tatsächliche Verständigung als Indiz für das Vorliegen eines Steuerdelikts gewertet werden kann und erst daraufhin ein steuerstrafrechtliches Ermittlungsverfahren eingeleitet wird.[310]

Außerdem ist zu beachten, dass nicht nur eine Verständigung nach § 257c StPO, sondern auch eine Einstellung des Steuerstrafverfahrens nach § 153a StPO sowie der Erlass eines Strafbefehls stets der Mitwirkung des Gerichts bedürfen. Daher besteht die Gefahr, dass sich der Beschuldigte eine schnelle Erledigung des Steuerstrafverfahrens durch hohe Steuernachzahlungen erkaufen muss.[311] Denn im parallel zum Steuerstrafverfahren laufenden Besteuerungsverfahren werden in der Praxis teilweise erhebliche Zugeständnisse gemacht, um die häufig in der Zwitterfunktion in beiden Verfahren tätigen Beamten milde zu stimmen.[312] Die Ergebnisse des Besteuerungsverfahrens werden dann oft faktisch als Geständnis behandelt und mit nur geringen Abschlägen für das Steuerstrafverfahren übernommen.[313] Dadurch besteht die Gefahr, dass der Beschuldigte mehrmals bestraft wird: durch zu hohe Steuernachzahlungen, durch zu hohe Hinterziehungszinsen und durch eine (auf der zu hohen Steuer basierenden) zu hohe Strafe oder Buße.[314]

---

[308] Vgl. *Leibold*, NZWiSt 2015, 74 ff. (80).
[309] Vgl. *Eich*, Die tatsächliche Verständigung, S. 134; Kohlmann/*Hilgers-Klautzsch*, § 385 AO, Rn. 518; Simon/Vogelberg/*Simon*, Steuerstrafrecht, S. 395-396.
[310] *Eich*, Die tatsächliche Verständigung, S. 123-124.
[311] Simon/Vogelberg/*Simon*, Steuerstrafrecht, S. 396.
[312] Simon/Vogelberg/*Simon*, Steuerstrafrecht, S. 396.
[313] Simon/Vogelberg/*Simon*, Steuerstrafrecht, S. 396.
[314] Simon/Vogelberg/*Simon*, Steuerstrafrecht, S. 396.

Dem ist jedoch entgegen zu halten, dass es dem Betroffenen frei steht, sich auf derartige Verständigungen einzulassen. Wie der Beschuldigte im Rahmen einer strafprozessualen Verständigung kann auch der Steuerpflichtige die mit einer tatsächlichen Verständigung verbundenen Vor- und Nachteile selbst bzw. zusammen mit seinem Verteidiger oder Steuerberater abwägen und sein Verhalten dementsprechend ausrichten.[315] Insbesondere kann der Steuerpflichtige seine Zustimmung zum Abschluss einer bindenden tatsächlichen Verständigung im Besteuerungsverfahren davon abhängig machen, dass keine oder nur bestimmte steuerstrafrechtliche Folgen gegen ihn eintreten.[316]

Da das Besteuerungsverfahren von seiner Struktur her auf die Mitwirkung des Steuerpflichtigen angelegt und angewiesen ist, kann sich die Sachverhaltsermittlung im Besteuerungsverfahren bzw. die Ermittlung der Höhe der verkürzten Steuer wegen der Verknüpfung von Besteuerungs- und Steuerstrafverfahren äußerst schwierig gestalten, weil der Steuerpflichtige spätestens bei Einleitung eines Steuerstrafverfahrens seine Mitwirkung einstellen wird.

Während der Finanzbehörde im Besteuerungsverfahren bei verweigerter Mitwirkung des Steuerpflichtigen Schätzungs- und Beurteilungsspielräume eingeräumt werden, wenn Beweisschwierigkeiten keine genauen Feststellungen erlauben,[317] hat der Richter im Steuerstrafverfahren wegen § 261 StPO den vollen Schuldbeweis zu führen.[318] Er darf somit wegen des im (Steuer) Strafverfahren geltenden Grundsatzes in dubio pro reo die von der Finanzbehörde im Besteuerungsverfahren unter Umständen geschätzten Besteuerungsgrundlagen nicht einfach so als Hinterziehungshöhe für das Steuerstrafverfahren übernehmen.[319]

Durch ein Geständnis des Beschuldigten im Steuerstrafverfahren im Rahmen einer strafprozessualen Verständigung sowie durch die Anerkennung der Festsetzungen der Finanzbehörde im Besteuerungsverfahren im Rahmen einer tatsächlichen Verständigung, lässt sich somit eine für beide Seiten langwieriges und arbeitsaufwendiges sowie für den Steuerpflichtigen ein extrem belastendes Verfahren vermeiden.[320] Zudem kann durch eine solche Vorgehensweise das staatliche Steueraufkommen schneller gesichert werden. Daher wird allen Verfahrensbeteiligten daran gelegen sein, sich auf eine solche „kooperative Gesamtbereinigung" des Falles einzulassen.

---

[315] Vgl. *Brinkmann*, Schätzungen im Steuerrecht, S. 452.
[316] *Seer* in Steuerstrafrecht an der Schnittstelle zum Steuerrecht, S. 339.
[317] Vgl. *Eich*, Die tatsächliche Verständigung, S. 61.
[318] Vgl. *Eich*, Die tatsächliche Verständigung, S. 61-62.
[319] Vgl. *Seer*, Verständigungen in Steuerverfahren, S. 24-25.
[320] Vgl. *Seer*, Steuerstrafrecht an der Schnittstelle zum Steuerrecht, S. 334-335.

Sowohl die tatsächliche Verständigung, als auch die strafprozessuale Verständigung bieten dem Steuerpflichtigen bzw. Beschuldigten somit die Möglichkeit, einen entscheidenden Einfluss auf den Verfahrensgang von Besteuerungs- und Steuerstrafverfahren zu nehmen und sich durch seine Mitwirkung Strafvorteile zu sichern, die er sonst nicht beanspruchen könnte. Daher vermag auch eine tatsächliche Verständigung keinen Verstoß gegen den Nemo-tenetur-Grundsatz zu begründen.

4. Zwischenergebnis

§ 393 Abs. 1 Satz 2, 3 AO verhindert bei drohender Selbstbelastung die zwangsweise Durchsetzung der Mitwirkungspflichten des Steuerpflichtigen im Besteuerungsverfahren.

Die Möglichkeit der Finanzbehörde, die Besteuerungsgrundlagen bei Nichtmitwirkung des Steuerpflichtigen nach § 162 AO zu schätzen sowie sich mit diesem im Rahmen einer tatsächlichen Verständigung über die Besteuerungsgrundlagen zu einigen, stellen keinen unzulässigen Zwang zur Selbstbelastung dar. Der Steuerpflichtige befindet sich in diesen Fällen zwar häufig in einer diffizilen Situation, der dadurch möglicherweise auf ihn ausgeübte finanzielle Druck ist jedoch nicht groß genug, um seine Entscheidungsfreiheit als Beschuldigter im Steuerstrafverfahren zu beeinträchtigen.

Die Pflicht zur Abgabe einer eidesstattlichen Versicherung nach § 284 AO kann hingegen in bestimmten Fällen in Konflikt mit dem Nemo-tenetur-Grundsatz stehen.

Da § 393 Abs. 1 AO die Mitwirkungspflichten des Steuerpflichtigen im Besteuerungsverfahren als solche jedoch unberührt lässt, bleibt die Zwangswirkung der Strafandrohung nach § 370 Abs. 1 AO im Falle der nicht- oder nicht wahrheitsgemäßen Erfüllung steuerrechtlicher Mitwirkungspflichten bestehen. Mithilfe der Vorschrift des § 393 Abs. 1 AO kann der bestehende Konflikt zwischen den steuerrechtlichen Mitwirkungspflichten und dem Nemo-tenetur-Grundsatz im Hinblick auf den Zwang zur Selbstbelastung bezüglich früherer Steuerdelikte daher nicht gelöst werden. Nur soweit dem Steuerpflichtigen die Möglichkeit einer strafbefreienden Selbstanzeige nach § 371 AO offen steht, kann dieser sich selbst aus seiner Konfliktsituation befreien.

Nicht von der AO gelöst werden somit Fälle, in denen eine strafbefreiende Selbstanzeige nicht möglich ist und sich für den Steuerpflichtigen folgende Konfliktsituationen ergeben:

Wenn der Steuerpflichtige seine Steuererklärung nicht innerhalb der Erklärungsfrist abgegeben hat und dadurch bereits in das Versuchsstadium der Steuerhinterziehung durch Unterlassen (§ 370 Abs. 1 Nr. 2 AO) eingetreten ist und ihm wegen der Bekanntgabe der Einleitung des Steuerstrafverfahrens sowohl die Möglichkeit eines strafbefreienden Rücktritts nach § 24 StGB mangels Freiwilligkeit, als auch die Möglichkeit einer strafbefreienden Selbstanzeige (vgl. § 371 Abs. 2 Nr. 1 b) AO) verwehrt bleibt, wird er vor die Wahl gestellt, entweder durch die Abgabe einer wahrheitsgemäßen Steuererklärung den Umfang seiner bereits begangenen Steuerhinterziehung praktisch selbst aufzudecken oder durch die fortdauernde Unterlassung der Abgabe einer Steuererklärung den rechtswidrigen Zustand weiter zu perpetuieren und sich damit wegen vollendeter Steuerhinterziehung strafbar zu machen.[321] In diesen Fällen stehen die steuerrechtlichen Mitwirkungspflichten in direktem Konflikt mit dem Nemo-tenetur-Grundsatz.

Beispiel 1:[322]

Der Steuerpflichtige E handelte als selbständiger Gewerbetreibender mit Haushaltsgeräten. Für den Veranlagungszeitraum 01 reichte er weder Umsatz-, noch Gewerbe- oder Einkommensteuererklärungen ein. Nach dem Hinweis eines Dritten durchsuchte die Steuerfahndungsstelle am 23.06.2002 die Wohn- und Geschäftsräume des E. Der Vorwurf lautete: Einkommen- und Gewerbesteuerhinterziehung im Veranlagungszeitraum 01.

Eine Konfliktsituation besteht auch für einen Steuerpflichtigen, gegen den bereits ein steuerstrafrechtliches Ermittlungsverfahren eingeleitet wurde, weil er in zurückliegenden Besteuerungszeiträumen z.B. Einkünfte aus selbständiger Tätigkeit oder aus (im Ausland befindlichem) Kapitalvermögen verschwiegen hat. Durch die Abgabe einer wahrheitsgemäßen Steuererklärung für nachfolgende Besteuerungszeiträume würde er zwar seine steuerrechtlichen Pflichten erfüllen und eine erneute Erfüllung des Tatbestandes des § 370 Abs. 1 Nr. 2 AO vermeiden, er würde der Finanzbehörde dadurch jedoch zugleich Anhalts-

---

[321] Vgl. insbes. *Aselmann*, NStZ 2003, 71 ff. (72-73); *Hellmann* in FS Seebode 2008, S. 143 ff. (152); *Hellmann*, JZ 2002, 617 ff. (618); *Joecks* in FS Kohlmann 2003, S. 451 ff. (458); *Rolletschke*, StV 2005, 355 ff. (356-358); BGH, Beschl. v. 23.1.2002 – 5 StR 540/01 = wistra 2002, 150 f. (150-151).
[322] Vgl. Rolletschke/Kemper/*Roth*, § 393 AO, Rn. 81 in Anlehnung an den Beschl. des BGH v. 23.1.2002 – 5 StR 540/01 – wistra 2002, 150 ff.

punkte für frühere Steuerhinterziehungen liefern und damit zu seiner eigenen Überführung beitragen.[323]

Beispiel 2:[324]

Der Steuerpflichtige A hat in 01 Kapital nach Liechtenstein transferiert. In den folgenden Jahren unterlässt er es vorsätzlich, die entsprechenden Kapitalerträge in seinen Einkommensteuererklärungen 01 bis 04 anzugeben. Durch einen anonymen Hinweis erfährt die Steuerfahndung von dem Sachverhalt. Es wird ein entsprechendes Steuerstrafverfahren für die Veranlagungszeiträume 01 bis 04 eingeleitet. Die Verfahrenseinleitung wird dem A im Rahmen einer Durchsuchung Anfang Mai 06 bekanntgegeben. Bei der Durchsuchung wird kein belastendes Material sichergestellt.

A überlegt, wie er sich für den Veranlagungszeitraum 05 verhalten soll. Erklärt er in der für den Veranlagungszeitraum 05 abzugebenden Steuererklärung die zutreffenden Einkünfte aus Kapitalvermögen, sieht er sich der Gefahr ausgesetzt, dass aus den mitzuteilenden Umständen Rückschlüsse auf die Veranlagungszeiträume 01 bis 04 gezogen werden. Gibt er die Kapitalerträge weiterhin nicht an, begeht er eine erneute Steuerhinterziehung.

Gleiches gilt für die Situation eines Steuerpflichtigen, der in zurückliegenden Besteuerungszeiträumen eine Steuerhinterziehung/Steuerordnungswidrigkeit begangen hat und dem durch die Abgabe einer neuen wahrheitsgemäßen Steuererklärung bzw. die Erfüllung seiner aktuellen steuerrechtlichen Pflichten eine Selbstbelastung bezüglich des/der bereits begangenen Steuerdelikte/s droht, wenn ihm für diese Besteuerungszeiträume die Möglichkeit einer strafbefreienden Selbstanzeige zwar nicht wegen eines bereits eingeleiteten Steuerstraf- oder Steuerbußgeldverfahrens (§ 371 Abs. 2 Nr. 1 b) AO), jedoch aufgrund des Vorliegens eines anderen in § 371 Abs. 2 AO genannten Sperrgrundes oder wegen fehlender finanzieller Mittel zur Steuernachentrichtung nach § 371 Abs. 3, versperrt bleibt.[325]

---

[323] Vgl. insbes. *Aselmann*, NStZ 2003, 71 ff. (71); Flore/Tsambikakis/*Webel*, Steuerstrafrecht, Teil 2 Kap. 1 § 393 AO, Rn. 51; *Hellmann* in FS Seebode 2008, S. 143 ff. (153); *Hellmann*, JZ 2002, 617 ff. (618); HHSp/*Hellmann*, § 393 AO, Rn. 26; *Joecks* in FS Kohlmann 2003, S. 451 ff. (459); JJR/*Randt*, § 393 AO, Rn. 47; Kohlmann/*Hilgers-Klautzsch*, § 393 AO, Rn. 107; *Rogall*, NStZ 2006, 41 ff. (42-43); Rolletschke/Kemper/*Roth*, § 393 AO, Rn. 87; BGH, Beschl. v. 12.1.2005 – 5 StR 191/04 = wistra 2005, 148 ff. (149-150).
[324] Vgl. Rolletschke/Kemper/*Roth*, § 393 AO, Rn. 87.
[325] Vgl. insbes. Flore/Tsambikakis/*Webel*, Steuerstrafrecht, Teil 2 Kap. 1 § 393 AO, Rn. 52; HHSp/*Hellmann*, § 393 AO, Rn. 28.

Beispiel 3:

Der Steuerpflichtige A hat in 01 Kapital nach Liechtenstein transferiert. In den folgenden Jahren unterlässt er es vorsätzlich, die entsprechenden Kapitalerträge in seinen Einkommensteuererklärungen 01 bis 04 anzugeben.

Im Jahre 2006 löst A sein Konto in Liechtenstein auf, um mit dem Geld Schulden zu tilgen. Er möchte nun zur Steuerehrlichkeit zurückkehren. Er überlegt daher, wie er sich für den Veranlagungszeitraum 05 verhalten soll. Erklärt er in der für den Veranlagungszeitraum 05 abzugebenden Steuererklärung die zutreffenden Einkünfte aus Kapitalvermögen, sieht er sich der Gefahr ausgesetzt, dass aus den mitzuteilenden Umständen Rückschlüsse auf die Veranlagungszeiträume 01 bis 04 gezogen werden. Gibt er die Kapitalerträge weiterhin nicht an, begeht er eine erneute Steuerhinterziehung. Eine strafbefreiende Selbstanzeige wäre grds. möglich, da (noch) keiner der Sperrgründe nach § 371 Abs. 2 AO erfüllt ist. A verfügt jedoch nicht über die nötigen finanziellen Mittel, um die für die Jahre 01 bis 04 hinterzogenen Steuern zeitnah zurückzahlen zu können. Eine wirksame strafbefreiende Selbstanzeige würde daher aufgrund des § 371 Abs. 3 AO scheitern.

B. Lösungsansätze aus Literatur und Rechtsprechung

I. Literatur

Teilweise wird versucht, die bestehenden Schutzlücken durch eine strafgesetzliche Tatbestandsreduktion des § 370 Abs. 1 Nr. 2 AO zu schließen, indem man die tatbestandliche Steuererklärungspflicht im Rahmen des § 370 Abs. 1 AO entfallen lassen will[326] bzw. den Tatbestand des § 370 Abs. 1 Nr. 2 AO wegen fehlender „Pflichtwidrigkeit" als nicht erfüllt betrachtet[327], solange und soweit der Steuerpflichtige durch die Erfüllung dieser Pflicht zu seiner eigenen Strafverfolgung beitragen müsste.[328] Andere gelangen im Wege einer erweiternden Auslegung des § 393 Abs. 1 Satz 3 AO zu dem Ergebnis, dass für neue Besteuerungszeiträume keine Steuererklärungspflicht bestehe und der Steuerpflichtige bis zur Verjährung der dem Ermittlungsverfahren zugrundeliegenden Steuerhinterziehung oder sonstigen Beendigung des Strafverfahrens keine Erklärung für „neue" Jahre abgeben müsse.[329] In allen Fällen wird die Notwendigkeit einer Suspendierung der tatbestandlichen Steuererklärungspflicht im Rahmen des § 370 Abs. 1 AO mit dem Nemo-tenetur-Grundsatz begründet.[330]

Um der mit den vorgenannten Vorschlägen einhergehenden Strafbarkeitslücke im Hinblick auf Teilnehmer zu begegnen,[331] wird teilweise auch vorgeschlagen, die Vorschrift des § 370 AO für Fälle, in denen eine strafbefreiende Selbstanzeige nicht mehr möglich ist und in denen der Steuerpflichtige sich wegen der Gefahr einer Selbstbelastung über steuerlich erhebliche Tatsachen nicht oder nur unvollständig erklärt, durch die Einfügung eines persönlichen Strafausschließungsgrundes zu ergänzen.[332]

Auch der Gedanke der Unzumutbarkeit normgemäßen Verhaltens im Falle des Zwanges zur Selbstbelastung bezüglich früherer Steuerdelikte durch die wahrheitsgemäße Abgabe einer neuen Steuererklärung als Entschuldigungsgrund i.S.d. § 35 StGB wird zur Konfliktlösung angeführt.[333]

---

[326] *Sahan*, Keine Steuererklärungspflicht, S. 107 u. 159-160.
[327] *Reiter*, Nemo-tenetur se ipsum prodere, S. 257-265 u. 356-357.
[328] Vgl. *Reiter*, Nemo tenetur se ipsum prodere, S. 257-265 u. 356-357; *Sahan*, Keine Steuererklärungspflicht, S. 107 u. 159-160.
[329] *Streck/Spatscheck*, wistra 1998, 334 ff. (342).
[330] Vgl. *Reiter*, Nemo tenetur se ipsum prodere, S. 257-265 u. 356-357; *Sahan*, Keine Steuererklärungspflicht, S. 160; *Streck/Spatscheck*, wistra 1998, 334 ff. (342).
[331] *Berthold*, Der Zwang zur Selbstbezichtigung, S. 131.
[332] *Berthold*, Der Zwang zur Selbstbezichtigung, S. 132.
[333] JJR/*Joecks*, § 393 AO, Rn. 53; *Meyer*, DStR 2001, 461 ff. (465).

Den Stimmen, die § 370 AO um einen persönlichen Strafausschließungsgrund ergänzen wollen oder wegen Unzumutbarkeit normgemäßen Verhaltes die Nichtabgabe einer Steuererklärung im Falle einer damit einhergehenden Selbstbelastung bezüglich früherer Steuerdelikte nach § 35 StGB als entschuldigt ansehen, ist jedoch entgegenzuhalten, dass der Steuerpflichtige dann nicht nur strafrechtlich, sondern auch steuerlich entlastet würde.[334] Dies würde wiederum zu einer steuerlichen Besserstellung des Steuerstraftäters gegenüber dem Steuerehrlichen führen, wenn dieser zur Verdeckung der bereits begangenen Steuerhinterziehung auch weiterhin steuerbegründende bzw. steuererhöhende Tatsachen verschweigen und dadurch zugleich seine gegenwärtige Steuerlast verringern dürfte.[335]

Dies wäre beispielsweise der Fall, wenn der Steuerpflichtige in früheren Besteuerungszeiträumen Einkünfte aus (im Ausland befindlichem) Kapitalvermögen verschwiegen hat. Nach den zuvor ausgeführten Vorschlägen wäre seine Pflicht zur Abgabe einer (wahrheitsgemäßen) Steuererklärung in diesem Fall für nachfolgende Besteuerungszeiträume suspendiert, weil er sich ansonsten jedenfalls mittelbar wegen der früher begangenen Steuerhinterziehung selbst belasten müsste. Denn die Finanzbehörde kann aus einer neuen „richtigen" Steuererklärung (in der auch die Einkünfte aus Kapitalvermögen vollständig angegeben sind) ggf. den Schluss ziehen, dass Einkünfte aus Kapitalvermögen auch bereits in früheren Besteuerungszeiträumen vorlagen, aber pflichtwidrig nicht angegeben wurden. Eine Suspendierung der Pflicht zur Abgabe einer Steuererklärung solange die Gefahr besteht, dass der Steuerpflichtige sich dadurch wegen einer früheren Steuerhinterziehung selbst belastet, hätte zur Konsequenz, dass Steuern auf die tatsächlich vorliegenden Einkünfte aus Kapitalvermögen auch für die Folgejahre nicht, nicht rechtzeitig oder nicht in zutreffender Höhe festgesetzt werden könnten. Dadurch würde das staatliche Steueraufkommen in erheblicher Weise gefährdet werden.

Alle bisher angesprochenen Lösungsvorschläge würden somit praktisch darauf hinauslaufen, dass sich jeder Steuerpflichtige mit dem Argument der drohenden Selbstbelastung seinen steuerrechtlichen Mitwirkungspflichten auch für neue Besteuerungszeiträume entziehen könnte. Dies käme einem Recht zur Selbstbegünstigung durch eine weitere Rechtsverletzung gleich, welches jedoch – wie bereits aufgezeigt[336] – nicht in den Gewährleistungsbereich des Nemo-tenetur-Grundsatzes fällt.

---

[334] Vgl. HHSp/*Hellmann*, § 393 AO, Rn. 30.
[335] Vgl. HHSp/*Hellmann*, § 393 AO, Rn. 30.
[336] Vgl. die Ausführungen im 1.Teil A II 2 a).

Weitere Vorschläge bestehen darin, das Besteuerungsverfahren für die Dauer des Steuerstrafverfahrens ruhen zu lassen[337] oder darin, dass man der Finanzbehörde die Aufgabe der Verfolgung von Steuerstraf- und Steuerordnungswidrigkeiten entziehen und diese ausschließlich auf die Staatsanwaltschaft übertragen möchte.[338]

Auch diese Vorschläge führen zu keiner angemessenen Lösung des Konflikts. Denn die Verfolgung von Steuerdelikten lässt sich kaum von der Feststellung der Besteuerungsgrundlagen trennen, da die Feststellung der Steuerpflichtigkeit des jeweiligen Vorgangs Voraussetzung für die Erfüllung des Tatbestandes eines Steuerdeliktes ist.[339] Eine zeitliche Trennung beider Verfahren hätte eine erhebliche Gefährdung des staatlichen Steueraufkommens zur Konsequenz. Sowohl das vollständige, als auch das rechtzeitige staatliche Steueraufkommen ist zur staatlichen Aufgabenerfüllung zwingend notwendig.

Teilweise wird auch die Auffassung vertreten, dass der Steuerpflichtige mit der Begehung einer Steuerstraftat selbst eine Situation herbeiführe, in der er in den folgenden Jahren keine Steuererklärung abgeben könne, ohne sich damit selbst zu belasten.[340] Soweit ihm die Abgabe einer Steuererklärung aus diesem Grund unzumutbar geworden sei, sei dies auf sein eigenes Verhalten zurückzuführen. Zur Begründung dieses Interpretationsansatzes beruft man sich auf die Grundsätze der sog. „omissio libera in causa", wonach auch derjenige strafbar sei, der die zur Erfolgsabwendung erforderliche Handlung unterlasse, weil er sie zum maßgeblichen Zeitpunkt nicht vornehmen könne, sofern er sich im Vorfeld dieser Handlungsmöglichkeit begeben habe.[341]

Auch dieser Interpretationsansatz überzeugt nicht. Denn dadurch wird man dem Nemo-tenetur-Grundsatz nicht gerecht. Dem Steuerpflichtigen wäre die Berufung auf den Nemo-tenetur-Grundsatz völlig versagt. Die Rechtsfigur der „omissio libera in causa" basiert auf dem Gedanken, dass derjenige, der seine Handlungsunfähigkeit selbst herbeigeführt hat, sich darauf nicht berufen dürfe.[342] Der Nemo-tenetur-Grundsatz betrifft hingegen Fälle, in denen dem Betroffen eine bestimmte Handlung nicht zumutbar ist.[343] Außerdem handelt es sich bei der Steuerhinterziehung nach § 370 AO um ein Vorsatzdelikt. Die

[337] *Rengier*, BB 1985, 720 ff. (723); *Seer*, StB 1987, 128 ff. (132).
[338] *Jesse*, DB 2013, 1803 ff. (1814); *Schick*, JZ 1982, 125 ff. (127); *Teske*, Die Abgrenzung der Zuständigkeiten, S. 458-459.
[339] Vgl. *Rüster*, wistra 1988, 49 ff. (55).
[340] *Böse*, wistra 2003, 47 ff. (49).
[341] *Böse*, wistra 2003, 47 ff. (49).
[342] Vgl. GJW/*Bülte*, Wirtschafts- u. Steuerstrafrecht, § 393 AO, Rn. 46.
[343] Vgl. GJW/*Bülte*, Wirtschafts- u. Steuerstrafrecht, § 393 AO, Rn. 46.

Rechtsfigur der sog. „omissio libera in causa" würde dementsprechend nur dann zur Strafbarkeit führen, wenn der Steuerpflichtige bei Abgabe der früheren, unrichtigen Steuererklärung zumindest billigend in Kauf genommen hat, dass er es sich dadurch für die Zukunft selbst unmöglich macht, korrekte Steuererklärungen abzugeben.[344] Dies wird sich jedoch kaum nachweisen lassen.

Überwiegend wird die Annahme eines strafrechtlichen Verwertungsverbotes befürwortet.[345] Denn ein solches werde den widerstreitenden Interessen insoweit gerecht, als einerseits die Finanzbehörde die Informationen des Steuerpflichtigen erhalte, die sie zur Steuerveranlagung benötige und andererseits der Steuerpflichtige davor bewahrt werde, den Strafverfolgungsbehörden belastende Beweise in dem gegen ihn geführten Steuerstrafverfahren/Ordnungswidrigkeitsverfahren liefern zu müssen.[346]

II. Rechtsprechung

Die Rechtsprechung löst den Konflikt zum Teil durch eine am Zwangsmittelverbot des § 393 Abs. 1 Satz 2 und 3 AO orientierte Auslegung, indem sie die strafbewehrte Pflicht zur Abgabe von Steuererklärungen in bestimmten Situationen für suspendiert[347] erklärt und zum anderen, indem sie in nachfolgenden Besteuerungszeiträumen für die wahrheitsgemäßen Angaben des Steuerpflichtigen im Besteuerungsverfahren, soweit diese zu einer (mittelbaren) Selbstbelastung wegen früherer Steuerdelikte führen, unter bestimmten Voraussetzungen ein strafrechtliches Verwendungsverbot[348] anerkennt.

Mit Beschluss vom 26.4.2001[349] hat der BGH bereits die Strafbarkeit hinsichtlich der Nichtabgabe der Umsatzsteuerjahreserklärung für suspendiert erklärt, wenn wegen der Abgabe unrichtiger Umsatzsteuervoranmeldungen ein Strafverfahren anhängig ist. Zur Begründung hat der BGH in diesem Beschluss im

---

[344] JJR/*Joecks*, § 393 AO, Rn. 49.
[345] Vgl. *Aselmann*, NStZ 2003, 71 ff. (75); *Eidam*, Die strafprozessuale Selbstbelastungsfreiheit, S. 228; *Hellmann* in FS Seebode 2008, S. 143 ff. (153); *Hellmann*, JZ 2002, 617 ff. (619); HHSp/*Hellmann*, § 393 AO, Rn. 30; *Joecks* in FS Kohlmann 2003, 451 ff. (461-462); *Kohlmann* in FS Tipke 1995, S, 487 ff. (506-507); Kohlmann/*Hilgers-Klautzsch*, § 393 AO, Rn. 109; *Lesch*, JR 2005, 302 ff. (304); *Marx* in FS 50 Jahre AG FAe für SteuerR 1999, S. 673 ff. (680); *Rogall*, NStZ 2006, 41 ff. (43); *Rüping/Kopp*, NStZ 1997, 530 ff. (534); *Schaefer*, Der Nemo-tenetur-Grundsatz, S. 264; *Schleifer*, wistra 1986, 250 ff. (253); *Talaska*, Mitwirkungspflichten, S. 175-176, 179-180; *Tormöhlen* in FS Korn 2005, S. 779 ff. (797).
[346] Vgl. *Hellmann*, JZ 2002, 617 ff. (619); HHSp/*Hellmann*, § 393 AO, Rn. 30.
[347] Vgl. BGH, Beschl. v. 23.1.2002 – 5 StR 540/01 = wistra 2002, 150 ff. (151).
[348] Vgl. BGH, Beschl. v. 12.1.2005 – 5 StR 191/04 = wistra 2005, 148 ff. (150).
[349] BGH, Beschl. 26.4.2001 – 5 StR 587/00 = wistra 2001, 341 ff. (341).

Wesentlichen ausgeführt, dass einer Verurteilung das in § 393 Abs. 1 Sätze 2 und 3 AO normierte Zwangsmittelverbot entgegen stehe.[350] Da die von beiden Erklärungspflichten umfassten Zeiträume bei gleicher Steuerart teilidentisch seien und dasselbe Steueraufkommen beträfen, gerate der Steuerpflichtige, der keine oder unrichtige bzw. unvollständige Umsatzsteuervoranmeldungen abgegeben habe, hinsichtlich der Umsatzsteuerjahreserklärung in eine unauflösbare Konfliktlage, wenn ihm im Hinblick auf die Umsatzsteuervoranmeldungen die Einleitung eines Steuerstrafverfahrens bekanntgegeben worden sei. In einem solchen Fall könne der Steuerpflichtige nämlich nicht mehr – wie ansonsten möglich – durch die Abgabe einer wahrheitsgemäßen Umsatzsteuerjahreserklärung Straffreiheit nach § 371 AO für die bezüglich der Umsatzsteuervoranmeldungen begangenen Steuerhinterziehung erlangen (vgl. § 371 Abs. 2 Nr. 1 b) AO). Diese Konfliktlage wolle § 393 Abs. 1 AO vermeiden.[351]

Die Begründung des BGH bezüglich des Verhältnisses der Umsatzsteuervoranmeldungen zur Umsatzsteuerjahreserklärung wurde im Jahre 2004 überholt durch die Rechtsprechung des BGH, nach der bei der Umsatzsteuerhinterziehung die Umsatzsteuervoranmeldungen eines Jahres und die anschließende Umsatzsteuerjahreserklärung des nämlichen Jahres eine einheitliche Tat im Sinne des § 264 StPO bilden.[352] Die Suspendierung der Strafbewehrtheit der Nichtabgabe der Umsatzsteuerjahreserklärung tritt damit bereits mit der Einleitung des Ermittlungsverfahrens bezüglich der Umsatzsteuervoranmeldungen ein.[353]

Für Umsatzsteuervoranmeldungen und Lohnsteueranmeldungen hat der Gesetzgeber nunmehr mit § 371 Abs. 2a AO eine Sonderregelung bzgl. der Selbstanzeige geschaffen. Danach tritt, soweit die Steuerhinterziehung durch Verletzung der Pflicht zur rechtzeitigen Abgabe einer vollständigen und richtigen Umsatzsteuervoranmeldung oder Lohnsteuervoranmeldung begangen worden ist, Straffreiheit abweichend von § 371 Abs. 1 u. 2 Satz 1 Nr. 3 AO bei Selbstanzeigen in dem Umfang ein, in dem der Täter gegenüber der zuständigen Finanzbehörde die unrichtigen Angaben berichtigt, die unvollständigen Angaben ergänzt oder die unterlassenen Angaben nachholt. § 371 Abs. 2 Satz 1 Nr. 2 AO gilt nicht, wenn die Entdeckung der Tat darauf beruht, dass die Umsatzsteuervoranmeldung oder Lohnsteueranmeldung nachgeholt oder be-

---

[350] BGH, Beschl. v. 26.4.2001 – 5 StR 587/00 = wistra 2001, 341 ff. (344).

[351] BGH, Beschl. v. 26.4.2001 – 5 StR 587/00 = wistra 2001, 341 ff. (345).

[352] BGH, Beschl. v. 24.11.2004 – 5 StR 206/04 = wistra 2005, 66 ff. (67).

[353] Vgl. Kohlmann/*Hilgers-Klautzsch*, § 393 AO, Rn. 115; Rolletske/Kemper/*Rolletschke*, § 393 AO, Rn. 49; *Rolletschke*, StV 2005, 355 ff. (357).

richtigt wurde. Die Sätze 1 und 2 gelten nicht für Steueranmeldungen, die sich auf das Kalenderjahr beziehen. Für die Vollständigkeit der Selbstanzeige hinsichtlich einer auf das Kalenderjahr bezogenen Steueranmeldung ist die Berichtigung, Ergänzung oder Nachholung der Voranmeldungen, die dem Kalenderjahr nachfolgende Zeiträume betreffen, nicht erforderlich.

Für Umsatzsteuervoranmeldungen und Lohnsteueranmeldungen wird damit eine Ausnahme dahingehend zugelassen, dass eine Straffreiheit abweichend von § 371 Abs. 1 und 2, Satz 1, Nr. 3 AO auch durch eine Teilselbstanzeige möglich ist.[354] Darüber hinaus wird in § 371 Abs. 2a Satz 4 AO eine Ausnahme von dem Vollständigkeitsgebot dahingehend vorgenommen, dass eine durch Selbstanzeige korrigierte Jahreserklärung für das Vorjahr nicht auch Berichtigungen für die Voranmeldungen des laufenden Jahres enthalten muss.[355]

In seinem Beschluss vom 23.1.2002[356] hat der BGH die strafbewehrte Pflicht zur Abgabe von Steuererklärungen hinsichtlich derselben Steuerart und desselben Zeitraumes für suspendiert erklärt, weil dem Steuerpflichtigen für diesen Zeitraum die Einleitung eines Steuerstrafverfahrens bekannt gegeben worden und ihm eine strafbefreiende Selbstanzeige nach § 371 Abs. 2 Nr. 1 AO aus diesem Grund nicht mehr möglich war. Die Strafbewehrung einer Nichtabgabe von Steuererklärungen zu suspendieren, rechtfertige sich in diesen Fällen aus dem Zwangsmittelverbot (nemo tenetur se ipsum accusare).[357]

Das bedeutet nach der Rechtsprechung des BGH also, dass wenn hinsichtlich derselben Steuer und desselben Zeitraums, für den bereits ein steuerstrafrechtliches Ermittlungsverfahren eingeleitet worden ist, weitere Steuererklärungspflichten bestehen (z.B. weil die Steuererklärung nicht innerhalb der Erklärungsfrist nach § 149 Abs. 2 AO abgegeben wurde und daher bereits das Versuchsstadium einer Steuerhinterziehung durch Unterlassen gemäß § 370 Abs. 1 Nr. 2 AO erreicht ist), die Strafbewehrung ihrer Nichterfüllung insoweit ausgesetzt ist.[358] Die Nichtabgabe einer Steuererklärung in diesen Fällen, bei deren Abgabe sich der Betroffene ansonsten selbst wegen einer Steuerstraftat belasten müsste, ist dann in der Regel straflos.[359] Dies gilt jedoch nur für Fälle, in denen der Steuerpflichtige wegen der Bekanntgabe der Einleitung des

---

[354] Näher hierzu vgl. JJR/*Joecks*, § 371 AO, Rn. 351; *Leibold*, NZWiSt 2015, 74 ff. (77).
[355] Näher hierzu vgl. *Leibold*, NZWiSt 2015, 74 ff. (77).
[356] BGH, Beschl. v. 23.1.2002 – 5 StR 540/01 = wistra 2002, 150 ff. (151).
[357] BGH, Beschl. v. 23.1.2002 – 5 StR 540/01 = wistra 2002, 150 ff. (150).
[358] Vgl. Kohlmann/*Hilgers-Klautzsch*, § 393 AO, Rn. 121.
[359] Vgl. Kohlmann/*Hilgers-Klautzsch*, § 393 AO, Rn. 121.

Steuerstrafverfahrens keine Straffreiheit mehr durch eine Selbstanzeige (vgl. § 371 Abs. 2 Nr. 1 b AO) erlangen kann.[360]

In seinem Beschluss vom 12.1.2005[361] hat der BGH jedoch klargestellt, dass die Pflicht zur Abgabe von Steuererklärungen für nachfolgende Besteuerungszeiträume nicht unter dem Gesichtspunkt suspendiert ist, dass niemand gezwungen werden dürfe, sich selbst anzuklagen oder gegen sich selbst Zeugnis abzulegen (nemo tenetur se ipsum accusare). Das Zwangsmittelverbot finde inhaltlich dort seine Grenze, wo es nicht mehr um bereits begangenes Fehlverhalten des Betroffenen gehe, für das ein Steuerstrafverfahren bereits eingeleitet sei. Eine Ausnahme von der strafbewehrten Pflicht, vollständige und wahrheitsgemäße Angaben im Besteuerungsverfahren zu machen, sei aus diesem Grund nur anzuerkennen, wenn hinsichtlich derselben Steuerart und desselben Besteuerungszeitraumes, für den bereits ein Ermittlungsverfahren eingeleitet worden sei, weitere Erklärungspflichten bestünden. Andernfalls würde – durch die Nichtabgabe von Steuererklärungen oder durch falsche Angaben darin – neues Unrecht geschaffen, zu dem das Recht auf Selbstschutz nicht berechtige. Zudem würde dem Täter gegenüber anderen Steuerpflichtigen eine ungerechtfertigte Besserstellung eingeräumt werden.[362]

In diesen Fällen erkennt der BGH für die zutreffenden Angaben des Steuerpflichtigen, soweit diese zu einer mittelbaren Selbstbelastung für die zurückliegenden Besteuerungszeiträume führen, ein unmittelbar aus dem verfassungsrechtlich verankerten Verbot des Selbstbelastungs-zwanges herzuleitendes strafrechtliches Verwendungsverbot[363] an, da die Erfüllung der steuerrechtlichen Offenbarungspflichten dem Steuerpflichtigen nur dann zumutbar seien, wenn die (im Besteuerungsverfahren erzwingbaren) Angaben in einem Strafverfahren nicht gegen ihn verwendet werden dürften. Das Verbot des Selbstbelastungszwanges führe daher dazu, dass die Erklärungen des Beschuldigten, die er in Erfüllung seiner weiterbestehenden steuerrechtlichen Pflichten für nicht strafbefangene Besteuerungszeiträume und Steuerarten gegenüber den Finanzbehörden mache, allein im Besteuerungsverfahren verwendet werden dürften.[364]

---

[360] Vgl. Kohlmann/*Hilgers-Klautzsch*, § 393 AO, Rn. 121.
[361] BGH, Beschl. v. 12.1.2005 – 5 StR 191/04 = wistra 2005, 148 ff.
[362] BGH, Beschl. v. 12.1.2005 – 5 StR 191/04 = wistra 2005, 148 ff. (149).
[363] BGH, Beschl. v. 12.1.2005 – 5 StR 191/04 = wistra 2005, 148 ff. (150); Zu dem Begriff u. der Wirkung eines „Verwendungsverbots" siehe 3.Teil B IV.
[364] BGH, Beschl. v. 12.1.2005 – 5 StR 191/04 = wistra 2005, 148 ff. (150).

III. Stellungnahme

Der von der Rechtsprechung eingeschlagene differenzierte Lösungsweg ist überzeugend. Die Suspendierung der Strafbarkeit der Nichterfüllung der Pflicht zur Abgabe einer Steuererklärung für Besteuerungszeiträume und Steuerarten, für die bereits ein steuerstrafrechtliches Ermittlungsverfahren eingeleitet ist, für die jedoch weitere Steuererklärungspflichten bestehen, ist gerechtfertigt, da in diesen Fällen keine neue Rechtsgutsverletzung begangen wird. Das bereits begangene Unrecht wird durch die weitere Nichtmitwirkung des Steuerpflichtigen zwar noch verstärkt, würde man den Steuerpflichtigen in diesen Fällen jedoch nicht vom seinen steuerrechtlichen Mitwirkungspflichten befreien, würde dies zwangsläufig einen Verstoß gegen den Nemo-tenetur-Grundsatz bedeuten. Denn ansonsten wäre er aufgrund der (personalen) Verknüpfung von Besteuerungs- und Steuerstrafverfahren gezwungen, an dem gegen ihn geführten Steuerstrafverfahren durch eine geistige Leistungserbringung mitzuwirken.

Soweit die Pflicht zur Abgabe von Steuererklärungen für nachfolgende Besteuerungszeiträume auf einen Zwang zur Selbstbelastung hinsichtlich einer in früheren Besteuerungszeiträumen begangenen Steuerstraftat/Steuerordnungswidrigkeit hinausläuft, überzeugt die Lösung des Konflikts über die Annahme eines strafrechtlichen Verwendungsverbotes. [365] Der Nemo-tenetur-Grundsatz erfordert zwingend, dass dem Beschuldigten im Strafverfahren die Entscheidung, ob er zu seiner Überführung beitragen möchte, freigestellt bleibt. Da die steuerrechtlichen Mitwirkungspflichten jedoch nicht seiner strafrechtlichen Überführung zu dienen bestimmt sind, stellen sie als solche keinen Verstoß gegen den Nemo-tenetur-Grundsatz dar. Erst die zweckwidrige Nutzung der Informationen im Steuerstrafverfahren, zu deren Offenbarung der Steuerpflichtigen zur Erfüllung seiner Pflichten im Besteuerungsverfahren gezwungen ist, verstößt gegen den Nemo-tenetur-Grundsatz. Daher lässt sich in diesen Fällen eine den widerstreitenden Interessen am besten gerecht werdende Lösung nur in einer Nutzungsunterbindung der mithilfe des Steuerpflichtigen erlangten selbstbelastenden Informationen im Strafverfahren finden. Da es in diesen Fällen um die Pflicht zur Abgabe einer Steuererklärung für neue Besteuerungszeiträume geht, d.h. solche, die von dem eingeleiteten Steuerstrafverfahren nicht erfasst sind, würde eine Suspendierung der steuerrechtlichen Mitwirkungspflichten auf die Erlaubnis zur Begehung einer weiteren Steuerhinterziehung hinauslaufen und damit auf ein Recht zur Selbstbegünstigung.

---

[365] Zu dem Begriff u. der Wirkung eines „Verwendungsverbots" siehe 3.Teil B IV.

Der von der Rechtsprechung eingeschlagene Lösungsweg weist dennoch Lücken im Hinblick auf die Wahrung des Nemo-tenetur-Grundsatzes auf. Denn der 5. Strafsenat des BGH hat die strafbewehrte Pflicht zur Abgabe von Einkommen- und Gewerbesteuererklärungen für einen bestimmten Veranlagungszeitraum nur dann für suspendiert erklärt, wenn dem Steuerpflichtigen für diesen Zeitraum die Einleitung eines Steuerstrafverfahrens bekannt gegeben wird und eine wirksame strafbefreiende Selbstanzeige wegen Erfüllung des Sperrgrundes nach § 371 Abs. 2 Nr. 1 b) AO nicht mehr möglich ist.[366] Auch ein strafrechtliches Verwendungsverbot für die zutreffenden Angaben des Steuerpflichtigen in seinen neuen Steuererklärungen, soweit diese zu einer mittelbaren Selbstbelastung für zurückliegende strafbefangene Besteuerungszeiträume führen, hat der BGH nur im Falle des § 371 Abs. 2 Nr. 1 b) AO anerkannt.[367]

Der Annahme eines strafrechtlichen Verwendungsverbotes bedarf es jedoch auch in Fällen, in denen dem Steuerpflichtigen durch die Erfüllung seiner aktuellen steuerrechtlichen Mitwirkungspflichten eine Selbstbelastung wegen in früheren Besteuerungszeiträumen begangener Steuerstraftaten/Steuerordnungswidrigkeiten droht und dem Steuerpflichtigen die Möglichkeit einer strafbefreienden Selbstanzeige wegen des Vorliegens eines anderen in § 371 Abs. 2 AO genannten Sperrgrundes nicht (mehr) möglich ist. Beispielsweise wenn eine strafbefreiende Selbstanzeige an § 371 Abs. 2 Nr. 3 oder 4 AO scheitert, weil die verkürzte Steuer oder der für sich oder einen anderen erlangte nicht gerechtfertigte Steuervorteil einen Betrag von 25000 Euro je Tat übersteigt oder ein in § 370 Abs. 3 Satz 2 Nummer 2 bis 5 genannter besonders schwerer Fall vorliegt.

Auch wenn keiner der Sperrgründe nach § 371 Abs. 2 AO einschlägig ist, ein ausreichender Schutz des Steuerpflichtigen aber trotzdem – z.B. wegen § 371 Abs. 3 AO – nicht gewährleistet ist, bedarf es der Annahme eines strafrechtlichen Verwendungsverbotes für die zutreffenden Angaben des Steuerpflichtigen in seiner neuen Steuererklärung, soweit diese zu einer mittelbaren Selbstbelastung bezüglich einer in früheren Besteuerungszeiträumen begangenen Steuerhinterziehung führen.[368] Dies betrifft Fälle, in denen der Täter einer Steuerhinterziehung nicht in der Lage ist, die hinterzogenen Steuern fristgerecht nachzuzahlen.

---

[366] Vgl. BGH, Beschl. v. 23.1.2002 – 5 StR 540/01 = wistra 2002, 150 ff. (151).

[367] Vgl. BGH, Beschl. v. 12.1.2005 – 5 StR 191/04 = wistra 2005, 148 ff. (150).

[368] Vgl. HHSp/*Hellmann*, § 393 AO, Rn. 28-30; Kohlmann/*Hilgers-Klautzsch*, § 393, Rn. 116.

Eine wirksame strafbefreiende Selbstanzeige setzt nach § 371 Abs. 3 AO die fristgerechte Nachzahlung der hinterzogenen Steuern nebst Zinsen voraus. Die Möglichkeit einer strafbefreienden Selbstanzeige kann daher derjenige Steuerpflichtige, der Steuern verkürzt hat, aber nicht über die nötigen finanziellen Mittel zur fristgerechten Steuernachnahzahlung verfügt, nicht nutzen. Wenn der Täter also nicht in der Lage ist, den von ihm angerichteten Schaden wieder gut zu machen, soll er nach dem Gesetzeszweck auch keine Straffreiheit erlangen, da der Fiskus in diesem Falle endgültig geschädigt ist.[369] Eine wirksame strafbefreiende Selbstanzeige setzt somit nach § 371 Abs. 3 AO zwingend voraus, dass die hinterzogenen Steuern oder zu Unrecht erhaltenen Steuervorteile innerhalb einer angemessenen Frist nachentrichtet werden.

Wenn nun ein Steuerpflichtiger, gegen den „noch" kein Steuerstrafverfahren eingeleitet worden ist, der jedoch nicht über die nötigen Mittel zur Nachentrichtung der hinterzogenen Steuern verfügt oder auf den ein anderer Sperrgrund nach § 371 Abs. 2 AO zutrifft, aber dennoch zur Steuerehrlichkeit zurückkehren möchte, hat dies zur Konsequenz, dass er sich unter Umständen selbst (mittelbar) wegen zurückliegender Steuerstraftaten bezichtigen muss und deswegen auch bestraft wird.[370]

Dieselbe Problematik stellt sich in Fällen, in denen für den Steuerpflichtigen nach § 153 Abs. 1 Nr. 1 AO die Pflicht zur Berichtigung seiner im Nachhinein als unrichtig bzw. unvollständig erkannten Angaben in seiner Steuererklärung besteht. Denn wenn der Steuerpflichtige bei Abgabe seiner Steuererklärungen die Unrichtigkeit seiner Angaben zumindest billigend in Kauf genommen hat, hat er sich dadurch bereits einer bedingt vorsätzlichen Steuerhinterziehung gemäß § 370 Abs. 1 Nr. 1 AO strafbar gemacht.[371] Da einer Berichtigung i.S.d. § 153 AO die gleiche Wirkung zukommt wie einer Selbstanzeige (vgl. § 371 Abs. 4 AO), würde der Steuerpflichtige bei Erfüllung seiner nach § 153 Abs. 1 Nr. 1 AO bestehenden Berichtigungspflicht zwar grundsätzlich Straffreiheit erlangen. Wenn ihm jedoch die finanziellen Mittel zur Nachentrichtung der hinterzogenen Steuern fehlen, erlangt er keine Straffreiheit (vgl. § 371 Abs. 4 i.V.m. Abs. 3 AO). Unterlässt er hingegen die nach § 153 AO geforderte Berichtigung seiner Angaben, begeht er eine neue Steuerhinterziehung nach § 370 Abs. 1 Nr. 2 AO.[372]

---

[369] JJR/*Joecks*, § 371 AO, Rn. 140; Rolletschke/Kemper/*Kemper*, § 371 AO, Rn. 362.

[370] Vgl. *Beckemper*, ZIS 2012, 221 ff. (222); HHSp/*Hellmann*, § 393 AO, Rn. 28-30; Kohlmann/*Hilgers-Klautzsch*, § 393 AO, Rn. 116; *Salditt* in Steuerstrafrecht an der Schnittstelle zum Steuerrecht, S. 293.

[371] Vgl. Klein/*Rätke*, § 153 AO, Rn. 8; BGH, Beschl. v. 17.3.2009; 312 ff. (314).

[372] Vgl. BGH, Beschl. v. 17.3.2009 – 1 StR 479/08 = wistra 2009, 312 ff. (314).

Festzuhalten ist somit, dass die Rechtsprechung Fälle eines unzumutbaren Zwanges zur Selbstbelastung bisher lediglich ausdrücklich in Fällen anerkannt hat, in denen dem Steuerpflichtigen eine strafbefreiende Selbstanzeige wegen Vorliegen eines Sperrgrundes nach § 371 Abs. 2 Nr. 1 b) AO nicht möglich ist, nicht aber auch dann, wenn eine wirksame Selbstanzeige wegen des Vorliegens eines anderen in § 371 Abs. 2 AO genannten Sperrgrundes oder an § 371 Abs. 3 AO scheitert.

Beispielsweise hat der 1. Strafsenat des BGH in seinem Beschluss vom 17.3.2009 ausgeführt, dass, wenn eine wirksame Selbstanzeige lediglich deshalb nicht möglich sei, weil der Steuerpflichtige nicht in der Lage sei, die hinterzogenen Steuern innerhalb einer angemessenen Frist nachzuentrichten (§ 371 Abs. 3 AO), eine Suspendierung der Strafbewehrung der steuerlichen Berichtigungspflicht nach § 153 AO jedenfalls dann nicht in Betracht komme, wenn der Steuerpflichtige bei pflichtgemäßer und rechtzeitiger Erfüllung seiner steuerlichen Pflichten zur Zahlung noch in der Lage gewesen wäre.[373]

Um die insoweit bestehende Schutzlücke im Hinblick auf den Nemo-tenetur-Grundsatz zu schließen, muss jedoch in allen Fällen, in denen dem Steuerpflichtigen durch die Abgabe einer neuen wahrheitsgemäßen Steuererklärung bzw. die Erteilung weiterer Auskünfte eine strafrechtliche Selbstbelastung wegen früherer Steuerhinterziehungen droht und eine strafbefreiende Selbstanzeige wegen des Vorliegens eines der Sperrgründe nach § 371 Abs. 2 AO oder aufgrund des § 371 Abs. 3 AO nicht (mehr) möglich ist, ein strafrechtliches Verwendungsverbot anerkannt werden.

IV. Früh- und/oder Fernwirkung des Verwendungsverbots

Offen bleibt die Frage, wie weit ein Verwendungsverbot reichen muss, um den Konflikt zwischen den steuerrechtlichen Mitwirkungspflichten und dem Nemo-tenetur-Grundsatz im Hinblick auf den Zwang zur Selbstbelastung bezüglich früherer Steuerdelikte des Steuerpflichtigen lösen zu können. Der BGH hat hierzu bisher keine Aussage getroffen. Zu klären ist daher, ob sich das Verwendungsverbot – um dem Nemo-tenetur-Grundsatz gerecht werden zu können – lediglich auf solche Beweismittel erstrecken muss, welche erst mit Hilfe der unmittelbar unverwertbaren Angaben in der Steuererklärung des Steuerpflichtigen aufgefunden werden konnten oder ob davon auch die Begründung

---

[373] Vgl. BGH, Beschl. v. 17.3.2009 – 1 StR 479/08 = wistra 2009, 312 ff. (314); vgl. hierzu auch BFH, Beschl. v. 1.2.2012 – VII B 234/11.

eines Anfangsverdachtes als Grundlage für weitere strafrechtliche Ermittlungen ausgeschlossen sein muss.[374]

Im ersten Fall würde dem „strafrechtlichen Verwendungsverbot" eine sog. „Fernwirkung" zukommen, im zweiten Fall eine sog. „Frühwirkung".[375] Da eine Frühwirkung einer Fernwirkung jedoch notwendigerweise vorgeschaltet ist, weil eine Fernwirkung ja gerade voraussetzt, dass ein unverwertbares Beweismittel nicht zur Grundlage weiterer Beweisermittlungen gemacht werden darf, lässt sich ein Unterschied insoweit lediglich in zeitlicher Hinsicht feststellen.[376] In jedem Fall würde sich jedoch die Unzulässigkeit jeglicher Nutzung der unmittelbar unverwertbaren Angaben des Steuerpflichtigen in seiner Steuererklärung ergeben.

1. Begriff „Verwendungsverbot"

Um die Wirkungsweise des Verwendungsverbotes herausfinden zu können, ist zunächst zu klären, ob unter einem „Verwendungsverbot" etwas anderes zu verstehen ist, als unter einem „Verwertungsverbot".

Teilweise werden die Begriffe „verwenden" und „verwerten" als Synonyme[377] verwendet.[378] Andere gehen hingegen von einer größeren Reichweite der „Verwendungsverbote" aus und verstehen darunter Nutzungsverbote, welche jede weitere Heranziehung der gesperrten Informationen verbieten.[379]

Von einigen in der StPO geregelten „Verwertungsverboten" wird nicht nur die Verwertung der gewonnenen Erkenntnisse als Beweismittel, sondern auch deren Nutzung als Spurenansatz ausgeschlossen (vgl. § 100a Abs. 4 Satz 2 StPO,[380] § 100c Abs. 5 Satz 3 StPO[381]). Bei anderen „Verwertungsverboten" (vgl. § 136a Abs. 3 Satz 2 StPO) lehnt die Rechtsprechung hingegen eine

---

[374] Vgl. *Hefendehl*, wistra 2003, 1 ff. (3-7) zur Reichweite des Verwendungsverbotes des § 97 Abs. 1 S. 3 InsO.
[375] Vgl. *Hengstenberg*, Die Frühwirkung der Verwertungsverbote, S. 21.
[376] Vgl. *Hengstenberg*, Die Frühwirkung der Verwertungsverbote, S. 23.
[377] Vgl. ausführlich hierzu *Dencker* in FS Meyer-Gossner 2001, S. 237-255; *Hengstenberg*, Die Frühwirkung der Verwertungsverbote, S. 43-46.
[378] Vgl. u.a. *Klein/Jäger*, § 393 AO, 45-55; LG Göttingen, Beschl. v. 11.12.2007 – 8 KLs 1/07 = wistra 2008, 231 ff. (233); BayObLG, Beschl. v. 6.8.1996 – 4 St RR 104/96 = wistra 1996, 353 ff. (353); BayObLG, Beschl. v. 18.11.1997 – 3 St RR 227/97 = wistra 1998, 117 ff. (117); die beispielsweise das Verwendungsverbot des § 393 Abs. 2 S. 1 AO als „Verwertungsverbot" bezeichnen.
[379] Vgl. *Dencker* in FS Meyer-Gossner 2001, S. 237 ff. (243); *Meyer-Goßner*, Einl. StPO, Rn. 57d; *Rogall*, JZ 2008, 818 ff. (827).
[380] Vgl. *Meyer-Goßner*, § 100a StPO, Rn. 25.
[381] Vgl. *Meyer-Goßner*, § 100c StPO, Rn. 17.

Wirkung in der Weise, dass auch die erst mit Hilfe der unmittelbar gesperrten Informationen bekannt gewordenen Beweismittel nicht benutzt werden dürfen, ab.[382]

Da auch von einigen in der StPO geregelten „Verwendungsverboten" ein umfassendes Nutzungsverbot ausgeht (z.b. § 160a Abs. 1 Satz 2 StPO[383]), andere hingegen nur die Nutzung als Beweismittel ausschließen (z.b. § 477 StPO[384]), könnte man annehmen, dass es sich bei „Verwendungsverboten" und „Verwertungsverboten" tatsächlich um Synonyme handelt.

Zu berücksichtigen ist jedoch, dass es sich bei dem Begriff der „Verwendung" um einen datenschutzrechtlichen Begriff i.S.d. § 3 BDSG handelt.[385] Das Verbot, Daten zu „verwenden" bezieht sich dort nicht allein auf die Nutzung der Daten zu strafprozessualen Zwecken, sondern auf jede denkbare Nutzung der Daten.[386] Wenn man dies berücksichtigt, erklärt sich, weshalb § 100c Abs. 5 Satz 3 StPO von der „Verwertung" der aus einer akustischen Wohnraumüberwachung erlangten (kernbereichsrelevanten) Erkenntnisse (im Strafverfahren) spricht, während § 100d Abs. 5 StPO die weitere „Verwendung" (Umwidmung) der im Rahmen einer akustischen Wohnraumüberwachung erlangten (nicht kernbereichsrelevanten) Erkenntnisse regelt und dabei auch die Nutzung zu außerstrafprozessualen Zwecken, wie z.B. zu Zwecken der Gefahrenabwehr (§ 100d Abs. 5 Nr. 2 StPO), nennt.[387]

Der Begriff der „Verwertung" bezieht sich daher grundsätzlich allein auf die Nutzung zu Zwecken, zu denen die Erhebung der Informationen ursprünglich angeordnet worden ist,[388] während der Begriff „Verwendung" jegliche und somit auch eine über den Zweck der ursprünglichen Datenerhebung hinausgehende Nutzung der daraus gewonnenen Erkenntnisse meint.[389] Rückschlüsse auf die Reichweite von „Verwertungsverboten" bzw. „Verwendungsverboten" innerhalb eines Verfahrens lassen sich daraus jedoch nicht ziehen.

---

[382] Vgl. BGHSt 34, 362 ff. (364), Urt. v. 28.4.1987 – 5 StR 666/86.

[383] *Meyer-Goßner*, § 160a StPO, Rn. 4.

[384] *Meyer-Goßner*, § 477 StPO, Rn. 5a.

[385] Vgl. *Dencker* in FS Meyer-Gossner 2001, S. 237 ff. (243); *Hengstenberg*, Die Frühwirkung der Verwendungsverbote, S. 44-45.

[386] Vgl. *Hengstenberg*, Die Frühwirkung der Verwertungsverbote, S. 45.

[387] Vgl. *Meyer-Goßner*, § 100d StPO, Rn. 6.

[388] Vgl. *Amelung*, Prinzipien strafprozessualer Beweisverwertungsverbote, S. 30; *Meyer-Goßner*, Einl. StPO, Rn. 55.

[389] Vgl. *Amelung*, Prinzipien strafprozessualer Beweisverwertungsverbote, S. 32; *Meyer-Goßner*, Einl. StPO, Rn. 57d.

2. Verwendungsverbot nach § 97 Abs. 1 Satz 3 InsO

Außerhalb der StPO ist ein „strafrechtliches Verwendungsverbot" z.B. in § 97 Abs. 1 Satz 3 InsO gesetzlich geregelt. § 97 Abs. 1 Satz 3 InsO ist in Umsetzung der Vorgaben im Gemeinschuldnerbeschluss des BVerfG eingeführt worden.[390] Überwiegend wird die Ansicht vertreten, dass von dem „strafrechtlichen Verwendungsverbot" des § 97 Abs. 1 Satz 3 InsO ein umfassendes Nutzungsverbot im Strafverfahren in dem Sinne ausgeht, dass davon nicht nur die unmittelbare Verwertung der Informationen selbst als Beweismittel, sondern auch deren Nutzung, soweit sie als Spurenansatz für weitere Ermittlungen in Betracht kommt, ausgeschlossen wird.[391] Dies wird hauptsächlich darauf gestützt, dass § 109 RegE[392] der Vorschrift noch die Formulierung „verwertet" enthalten habe und dann später aufgrund der Beschlussempfehlung des Rechtsausschusses[393] durch das Wort „verwendet" ersetzt worden sei, was nach der Begründung des Rechtsausschusses zum Ausdruck bringen solle, dass die Auskunft des Insolvenzschuldners im Insolvenzverfahren auch nicht als Ansatz für weitere Ermittlungen dienen dürfe.[394]

§ 97 Abs. 1 Satz 3 InsO ist auf den Gemeinschuldnerbeschluss[395] des BVerfG zurückzuführen. Die dortigen Ausführungen lassen sich auch auf die hier zu besprechende Situation übertragen.[396] Denn selbst wenn dem Betroffenen im Besteuerungsverfahren umfassende und zum Teil auch selbstbelastende Mitwirkungspflichten zur Sicherung des staatlichen Steueraufkommens zugemutet werden können, wäre es nicht mehr gerechtfertigt, wenn er dadurch zugleich gezwungen wäre, zu seiner strafrechtlichen Verurteilung beizutragen und die Strafverfolgungsbehörden damit weitergehende Möglichkeiten erhielten als in anderen Fällen der Strafverfolgung.[397] Dies träfe jedoch zu, wenn nur die unmittelbare Nutzung der Angaben des Steuerpflichtigen in seiner Steuererklärung selbst als Beweismittel in einem Steuerstrafverfahren gesperrt wäre.

---

[390] Vgl. hierzu die Ausführungen im 1.Teil B I 3.
[391] Bittmann/Rudolph, wistra 2001, 81 ff. (84); Hefendehl, wistra 2003, 1 ff. (9); Jäger/Schilken, § 97 InsO, Rn. 23; MüKo-InsO/Stephan, § 97 InsO, Rn. 16; Richter, wistra 2000, 1 ff. (3); LG Stuttgart, Beschl. v. 21.7.2000 – 11 Qs 46/2000 = wistra 2000, 439 ff. (439).
[392] BT-Drucks. 12/2243 v. 15.4.1992, S. 25.
[393] BT-Drucks. 12/7302, S. 39 u. 166.
[394] Vgl. BT-Drucks. 12/7302, S. 166; Richter, wistra 2000, 1 ff. (3).
[395] BVerfGE 56, 37 ff, Beschl. v. 13.1.1981 – 1 BvR 116/77.
[396] Vgl. JJR/Joecks, § 393 AO, Rn. 33.
[397] Vgl. BVerfGE 56, 37 ff. (50 f.), Beschl. v. 13.1.1981 – 1 BvR 116/77.

Es ist daher davon auszugehen, dass von dem vom BGH für die zutreffenden Angaben des Steuerpflichtigen in seiner neuen Steuererklärung – soweit diese zu einer mittelbaren Selbstbelastung in den zurückliegenden, strafbefangenen Besteuerungszeiträume führen – angenommenen „strafrechtlichen Verwendungsverbot" ein umfassendes Nutzungsverbot ausgeht, das sowohl die unmittelbare Nutzung der Angaben in der Steuererklärung oder die Auskünfte des Betroffenen selbst als Beweismittel als auch ihre mittelbare Nutzung als Spurenansatz ausschließt.[398] Lediglich unabhängig von den Angaben des Steuerpflichtigen in seiner Steuererklärung oder seinen Auskünften erlangte Erkenntnisse (z.B. aus Kontrollmitteilungen oder Feststellungen des Prüfers im Rahmen einer steuerlichen Außenprüfung) dürfen zum Zwecke der Strafverfolgung genutzt werden.[399]

Gleiches muss für das anzuerkennende strafrechtliche Verwendungsverbot in den übrigen, vom BGH nicht bedachten Fällen[400] gelten, in denen sich der Steuerpflichtige um seinen aktuellen steuerrechtlichen Pflichten nachzukommen, durch seine Angaben wegen in früheren Besteuerungszeiträumen begangener Steuerdelikte belastet und ihm der Ausweg aus seiner Konfliktsituation über eine strafbefreiende Selbstanzeige (wegen § 371 Abs. 2 Nr. 1 a), c)-e), Nr. 2-4, Abs. 3 AO) versperrt bleibt.

V. Zwischenergebnis

Der Konflikt zwischen den Mitwirkungspflichten des Steuerpflichtigen im Besteuerungsverfahren und dem Nemo-tenetur-Grundsatz im Hinblick auf den bestehenden Zwang zur Selbstbelastung bezüglich früherer Steuerdelikte lässt sich immer dann, wenn eine strafbefreiende Selbstanzeige nicht mehr möglich ist, entweder weil einer der Ausschlussgründe nach § 371 Abs. 2 AO vorliegt oder dem Steuerpflichtigen die notwendigen finanziellen Mittel zur fristgerechten Nachentrichtung der hinterzogenen Steuern fehlen (§ 371 Abs. 3), durch ein strafrechtliches Verwendungsverbot interessengerecht lösen.

Eine Suspendierung der Strafbarkeit wegen Nichterfüllung der Pflicht zur Abgabe einer wahrheitsgemäßen Steuererklärung für neue Besteuerungszeiträume kommt nicht in Betracht, da der Nemo-tenetur-Grundsatz lediglich verlangt, dass die zum Zwecke der Besteuerung zwangsweise ge-

---

[398] Vgl. JJR/*Joecks*, § 393 AO, Rn. 33; *Lesch*, JR 2005, 302 ff. (304); *Rogall*, NStZ 2006, 41 ff. (43); *Rolletschke*, StV 2005, 355 ff. (359).
[399] Vgl. *Rogall*, NStZ 2006, 41 ff. (43).
[400] Vgl. die Ausführungen im 3.Teil B III.

machten Angaben nicht zugleich strafrechtlich gegen ihn verwendet werden dürfen. Er erfordert hingegen nicht die Freistellung des Steuerstraftäters von all seinen staatsbürgerlichen Pflichten, durch welche er sich selbst strafrechtlich belasten muss. Dies würde auf ein Recht zur Selbstbegünstigung hinauslaufen und eine unangemessene Besserstellung des Steuerstraftäters gegenüber dem Steuerehrlichen bedeuten.

Dem Verwendungsverbot muss die Wirkung eines umfassenden Nutzungsverbots zugesprochen werden mit der Folge, dass in Fällen, in denen noch kein steuerstrafrechtliches Ermittlungsverfahren eingeleitet ist und eine wirksame Selbstanzeige wegen Vorliegen eines der übrigen Sperrgründe des § 371 Abs. 2 AO oder wegen fehlender finanzieller Mittel des Steuerpflichtigen zur Nachentrichtung der hinterzogenen Steuern nach § 371 Abs. 3 AO scheitert, bereits die Einleitung steuerstrafrechtlicher Ermittlungen verhindert wird, soweit diese nur aufgrund der Angaben des Steuerpflichtigen, die dieser zur Erfüllung seiner steuerrechtlichen Pflichten für nachfolgende Besteuerungszeiträume getätigt hat, eingeleitet worden wären.

In Fällen, in denen ein steuerstrafrechtliches Ermittlungsverfahren bereits eingeleitet ist, würde durch das Verwendungsverbot sowohl die unmittelbare Nutzung der Angaben des Steuerpflichtigen, die dieser in Erfüllung seiner steuerrechtlichen Pflichten getätigt hat als auch die mittelbare Nutzung dieser Angaben als Spurenansatz verhindert werden.

Soweit für den Besteuerungszeitraum, für den ein steuerstrafrechtliches Ermittlungsverfahren bereits eingeleitet ist, noch weitere Steuererklärungspflichten bestehen, lässt sich der Konflikt hingegen durch die Suspendierung der Strafbarkeit der Nichterfüllung der steuerrechtlichen Pflichten interessengerecht lösen. Denn dadurch wird keine neue Rechtsgutsverletzung begangen.

C. Ergebnis

De lege lata kann der Konflikt zwischen den steuerrechtlichen Mitwirkungspflichten und dem Nemo-tenetur-Grundsatzes im Hinblick auf den Zwang zur Selbstbelastung bezüglich früherer Steuerdelikte des Steuerpflichtigen durch die bestehenden Kollisionsregelungen der AO nicht gelöst werden.

Das Steuergeheimnis (§ 30 AO) ist seinem Sinn und Zweck nach nicht auf den Schutz vor einem strafrechtlichen Selbstbelastungszwang angelegt. Daher wird insoweit ein ausreichender Schutz des Nemo-tenetur-Grundsatzes nicht gewährleistet.

§ 393 Abs. 1 AO in seiner derzeit geltenden Fassung verbietet bei einer drohenden Selbstbelastung durch die Erfüllung steuerrechtlicher Pflichten lediglich die Anwendung von Zwangsmitteln. Da die steuerrechtlichen Mitwirkungspflichten jedoch weiter bestehen bleiben, wird auch die durch die Strafandrohung des § 370 AO bewirkte Zwangswirkung nicht aufgehoben. Eine interessengerechte Lösung im Hinblick auf den mit den aktuellen steuerrechtlichen Mitwirkungspflichten ggf. verbundenen Zwang zur Selbstbelastung bezüglich früherer Steuerdelikte des Steuerpflichtigen, welche sowohl den Nemo-tenetur-Grundsatz wahrt, als auch das staatliche Steueraufkommen sichert, lässt sich mit dem BGH in der Annahme eines strafrechtlichen Verwendungsverbotes finden. Voraussetzung ist jedoch, dass dieses in allen Fällen, in denen dem Steuerpflichtigen der Ausweg aus seiner Konfliktsituation über eine strafbefreiende Selbstanzeige nicht möglich ist, zur Anwendung kommt.

Außerdem muss dem Verwendungsverbot die Wirkung eines umfassenden Nutzungsverbotes beigemessen werden. Wenn für denselben Besteuerungszeitraum wegen derselben Steuerart weitere Steuererklärungspflichten bestehen, ist die vom BGH gewählte Lösung über eine Suspendierung der steuerrechtlichen Mitwirkungspflichten bei drohender Selbstbelastung des Steuerpflichtigen interessengerecht, da in diesen Fällen keine neue Rechtsgutsverletzung begangen wird.

De lege ferenda ist dem Gesetzgeber zur Schaffung von Rechtssicherheit eine gesetzliche Normierung der vorgenannten Lösungswege durch eine entsprechende Ergänzung der bestehenden Vorschriften der §§ 370 Abs. 1, 393 Abs. 1 AO vorzuschlagen.

Die Vorschrift des § 370 Abs. 1 AO könnte um einen Satz 2 ergänzt werden. Dieser könnte wie folgt lauten:

§ 370 AO

(1) [1] Mit Freiheitsstrafe bis zu fünf Jahren oder mit Geldstrafe wird bestraft, wer

1. den Finanzbehörden oder anderen Behörden über steuerlich erhebliche Tatsachen in Unkenntnis lässt oder

2. die Finanzbehörden pflichtwidrig über steuerlich erhebliche Tatsachen in Unkenntnis lässt oder

3. pflichtwidrig die Verwendung von Steuerzeichen oder Steuerstemplern unterlässt

und dadurch Steuern verkürzt oder für sich oder einen anderen nicht gerechtfertigte Steuervorteile erlangt. [2]*Absatz 1 Satz 1 Nr. 2 gilt nicht, soweit hinsichtlich derselben Steuerart und desselben Besteuerungszeitraumes bereits ein steuerstrafrechtliches Ermittlungsverfahren eingeleitet ist.*

(2)-(7) (...)

Die bestehende Vorschrift des § 393 Abs. 1 AO könnte um einen Satz 5 ergänzt werden. Dieser könnte wie folgt lauten:

§ 393 AO

(1) [1]Die Rechte und Pflichten der Steuerpflichtigen und der Finanzbehörde im Besteuerungsverfahren und im Strafverfahren richten sich nach den für das jeweilige Verfahren geltenden Vorschriften. [2]Im Besteuerungsverfahren sind jedoch Zwangsmittel (§ 328) gegen den Steuerpflichtigen unzulässig, wenn er dadurch gezwungen würde, sich selbst wegen einer von ihm begangenen Steuerstraftat oder Steuerordnungswidrigkeit zu belasten. [3]Dies gilt stets, soweit gegen ihn wegen einer solchen Tat das Strafverfahren eingeleitet worden ist. [4]Der Steuerpflichtige ist hierüber zu belehren, soweit dazu Anlass besteht. [5]*Angaben die der Steuerpflichtige in Erfüllung seiner steuerrechtlichen Pflichten für einen bestimmten Besteuerungszeitraum getätigt hat, dürfen nicht für die Verfolgung einer in anderen Besteuerungszeiträumen begangenen Steuerordnungswidrigkeit oder Steuerstraftat verwendet werden, soweit eine strafbefreiende Selbstanzeige für diese Besteuerungszeiträume nach § 371 Absatz 2 oder 3 AO ausgeschlossen ist.*

(2)-(3) (...)

4. Teil: Lösung des Konflikts zwischen dem Nemo-tenetur-Grundsatz und den steuerrechtlichen Mitwirkungspflichten im Hinblick auf de Zwang zur Selbstbelastung bzgl. begangener nichtsteuerlicher Delikte des Steuerpflichtigen de lege lata und de lege ferenda

A. Kollisionsregelung der AO de lege lata

I. Verwendungsverbot nach § 393 Abs. 2 Satz 1 AO

§ 393 Abs. 2 Satz 1 AO ordnet für Tatsachen und Beweismittel, die der Steuerpflichtige der Finanzbehörde zur Erfüllung seiner steuerrechtlichen Pflichten offenbart und mit denen er zugleich Anhaltspunkte für die Begehung einer nichtsteuerlichen Straftat geliefert hat, ein strafrechtliches Verwendungsverbot an. Damit zieht der Gesetzgeber die notwendige Konsequenz aus der Regelung über das Steuergeheimnis einerseits und der Pflicht des Steuerpflichtigen, strafbare Handlungen steuerlich relevanter Art gegenüber dem Finanzamt zu offenbaren, andererseits.[401]

§ 393 Abs. 2 AO lautet wie folgt:

„[1]Soweit der Staatsanwaltschaft oder dem Gericht in einem Strafverfahren aus den Steuerakten Tatsachen oder Beweismittel bekannt werden, die der Steuerpflichtige der Finanzbehörde vor Einleitung eines Strafverfahrens in Erfüllung steuerrechtlicher Pflichten offenbart hat, dürfen diese Kenntnisse gegen ihn nicht für die Verfolgung einer Tat verwendet werden, die keine Steuerstraftat ist. [2]Dies gilt nicht für Straftaten, an deren Verfolgung ein zwingendes öffentliches Interesse (§ 30 Abs. 4 Nr. 5) besteht.“

Grundsätzlich wird der Steuerpflichtige durch das Steuergeheimnis davor geschützt, dass die von ihm mitgeteilten Tatsachen an andere Behörden, insbesondere Strafverfolgungsbehörden, weitergegeben werden (vgl. § 30 AO). Im Rahmen der Durchführung eines Steuerstrafverfahrens kann es jedoch vorkommen, dass der Staatsanwaltschaft oder dem Gericht Kenntnisse über nichtsteuerliche Straftaten/Ordnungswidrigkeiten, die der Steuerpflichtige der Finanzbehörde gegenüber offenbart hat, aus den Steuerakten bekannt werden, wenn die Finanzbehörde das Verfahren (mangels Verfahrensherrschaft) an die Staatsanwaltschaft abgibt (vgl. §§ 30 Abs. 4 Nr. 1, § 386 Abs. 2, 4 AO).[402] In diesen Fällen sind Staatsanwaltschaft und Gericht durch § 30 AO nicht daran gehindert, diese Tatsachen für die Verfolgung einer nichtsteuerli-

---

[401] Vgl. *Blesinger*, wistra, 1991, 239 ff. (244).
[402] Klein/*Jäger*, § 393 AO, Rn. 45.

chen Straftat/Ordnungswidrigkeit gegen den Steuerpflichtigen zu nutzen.[403] Dem Schutzgedanken des § 30 AO sowie dem Nemo-tenetur-Grundsatz kann daher nur dadurch entsprochen werden, dass für die sich aus den Steuerakten ergebenden Tatsachen oder Beweismittel, die auf eine nichtsteuerliche Straftat/Ordnungswidrigkeit hindeuten, ein Verwendungsverbot angeordnet wird.[404]

Im Folgenden gilt es daher zu prüfen, ob sich der aufgrund der Vorschrift des § 40 AO bestehende Konflikt der steuerrechtlichen Mitwirkungspflichten mit dem Nemo-tenetur-Grundsatz mithilfe der Vorschrift des § 393 Abs. 2 AO lösen lässt.

1. Schutzvoraussetzungen

a) Offenbarung gegenüber der Finanzbehörde

Die Tatsachen oder Beweismittel, deren Verwendung § 393 Abs. 2 Satz 1 AO regelt, müssen aus den Steuerakten bekannt werden. Gemeint sind die Akten des gesamten Besteuerungsverfahrens einschließlich der Außenprüfung, nicht hingegen die Steuerstrafakten.[405] Wenn die Strafverfolgungsbehörden die Informationen jedoch auch völlig unabhängig vom Inhalt der Steuerakte ermitteln, wird ihre Nutzung im Strafverfahren wegen eines Allgemeindelikts durch die rein formelle Zugehörigkeit zu den Steuerakten nicht gehindert.[406] Relevant wird dies insbesondere bei Unterlagen, die der Steuerpflichtige nicht zur Erfüllung seiner steuerrechtlichen Pflichten, sondern aufgrund anderweitiger gesetzlicher Pflichten angefertigt oder erlangt hat (z.B. Aktennotizen, Gehaltslisten, Kontoauszüge, Lieferscheine, Quittungen, Verträge), soweit diese allgemein beschlagnahmefähig (vgl. § 97 StPO i.V.m. § 385 Abs. 1 AO) sind.[407] Denn, soweit die Informationen über eine nichtsteuerliche Straftat/ Ordnungswidrigkeit ausschließlich aus den Steuerakten bekannt geworden sind, werden von dem Verwendungsverbot des § 393 Abs. 2 Satz 1 AO auch Unterlagen erfasst werden, die der Steuerpflichtige zwar nicht in Erfüllung seiner steuerrechtlichen Pflichten angefertigt, die er jedoch in Erfüllung seiner

---

[403] Klein/*Jäger*, § 393 AO, Rn. 45.

[404] Klein/*Jäger*, § 393 AO, Rn. 45.

[405] Flore/Tsambikakis/*Nikolaus*, Steuerstrafrecht, Teil 2 Kap. 1 § 393 AO, Rn. 71-72; GJW/*Bülte*, Wirtschafts- u. Steuerstrafrecht, § 393 AO, Rn. 59-60; HHSp/ *Hellmann*, § 393 AO, Rn. 150-151; JJR/*Joecks*, § 393 AO, Rn. 83; Klein/ *Jäger*, § 393 AO, Rn. 53; Kohlmann/*Hilgers-Klautzsch*, § 393 AO, Rn. 213-214; Rolletschke/Kemper/*Roth*, § 393 AO, Rn. 144; Schwarz/Pahlke/*Dumke*, § 393 AO, Rn. 53.

[406] Vgl. GJW/*Bülte*, Wirtschafts- u. Steuerstrafrecht, § 393 AO, Rn. 62a; HHSp/*Hellmann*, § 393 AO, Rn. 152.

[407] Vgl. GJW/*Bülte*, Wirtschafts- u. Steuerstrafrecht, § 393 AO, Rn. 62a.

steuerrechtlichen Pflichten im Rahmen einer steuerlichen Außenprüfung offenbart hat. Denn als „offenbart" i.S.d. § 393 Abs. 2 Satz 1 AO gilt alles, was der Steuerpflichtige der Finanzbehörde im Besteuerungsverfahren entweder durch sein eigenes aktives Zutun oder durch seine bloß geduldete Einsichtnahme durch Betriebsprüfer in seine Bücher und Unterlagen im Rahmen einer steuerlichen Außenprüfung zur Kenntnis gebracht hat.[408]

b) Vor Einleitung oder in Unkenntnis des Strafverfahrens

Fraglich ist, ob das Verwendungsverbot des § 393 Abs. 2 Satz 1 AO auch dann eingreift, wenn die Strafverfolgungsbehörden außerhalb eines gegen den Steuerpflichtigen geführten Steuerstrafverfahrens Kenntnis vom Inhalt der Steuerakten erlangt haben.[409]

Grundsätzlich setzt eine Kenntniserlangung von Gericht oder Staatsanwaltschaft bzgl. nichtsteuerlicher Straftaten/Ordnungswidrigkeiten aus den Steuerakten außerhalb eines gegen den Steuerpflichtigen geführten Steuerstrafverfahrens einen Verstoß gegen das Steuergeheimnis voraus. Insbesondere in den Fällen des § 30 Abs. 4 Nr. 2 AO ist eine Offenbarung jedoch ausdrücklich zugelassen.[410] Wenn man davon ausgeht, dass das Verwendungsverbot des § 393 Abs. 2 Satz 1 AO in diesen Fällen ohnehin aufgrund des § 393 Abs. 2 Satz 2 AO keine Anwendung findet, da man in den von § 30 Abs. 4 Nr. 2 AO geregelten Fällen stets von dem Vorliegen eines „zwingenden öffentlichen Interesses" auszugehen hat, da die Mitteilungspflichten ansonsten nutzlos wären,[411] liegt der Schluss nahe, dass das Verwendungsverbot des § 393 Abs. 2 Satz 1 AO auf Fälle der Kenntniserlangung von nichtsteuerlichen Straftaten/Ordnungswidrigkeiten des Steuerpflichtigen durch Gericht oder Staatsanwaltschaft nach §§ 30 Abs. 4 Nr. 1, 386 Abs. 4 AO angelegt ist, d.h. wenn die Kenntniserlangung innerhalb eines Steuerstrafverfahrens erfolgt.

---

[408] Vgl. Flore/Tsambikakis/*Nikolaus*, Steuerstrafrecht, Teil 2 Kap. 1 § 393 AO, Rn. 81; GJW/*Bülte*, Wirtschafts- u. Steuerstrafrecht, § 393 AO, Rn. 64-67; HHSp/*Hellmann*, § 393 AO, Rn. 132-133; JJR/*Joecks*, § 393 AO, Rn. 71; Klein/*Jäger*, § 393 AO, Rn. 48-49; Kohlmann/*Hilgers-Klautzsch*, § 393 AO, Rn. 191; Schwarz/Pahlke/*Dumke*, § 393 AO, Rn. 43.

[409] So Flore/Tsambikakis/*Nikolaus*, Steuerstrafrecht, Teil 2 Kap. 1 § 393 AO, Rn. 116; JJR/*Joecks*, § 393 AO, Rn. 84; Kohlmann/*Hilgers-Klautzsch*, § 393 AO, Rn. 211 u. 215; a.A. GJW/*Bülte*, Wirtschafts- u. Steuerstrafrecht, § 393 AO, Rn. 78; HHSp/*Hellmann*, § 393, Rn. 149; Rolletschke/Kemper/*Roth*, § 393, Rn. 141.

[410] Vgl. die Ausführungen im 3.Teil A I 1 b).

[411] Vgl. *Wulf*, wistra 2006, 89 ff. (91).

Geht man hingegen davon aus, dass in den Fällen des § 30 Abs. 4 Nr. 2 AO nicht stets ein „zwingendes öffentliches Interesse" i.S.d. §§ 393 Abs. 2 Satz 2, § 30 Abs. 4 Nr. 5 AO gegeben ist, müsste das Verwendungsverbot des § 393 Abs. 2 Satz 1 AO seinem Sinn und Zweck nach auch in diesen Fällen zur Anwendung kommen und somit auch dann, wenn die Kenntniserlangung der Strafverfolgungsbehörden hinsichtlich einer nichtsteuerlichen Straftat/Ordnungswidrigkeit des Steuerpflichtigen außerhalb eines gegen diesen geführten Steuerstrafverfahren erfolgt ist.[412] Da insbesondere § 31a AO nicht nur die Offenbarung der Kenntnisse bzgl. einer der dort genannten nichtsteuerlichen Straftaten/Ordnungswidrigkeiten des Betroffenen zum Zwecke der Durchführung eines Straf- oder Bußgeldverfahrens, sondern auch zur Durchführung eines korrespondierenden Verwaltungsverfahrens zulässt, ist von einem weiten Anwendungs-bereich des § 31a AO auszugehen mit der Folge, dass das Verwendungsverbot des § 393 Abs. 2 Satz 1 AO seinem Sinn und Zweck nach auch dann zur Anwendung kommen muss, wenn die Kenntniserlangung der Strafverfolgungsbehörden vom Inhalt der Steuerakten außerhalb eines gegen den Steuerpflichtigen geführten Steuerstrafverfahren erfolgt ist.[413]

c) Strafverfahren

Das Verwendungsverbot des § 393 Abs. 2 Satz 1 AO gilt in einem Strafverfahren wegen einer Tat, „die keine Steuerstraftat ist". Insofern ist strittig, wie diese Formulierung zu verstehen ist. Denkbar ist zunächst, dass der prozessuale Tatbegriff im Sinne des § 264 StPO Anwendung findet.[414] Man könnte den Begriff der Steuerstraftat jedoch auch eng auslegen mit der Folge, dass die Verwendung der aus den Steuerakten bekannt gewordenen Tatsachen und Beweismittel ausschließlich insoweit zulässig ist, als es sich um die Verwirklichung eines Steuerstraftatbestandes handelt.[415] Möglich ist auch eine weite Auslegung des Begriffs der Steuerstraftat im Sinne des materiell-rechtlichen Tatbegriffs des StGB, sodass das Verwendungsverbot des § 393 Abs. 2 Satz

---

[412] Vgl. *Böse*, Wirtschaftsaufsicht, S. 537.
[413] Vgl. *Böse*, Wirtschaftsaufsicht, S. 537; *Rütters*, wistra 2014, 378 ff. (383).
[414] HHSp/*Hellmann*, § 393 AO, Rn. 164; *Maier*, wistra 1997, 53 f. (53).
[415] *Besson*, Das Steuergeheimnis, S. 162; Kohlmann/*Hilgers-Klautzsch*, § 393 AO, Rn. 215; Schwarz/Pahlke/*Dumke*, § 393 AO, Rn. 60a; Spriegel, wistra 1997, 321 ff. (323-324); BayObLG, Beschl. v. 6.8.1996 – 4 St RR 104/96 = wistra 1996, 353 ff. (353); BayObLG, Beschl. v. 18.11.1997 – 3 St RR 227/97 = wistra 1998, 117 ff. (118).

1 AO dann nicht eingreift, wenn das Allgemeindelikt im Verhältnis der Tateinheit (§ 52 StGB) zu dem Steuerdelikt steht.[416]

aa) Enge Auslegung

In § 369 Abs. 1 AO ist der Begriff der „Steuerstraftat" legaldefiniert. Danach sind Steuerstraftaten Taten, die nach Steuergesetzen strafbar sind (Nr. 1), der Bannbruch (Nr. 2), die Wertzeichenfälschung und deren Vorbereitung, soweit die Tat Steuerzeichen betrifft (Nr. 3) sowie die Begünstigung einer Person, die eine Tat nach Nummer 1 bis 3 begangen hat (Nr. 4). Diese Definition spricht zunächst für eine enge Auslegung der Steuerstraftat. Zudem hat der Gesetzgeber in § 393 Abs. 2 Satz 2 AO ausnahmsweise verfolgbare allgemeine Straftaten festgelegt, ohne auf deren Konkurrenzverhältnis zu den Straftaten abzustellen. Auch daraus könnte man darauf schließen, dass mit Steuerdelikten tateinheitlich zusammentreffende allgemeine Straftaten ebenfalls nur unter den Voraussetzungen des § 30 Abs. 4 Nr. 5 AO verfolgbar sein sollen.[417] Das Verwendungsverbot des § 393 Abs. 2 Satz 1 AO würde danach generell für Allgemeindelikte gelten, gleichgültig, ob sie mit der Steuerstraftat tateinheitlich oder tatmehrheitlich zusammentreffen.

Bei einer engen Auslegung des Begriffs der Steuerstraftat würde der besonders schwere Fall des § 370 Abs. 3 Nr. 4 AO weitgehend leerlaufen.[418] Denn der Steuerpflichtige, der der Finanzbehörde gefälschte Belege vorlegt, könnte dann nicht wegen des tateinheitlich mit der Steuerhinterziehung begangenen Urkundsdelikts bestraft werden, da die Urkunde als Beweismittel ausfallen würde.[419] Gegen eine solche Auslegung des Begriffs der Steuerstraftat lässt sich außerdem anführen, dass § 386 Abs. 2 Nr. 1 AO regelt, dass die Finanzbehörde das Ermittlungsverfahren selbständig durchführt, wenn die Tat ausschließlich eine Steuerstraftat darstellt. Denn das Wort „ausschließlich" lässt den Schluss zu, dass der Begriff der Steuerstraftat in der AO auch einer weiteren Auslegung zugänglich ist.[420]

---

[416] *Blesinger*, wistra 1991, 239 ff. (245); *Jarke*, wistra 1997, 325 ff. (326); *Meine*, wistra 1985, 186 f. (186).
[417] Vgl. BayObLG, Beschl. v. 6.8.1996 – 4 St RR 104/96 = wistra 1996, 353 ff. (354).
[418] Vgl. *Maier*, wistra 1997, 53 f. (53); *Meine*, wistra 1985, 186 f. (186).
[419] *Meine*, wistra 1985, 186 f. (186).
[420] Vgl. *Jarke*, wistra 1997, 325 ff. (326); *Maier*, wistra 1997, 53 f. (53); *Meine*, wistra 1985, 186 f. (186).

bb) Weite Auslegung

Trifft das Steuerdelikt tateinheitlich oder tatmehrheitlich mit einem All-gemeindelikt zusammen, ist das Strafverfahren von der Staatsanwaltschaft zu führen. Das Steuergeheimnis bietet dem Steuerpflichtigen in diesen Fällen hinsichtlich der Weitergabe von Informationen, die eine nichtsteuerliche Straf-tat betreffen, somit keinen ausreichenden Schutz mehr (vgl. §§ 30 Abs. 4 Nr. 1, 386 Abs. 4 AO). Daher liegt der Schluss nahe, dass das Verwendungsver-bot des § 393 Abs. 2 Satz 1 AO gerade in diesen Fällen zur Anwendung kommen muss.

Seinem Sinn und Zweck nach soll das Verwendungsverbot des § 393 Abs. 2 Satz 1 AO den Steuerpflichtigen vor der Weitergabe von Informationen über das Vorliegen eines Allgemeindelikts durch die Finanzbehörde schützen, zu deren Offenbarung er zur Erfüllung seiner steuerrechtlichen Pflichten verpflich-tet und wegen der Möglichkeit ihrer zwangsweisen Durchsetzung sowie der Strafandrohung des § 370 AO auch gezwungen ist.

Fraglich ist daher, ob in Fällen, in denen das Steuerdelikt mit einer allgemei-nen Straftat tateinheitlich zusammentrifft, es tatsächlich des Schutzes durch das Verwendungsverbot bedarf.

Zu bedenken ist zunächst, dass bei einer tateinheitlichen Begehung eines All-gemeindelikts mit einem Steuerdelikt das Allgemeindelikt in aller Regel gerade zum Zwecke der Begehung des Steuerdeliktes begangen wird (z.B. Begehung eines mit der Steuerhinterziehung in Tateinheit stehendes Urkundsdelikt durch Vorlage gefälschter Belege zur Geltendmachung nicht vorhandener Be-triebsausgaben).

Außerdem ist zu berücksichtigen, dass der Steuerpflichtige nicht zum Vortrag von Tatsachen verpflichtet ist, die zu einer Steuererstattung oder Steuervergü-tung führen.[421] Daher ist davon auszugehen, dass die auf diesem Wege er-langten Erkenntnisse nicht von dem Verwendungsverbot des § 393 Abs. 2 AO erfasst werden.[422] Dementsprechend ist auch davon auszugehen, dass nur wahrheitsgemäße Angaben „in Erfüllung steuerrechtlicher Pflichten" gemacht werden können und dementsprechend in Fällen, in denen beispielsweise eine Täuschung im Rahmen einer Steuerhinterziehung unter Verwendung einer unechten Urkunde (mit der der Täter z.B. nicht erfolgte Betriebsausgaben vor-

---

[421] HHSp/*Hellmann*, § 393 AO, Rn. 139; JJR/*Joecks*, § 393 AO, Rn. 71; Klein/*Jäger*, § 393 AO, Rn. 49.
[422] HHSp/*Hellmann*, § 393 AO, Rn. 139; JJR/*Joecks*, § 393 AO, Rn. 71; a.A. Kohl-mann/*Hilgers-Klautzsch*, § 393 AO, Rn. 196.

täuscht) erfolgt, der Schutz des § 393 Abs. 2 AO in Bezug auf die mit der Steuerhinterziehung in Tateinheit (§ 52 StGB) begangene Urkundenfälschung gemäß § 267 Abs. 1 Satz 3 Alt. 3 StGB nicht eingreift.[423] Denn nach §§ 90 Abs. 1 Satz 2, 150 Abs. 2 AO ist der Steuerpflichtige zur wahrheitsgemäßen Offenlegung der für die Besteuerung erheblichen Tatsachen verpflichtet und nicht zur Vorlage gefälschter Urkunden.[424] Zur Wahrung des Nemo-tenetur-Grundsatzes ist eine enge Auslegung des Begriffs der Steuerstraftat im Rahmen des § 393 Abs. 2 Satz 1 AO somit nicht erforderlich und daher abzulehnen.

Vorzugswürdig ist eine weite Auslegung des Begriffs der Steuerstraftat i.S.d. materiell-rechtlichen Tatbegriffs. Wendet man den materiell-rechtlichen Tatbegriff an, sind nur Allgemeindelikte, die mit dem Steuerdelikt in Tateinheit stehen, nicht erfasst.

Bringt man hingegen im Rahmen des § 393 Abs. 2 AO den strafprozessualen Tatbegriff zur Anwendung, wären alle Allgemeindelikte aus dem Anwendungsbereich des Verwendungsverbotes auszunehmen, die zusammen mit einer Steuerstraftat eine prozessuale Tat im Sinne des § 264 StPO bilden. Dies ist jedoch im Hinblick auf den Sinn und Zweck des Verwendungsverbots des § 393 Abs. 2 Satz 1 AO abzulehnen.

d) In Erfüllung steuerrechtlicher Plichten

Weiterhin klärungsbedürftig ist die Frage, ob die Abgabe einer Selbstanzeige „in Erfüllung steuerrechtlicher Pflichten" erfolgen kann, insbesondere wenn der Steuerpflichtige durch die Berichtigung seiner unrichtigen Steuererklärung zugleich offenbart, dass die vorgelegten Urkunden gefälscht sind.

---

[423] HHSp/*Hellmann*, § 393 AO, Rn. 138; JJR/*Joecks*, § 393 AO, Rn. 74; Klein/*Jäger*, § 393 AO, Rn. 49; Kohlmann/*Hilgers-Klautzsch*, § 393 AO, Rn. 197; Schwarz/Pahlke/*Dumke*, § 393 AO, Rn. 48a; BGH, Urteil v. 5.5.2004 – 5 StR 548/03 = wistra 2004, 309 ff.; a.A. *Spriegel*, wistra 1997, 321 ff. (324).
[424] *Jarke*, wistra 1997, 325 ff. (327); *Joecks*, wistra 1998, 86 ff. (89); *Meier*, wistra 1997, 53 f. (53); BGH, Beschl. v. 11.9.2003 – 5 StR 253/03.

Der BGH hat in seinem Urteil vom 5.5.2004 hierzu ausgeführt, dass durch eine Selbstanzeige in solchen Fällen nur hinsichtlich des Steuervergehens Straffreiheit eintreten könne. [425] Dies folge sowohl aus dem Wortlaut des § 371 AO („Selbstanzeige bei Steuerhinterziehung", „in den Fällen des § 370", „wird insoweit straffrei"), als auch aus der fiskalischen Zweckrichtung des § 371 AO, d.h. der Erschließung bisher unbekannter Steuerquellen, welche aber durch die Offenbarung eines Allgemeindelikts nicht erfüllt werde. [426] Außerdem sei der innere Grund für das in § 393 Abs. 2 Satz 1 AO normierte Verwendungsverbot die Erzwingbarkeit der Pflichterfüllung. Die Richtigstellung im Rahmen einer Selbstanzeige erfolge zwar „in Erfüllung steuerrechtlicher Pflichten", diese sei jedoch wegen des Zwangsmittelverbots des § 393 Abs. 1 Satz 2 AO nicht mehr erzwingbar. [427]

Das BVerfG hat in der vom BGH vorgenommenen restriktiven Auslegung des Verwendungsverbotes des § 393 Abs. 2 Satz 1 AO keinen Widerspruch mit dem „verfassungsrechtlichen Schutz vor erzwungener Selbstbelastung" gesehen. [428]

In der Literatur wird hingegen überwiegend vertreten, dass auch eine Selbstanzeige „in Erfüllung steuerrechtlicher Pflichten" erfolgen könne. [429] Auch hier wird zur Begründung insbesondere auf den Zweck der Vorschrift des § 371 AO verwiesen. [430] Diesem widerspreche es, wenn der Steuerpflichtige befürchten müsse, zwar Straffreiheit wegen Steuerhinterziehung, nicht jedoch wegen des damit zugleich begangenen Allgemeindelikts zu erreichen. [431] Denn dieser Steuerpflichtige werde sich dann im Zweifel nicht offenbaren und die verschlossene Steuerquelle bleibe weiterhin verborgen. [432]

---

[425] BGH, Urt. v. 5.5.2004 – 5 StR 548/03 = wistra 2004, 309 ff. (311).
[426] BGH, Urt. v. 5.5.2004 – 5 StR 548/03 = wistra 2004, 309 (311).
[427] BGH, Urt. v. 5.5.2004 – 5 StR 548/03 = wistra 2004, 309 (311).
[428] BVerfG, Urt. v. 15.10.2004 – 2 BvR 1316/04 = wistra 2005, 175 ff. (175-176).
[429] *Eidam*, wistra 2004, 412 ff. (414); *Eidam*, wistra 2006, 11 ff. (12-13); HHSp/*Hellmann*, § 393 AO, Rn. 140; JJR/*Joecks*, § 393 AO, Rn. 76; Kohlmann/*Hilgers-Klautzsch*, § 393 AO, Rn. 200; Schwarz/Pahlke/*Dumke*, § 393 AO, Rn. 50; a.A. Flore/Tsambikakis/*Nikolaus*, Steuerstrafrecht, Teil 2 Kap. 1 § 393 AO, Rn. 93; GJW/*Bülte*, Wirtschafts- u. Steuerstrafrecht, § 393 AO, Rn. 67.
[430] *Eidam*, wistra 2004, 412 ff. (413-414); *Eidam*, wistra 2006, 11 ff. (12-13); HHSp/*Hellmann*, § 393 AO, Rn. 140; JJR/*Joecks*, § 393 AO, Rn. 76.
[431] JJR/*Joecks*, § 393 AO, Rn. 76.
[432] HHSp/*Hellmann*, § 393 AO, Rn. 140.

Gegen die letztgenannte Ansicht lässt sich anführen, dass der Steuerpflichtige nicht zur Abgabe einer Selbstanzeige verpflichtet ist. Auf ihn wird kein Selbstbelastungszwang bezüglich der begangenen Steuerhinterziehung sowie des Allgemeindelikts ausgeübt. Es steht dem Steuerpflichtigen vielmehr frei, von der Möglichkeit einer strafbefreienden Selbstanzeige Gebrauch zu machen. Wenn er diese Möglichkeit aus irgendeinem Grund jedoch nicht für sich beanspruchen kann, wird er dadurch nicht schlechter gestellt, als andere Straftäter. Zur Wahrung des Nemo-tenetur-Grundsatzes ist daher insoweit keine extensive Auslegung des Merkmals „in Erfüllung steuerrechtlicher Pflichten" angebracht.

2. Wirkungsweise des Verwendungsverbotes nach § 393 Abs. 2 Satz 1 AO

Umstritten ist außerdem die Wirkungsweise des Verwendungsverbotes des § 393 Abs. 2 Satz 1, d.h. ob von dem Verwendungsverbot des § 393 Abs. 2 Satz 1 AO lediglich unmittelbar die Tatsachen oder Beweismittel selbst erfasst werden, die der Steuerpflichtige in Erfüllung seiner steuerrechtlichen Pflichten gegenüber der Finanzbehörde offenbart hat.

Denkbar ist auch, dass von § 393 Abs. 2 Satz 1 AO zusätzlich das Verbot ausgeht, die mithilfe des Steuerpflichtigen erlangten Informationen, mit denen dieser sich selbst wegen einer nichtsteuerlichen Straftat/Ordnungswidrigkeit belastet, als Grundlage für weitere Ermittlungen heranzuziehen.

Der BGH hat sich bisher nicht zur Wirkungsweise des Verwendungsverbots des § 393 Abs. 2 Satz 1 AO geäußert. Auch den Gesetzesmaterialien zu § 393 Abs. 2 AO lassen sich diesbezüglich keine Anhaltspunkte entnehmen.

a) Verfahrenshindernis

Die Frage nach der Reichweite des Verwendungsverbots des § 393 Abs. 2 Satz 1 AO stellt sich nicht, wenn man davon ausgeht, dass es sich dabei um ein Verfolgungsverbot im Sinne eines Verfahrenshindernisses handelt.[433]

---

[433] So noch bis einschl. 47. Erg.Lfg. Kohlmann/*Hilgers-Klautzsch*, § 393 AO, Rn. 80-82.

Die Annahme eines Verfahrenshindernisses ist jedoch abzulehnen. Der Wortlaut des § 393 Abs. 2 Satz 1 AO spricht eindeutig gegen die Annahme eines Verfahrenshindernisses.[434] Für die Annahme eines Verfahrenshindernisses müssen zudem Umstände vorliegen, die so schwer wiegen, dass von ihrem Vorhandensein die Zulässigkeit des gesamten Verfahrens abhängig gemacht werden muss.[435] Dies kann jedoch bei einem Verstoß gegen den Nemo-tenetur-Grundsatz nicht ohne Weiteres angenommen werden.[436] Dies zeigt sich insbesondere bei einem Vergleich mit § 136a StPO.[437]

Ungeachtet dessen stellt sich auch die Frage, ob dem Steuerpflichtigen, der Einkünfte aus Straftaten erklärt hat, ein Verfahrenshindernis überhaupt einen ausreichenden Schutz bieten kann. Für das zuständige Gericht würde dieses entweder zu einem „Bestrafungsverbot" oder zu einem „Befassungsverbot" führen.[438] Sowohl die Wirkungen eines Befassungs- als auch die Wirkungen eines Bestrafungsverbots stehen jedoch nicht der Einleitung eines neuen fehlerfreien Verfahrens entgegen.[439] Bei Vorliegen der Voraussetzungen des § 386 Abs. 2, 4 AO, also wenn die nichtsteuerliche Straftat mit einem Steuerdelikt in einer strafprozessualen Tat im Sinne des § 264 StPO zusammentrifft, muss die Finanzbehörde die Steuerakten der Staatsanwaltschaft zur Gesamtverfolgung der Tat vorlegen. In diesen Fällen würde § 393 Abs. 2 Satz 1 AO, wenn davon ein Verfahrenshindernis ausginge, nicht zum Tragen kommen, wenn die Staatsanwaltschaft das strafrechtliche Ermittlungsverfahren wegen der nichtsteuerlichen Straftat bereits unabhängig von den im Rahmen des Besteuerungsverfahrens von dem Steuerpflichtigen gegenüber der Finanzbehörde offenbarten Informationen aufgrund anderweitiger Anhaltspunkte eingeleitet hat. Denn die Heranziehung der in den Steuerakten befindlichen und mithilfe des Steuerpflichtigen erlangten Informationen hinsichtlich der nichtsteuerlichen Straftat wäre in diesen Fällen zur Verfolgung dieser Straftat durch ein Verfolgungsverbot gerade nicht ausgeschlossen.

---

[434] Vgl. HHSp/*Hellmann*, § 393 AO, Rn. 159; GJW/*Bülte*, Wirtschafts- u. Steuerstrafrecht, § 393 AO, Rn. 81.
[435] Vgl. *Talaska*, Mitwirkungspflichten, S. 144; ähnlich auch GJW/*Bülte*, § 393 AO, Rn. 81.
[436] Vgl. *Talaska*, Mitwirkungspflichten, S. 144; ähnlich auch GJW/*Bülte*, § 393 AO, Rn. 81.
[437] Vgl. *Talaska*, Mitwirkungspflichten, S. 144; ähnlich auch GJW/*Bülte*, § 393 AO, Rn. 81.
[438] Vgl. *Meyer-Goßner*, Einl. StPO, Rn. 143.
[439] Vgl. *Meyer-Goßner*, Einl. StPO, Rn. 143a, 143b.

b) (Begrenztes) Beweisverwertungsverbot

Zum Teil wird angenommen, dass es sich bei dem Verwendungsverbot des § 393 Abs. 2 Satz 1 AO um ein Beweisverwertungsverbot handelt mit der Folge, dass die allgemeinen strafprozessualen Grundsätze Anwendung finden.[440] Unter Hinweis auf die Rechtsprechung des BGH zu der Reichweite des Beweisverwertungsverbots des § 136a StPO wird daher teilweise insbesondere eine Fernwirkung des Verwendungsverbotes des § 393 Abs. 2 Satz 1 AO abgelehnt.[441]

Andere differenzieren hinsichtlich der Reichweite des Verwendungsverbotes des § 393 Abs. 2 Satz 1 AO nach der Schwere des Verstoßes[442] oder danach, ob der Steuerpflichtige die Angaben in seiner Steuererklärung unter dem Einfluss von Zwangsanwendung durch die Finanzbehörde gemacht hat und gelangen dadurch im Regelfall zu einem Überwiegen des Legalitätsprinzips.[443]

c) Umfassendes Nutzungsverbot

Insbesondere die strukturelle Ähnlichkeit zu § 97 Abs. 1 Satz 3 InsO spricht für die Annahme, dass von dem Verwendungsverbot des § 393 Abs. 2 Satz 1 AO ein umfassendes Nutzungsverbot ausgeht.[444] Sowohl die Vorschrift des § 97 Abs. 1 Satz 3 InsO als auch die Vorschrift des § 393 Abs. 2 Satz 1 AO verfolgen den Zweck, den Konflikt zwischen einem im Allgemeinwohlinteresse bestehenden außerstrafrechtlichen Informationsbedürfnis, das durch eine Auskunft bzw. sonstige Mitwirkungshandlung des Insolvenzschuldners/Steuerpflichtigen zu erfüllen und für den Betroffenen gleichzeitig mit einem Zwang zur Selbstbezichtigung bezüglich begangener Straftaten/Ordnungswidrigkeiten verbunden ist, und dem Nemo-tenetur-Grundsatz aufzulösen.[445]

---

[440] Erbs/Kohlhaas/*Senge*, § 393 AO, Rn. 9; HHSp/*Hellmann*, § 393 AO, Rn. 178; Klein/*Jäger*, § 393 AO, Rn. 51; Koch/Scholtz/*Scheurmann-Kettner*, § 393 AO, Rn. 22.

[441] Erbs/Kohlhaas/*Senge*, § 393 AO, Rn. 9; *Hildebrandt*, DStR 1982, 20 ff. (24); Koch/Scholtz/*Scheurmann-Kettner*, § 393 AO, Rn. 22; Rüster, Der Steuerpflichtige, S. 114.

[442] HHSp/*Hellmann*, § 393 AO, Rn. 178.

[443] *Meine*, wistra 1985, 186 f. (187).

[444] Vgl. insbes. *Besson*, Das Steuergeheimnis, S. 172; *Eidam*, Die strafprozessuale Selbstbelastungsfreiheit, S. 185-187; Flore/Tsambikakis/*Nikolaus*/Webel, Steuerstrafrecht, Teil 2 Kap. 1 § 393, Rn. 126-127; GJW/*Bülte*, Wirtschafts- u. Steuerstrafrecht, § 393 AO, Rn. 82; JJR/*Joecks*, § 393 AO, Rn. 92; *Rogall* in FS Kohlmann 2003, S. 465 ff. (485); Schwarz/Pahlke/*Dumke*, § 393 AO, Rn. 35d; *Talaska*, Mitwirkungspflichten, S. 145; *Wulf/Ruske*, Stbg 2010, 443 ff. (446).

[445] Vgl. *Eidam*, Die strafprozessuale Selbstbelastungsfreiheit, S. 185; *Rogall* in FS Kohlmann 2003, S. 465 ff. (485); *Talaska*, Mitwirkungspflichten, S. 146-147.

Es ist daher davon auszugehen, dass auch von dem in § 393 Abs. 2 Satz 1 AO geregelten Verwendungsverbot ein umfassendes Nutzungsverbot ausgeht, welches dazu führt, dass die mit Hilfe des Steuerpflichtigen erlangten Informationen, die dieser in Erfüllung steuerrechtlicher Pflichten offenbart hat, weder unmittelbar als Beweismittel noch mittelbar als Spurenansatz zur Auffindung weiterer Beweismittel genutzt werden dürfen.

Das in § 97 Abs. 1 Satz 3 InsO geregelte Verwendungsverbot bezieht sich allerdings ausdrücklich nur auf Auskünfte gemäß § 97 Abs. 1 Satz 1 InsO. Eine unbeschränkte Verwendung von Informationen ist hingegen zulässig, soweit die Erkenntnisse allein aus der Sichtung von Geschäftsunterlagen stammen, die der Insolvenzschuldner aufgrund allgemeiner gesetzlicher Bestimmungen führt, wie z.B. Handelsbücher und Bilanzen.[446] Dadurch soll verhindert werden, dass der Insolvenzschuldner durch eine schnelle und umfassende Auskunftserteilung die Verwendung inhaltsgleicher Unterlagen zu Strafverfolgungszwecken verhindern kann.[447] Hat demnach die Auskunft des Insolvenzschuldners den Weg zu den Geschäftsunterlagen gewiesen, so ist nur der Inhalt der Auskunft nicht verwendbar, die Geschäftsunterlagen hingegen können auch für die Strafverfolgung genutzt werden.[448] Etwas anderes gilt lediglich dann, wenn erst die Auskunft des Insolvenzschuldners die Geschäftsunterlagen verständlich macht.[449]

Wie bereits dargestellt,[450] erstreckt sich das in § 393 Abs. 2 Satz 1 AO normierte Verwendungsverbot hingegen nicht nur auf Informationen, welche aus den Auskünften bzw. aus den Steuererklärungen des Steuerpflichtigen herrühren, es erfasst vielmehr alle Informationen, die der Finanzbehörde entweder durch das aktive Zutun des Steuerpflichtigen oder durch die vom Steuerpflichtigen geduldete Einsichtnahme des Betriebsprüfers im Rahmen einer steuerlichen Außenprüfung in seine Bücher und Unterlagen zur Kenntnis gebracht wurden.

---

[446] Jäger/*Schilken*, § 97 InsO, Rn. 25; MüKo-InsO/*Stephan*, § 97 InsO, Rn. 18a.
[447] *Hefendehl*, wistra 2003, 1 ff. (8); MüKo-InsO/*Stephan*, § 97 InsO, Rn. 18a; *Richter*, wistra 2000, 1 ff. (4).
[448] *Hefendehl*, wistra 2003, 1 ff. (8); MüKo-InsO/*Stephan*, § 97 InsO, Rn. 18a; *Richter*, wistra 2000, 1 ff. (4).
[449] MüKo-InsO/*Stephan*, § 97 InsO, Rn. 18a.
[450] Vgl. die Ausführungen im 4.Teil A I 1 a).

Soweit das Verwendungsverbot des § 393 Abs. 2 Satz 1 AO in seiner Reichweite noch über das in § 97 Abs. 1 Satz 3 InsO geregelte Verwendungsverbot hinausgeht, wird es neben dem Schutz des Nemo-tenetur-Grundsatzes auch (wie das in § 30 AO geregelte Steuergeheimnis) dem verfassungsrechtlich anerkannten Geheimhaltungsinteresse des Steuerpflichtigen (Recht auf informationelle Selbstbestimmung) gerecht und dient zugleich dem im öffentlichen Interesse liegenden Zweck sicherzustellen, dass die Besteuerungsgrundlagen richtig, rechtzeitig und vollständig erfasst werden.

II. Ausnahmen von dem Verwendungsverbot nach § 393 Abs. 2 Satz 2 AO

§ 393 Abs. 2 Satz 2 AO normiert zum Zwecke der Verfolgung von Straftaten, an deren Verfolgung ein zwingendes öffentliches Interesse im Sinne von § 30 Abs. 4 Nr. 5 AO[451] besteht, eine Ausnahme von dem Verwendungsverbot des § 393 Abs. 2 Satz 1 AO. Danach dürfen Daten von der Finanzbehörde an die Strafverfolgungsbehörden übermittelt und von diesen zum Zwecke der Strafverfolgung genutzt werden, die der Steuerpflichtige in Erfüllung seiner (erzwingbaren sowie strafbewehrten) steuerrechtlichen Mitwirkungspflichten gegenüber der Finanzbehörde offenbart hat, wenn an der Verfolgung der Tat ein zwingendes öffentliches Interesse besteht.

§ 393 Abs. 2 AO lautet wie folgt:

„[1]Soweit der Staatsanwaltschaft oder dem Gericht in einem Strafverfahren aus den Steuerakten Tatsachen oder Beweismittel bekannt werden, die der Steuerpflichtige der Finanzbehörde vor Einleitung des Strafverfahrens in Erfüllung steuerrechtlicher Pflichten offenbart hat, dürfen diese Kenntnisse gegen ihn nicht für die Verfolgung einer Tat verwendet werden, die keine Steuerstraftat ist. [2]Dies gilt nicht für Straftaten, an deren Verfolgung ein zwingendes öffentliches Interesse (§ 30 Abs. 4 Nr. 5) besteht."

---

[451] Vgl. hierzu 3.Teil A I 1 c).

B. Verfassungswidrigkeit des § 393 Abs. 2 Satz 2 AO

§ 393 Abs. 2 Satz 2 AO erlaubt damit ausdrücklich die strafrechtliche Verwertung selbstbelastender Informationen hinsichtlich einer nichtsteuerlichen Straftat, zu deren Offenbarung der Steuerpflichtige zur Erfüllung seiner Mitwirkungspflichten im Besteuerungsverfahren gezwungen ist.

Es stellt sich daher die Frage nach der Verfassungsmäßigkeit des § 393 Abs. 2 Satz 2 AO.[452]

Die Annahme, dass diese Problematik in der Praxis keine allzu große Relevanz habe, da Schwerstkriminelle ihren steuerrechtlichen Pflichten in der Regel sowieso nicht nachkämen,[453] trifft nicht zu.

Beispiel 4:[454]

In einem Verfahren vor dem LG Göttingen im Jahre 2007 ging es um die Strafbarkeit nach §§ 266a, 263 StGB. Dem lag folgender Sachverhalt zugrunde:

Im Jahre 1973 schloss der Vater der Angeschuldigten mit einer koreanischen Organisation einen Vertrag, demzufolge die von ihm gegründete Generalagentur für die koreanische Organisation den Einsatz von Spezialisten für die Geschlechterbestimmung von Eintagsküken in Brütereien in der BRD und anderen europäischen Staaten organisieren sollte. Im Jahre 1999 gab der Angeschuldigten sein Unternehmen auf und übertrug den gesammten Kundenstamm an die von den Angeschuldigten zuvor gegründete GmbH.

Die GmbH beschäftigte mehrere südkoreanische und chinesische Staatsangehörige mit der Geschlechterbestimmung von Eintagsküken (sog. Kükensortierer). Die Formalitäten der Einreise der Kükensortierer nach Deutschland regelte die GmbH ebenso wie alle Fragen betreffend den Aufenthalt und die Tätigkeit der Kükensortierer. Die Kükensortierer hielten sich häufig mehrere Monate bis Jahre in Europa auf und waren dabei nahezu ausnahmslos für die GmbH tätig.

Die GmbH erhielt von Brütereien Aufträge zur Geschlechterbestimmung von Eintagsküken. Der Einsatz der Kükensortierer wurde entweder direkt von der GmbH oder über zwischengeschaltete Agenturen organisiert. Ihre Entlohnung erhielten die Kükensortierer stets von der GmbH, die dabei nach näherer Maßgabe einer Vereinbarung mit dem Finanzamt einen pauschalierten Lohnsteuerabzug vornahm. Beiträ-

---

[452] So *Besson*, Das Steuergeheimnis, S. 168; *Böse*, Wirtschaftsaufsicht, S. 535; *Dierlamm* in FS Krey 2010, S. 27 ff. (38); *Eidam*, Die strafprozessuale Selbstbelastungsfreiheit, S. 198; HHSp/*Hellmann*, § 393 AO, Rn. 181; JJR/*Joecks*, § 393 AO, Rn. 97; Kohlmann/*Hilgers-Klautzsch*, § 393 AO, Rn. 242; *Reiß*, NJW 1977, 1436 f. (1437); *Spriegel*, Steuergeheimnis und Strafverfahren, S. 145, 173; *Talaska*, Mitwirkungspflichten, S. 150; *Teske*, Die Abgrenzung der Zuständigkeiten, S. 463; a.A. Koch/Scholz/*Scheurmann-Kettner*, § 393 AO, Rn. 23; *Nothelfer*, Die Freiheit von Selbstbezichtigungszwang, S. 105; *Rüster*, Der Steuerpflichtige, S. 106; *Rüster*, wistra 1988, 49 ff. (56).

[453] Vgl. *Flore/Tsambikakis/Nikolaus*, Steuerstrafrecht, Teil 2 Kap. 1 § 393 AO, Rn. 109; Klein/*Jäger*, § 393 AO, Rn. 58.

[454] BVerfG, Beschl. v. 27.4.2010 – 2 BvL 13/07 = wistra 2010, 341 ff.

ge zur Sozialversicherung wurden über den gesamten Zeitraum für die Sortierer nicht abgeführt.

Die Kükensortierer waren verschiedenen Gruppen zugeordnet, die als Gesellschaften bürgerlichen Rechts organisiert waren und als deren Bevollmächtigte die Gruppenführer auftraten. In diesem Zusammenhang musste jeder Kükensortierer eine „Rechtsverbindliche Erklärung" unterschreiben, wonach er als selbständiger Kükensortierer im Rahmen eines Werkvertrages zwischen der jeweiligen Gruppe und der GmbH tätig werden sollte, und sich verpflichtete, eine Kündigungsfrist von drei Monaten einzuhalten. In Rahmenwerkverträgen, die die GmbH mit den Sortierergruppen schloss, verpflichteten sich die Gruppen, ihre Leistungen mit einer bestimmten Genauigkeit zu erbringen, wobei Fehlsortierungen den Werklohn mindern sollten. Die Vergütung für die Gruppen sollte in einer gesonderten Vergütungstabelle ausschließlich der Mehrwertsteuer festgelegt und anfallende Mehrwertsteuer in gesetzlicher Höhe gesondert gezahlt werden. Wie sich später herausstellte, kamen weder die „Rechtsverbindlichen Erklärungen" der Kükensortierer noch die Rahmenwerkverträge in der Praxis zur Anwendung.

Im Mai und Juni 2004 überprüften die Zollbehörden die GmbH ohne Beanstandungen. Die Kükensortierer seien als Selbständige anzusehen, weshalb keine Sozialabgaben geschuldet seien. Ab September 2004 führte das Finanzamt bei der GmbH zunächst eine reguläre Betriebsprüfung betreffend die Körperschaft-, die Gewerbe- und die Umsatzsteuer und später zudem eine Lohnsteueraußenprüfung durch. Im Rahmen dieser Prüfungen erstellte die Betriebsprüferin eine Liste von Unterlagen, die sie benötigte, um sich ein Bild von den Unternehmensumständen zu machen. Sie erhielt daraufhin von den Geschäftsführern der GmbH, den Angeschuldigten, einen Ordner, in dem die Rahmenwerkverträge abgeheftet worden waren. In diesem Ordner befand sich eine Aktennotiz, derzufolge diese Verträge in der Praxis nicht angewendet worden seien. Auf Nachfrage zu diesem Schriftstück erläuterten die Angeschuldigten der Betriebsprüferin den Inhalt der Anmerkung dahingehend, dass die Kükensortierer mithilfe der Rahmenwerkverträge an die GmbH gebunden werden sollten und durch die Vereinbarung einer Kündigungsfrist ein plötzliches Abwandern der Kükensortierer verhindert werden sollte. Weiter versah einer der Angeschuldigten die Anmerkung mit der Überschrift „Rahmenwerkverträge" und unterzeichnete sie am 23.11.2004 mit seinem Namen.

Weil sie sich von dort weitere Informationen erhoffte, setzte sich die Betriebsprüferin mit den Zollbehörden in Verbindung. Am 10. Dezember 2004 kam es zu einer Dienstbesprechung zwischen Finanzamt, Zoll und Steuerfahndung, in der die Betriebsprüferin auf die Anmerkung eines der Angeschuldigten zu den Rahmenwerkverträgen vom 23.11.2004 hinwies und darauf aufmerksam machte, dass die koreanische Organisation mittlerweile nicht mehr existierte und der noch vom Vater der Angeschuldigten abgeschlossene Agenturvertrag von 1973 daher nicht mehr galt. Aufgrund dieser neuen Erkenntnisse leitete der Zoll am 17.12.2004 ein Ermittlungsverfahren wegen des Anfangsverdachts wegen Vorenthaltens und Veruntreuens von Arbeitsentgelt und wegen Betruges gegen die Angeschuldigten ein. Dieses Ermittlungsverfahren förderte umfangreiches weiteres Beweismaterial zu Tage und führte schließlich zur Anklage der Angeschuldigten vor dem LG Göttingen.

I. Lösungsansätze aus der Literatur

Zur Lösung des Konflikts zwischen den steuerrechtlichen Mitwirkungspflichten und dem Nemo-tenetur-Grundsatz im Hinblick auf den damit verbundenen Zwang zur Selbstbelastung bezüglich nichtsteuerlicher Straftaten des Steuerpflichtigen kommt zunächst die ersatzlose Streichung des § 40 AO in Betracht.[455]

Dadurch lässt sich das Problem jedoch nur scheinbar lösen. Denn eine Streichung des § 40 AO hätte zur Konsequenz, dass die Finanzbehörden im Interesse einer zutreffenden Besteuerung von Amts wegen nach § 88 Abs. 2 AO grundsätzlich zu prüfen hätten, ob das Verhalten im Einzelfall strafbar ist, da in diesem Falle die Besteuerung ausgeschlossen wäre.[456] Andernfalls könnte sich jeder Steuerpflichtige – auch willkürlich – unter Hinweis darauf, dass er sich allgemeiner Straftaten bezichtigen müsse, seinen steuerrechtlichen Pflichten entziehen.[457] Die Finanzbeamten verfügen in der Regel auch nicht über das nötige Fachwissen, um beurteilen zu können, ob ein Verhalten den Straftatbestand eines Allgemeindelikts erfüllt. Denn die Erfüllung eines Straftatbestandes erfordert neben der Prüfung, ob objektiv alle Voraussetzungen für eine Straftat vorliegen, auch die Prüfung der Erfüllung des subjektiven Tatbestandes. Spätestens an dieser Stelle wird den Finanzbeamten eine Beurteilung jedoch nicht ohne Weiteres möglich sein. Der damit verbundene Arbeitsaufwand würde ferner das gesamte Besteuerungsverfahren lahmlegen. Außerdem würde der Straftäter bei einer ersatzlosen Streichung des § 40 AO gegenüber anderen Steuerpflichtigen bevorteilt werden. Dies würde mit den Grundprinzipien des Steuerrechts, welches alle Bürger gemäß ihrer finanziellen Leistungsfähigkeit gleich zu den öffentlichen Lasten heranziehen soll, deutlich in Widerspruch stehen. Durch eine Streichung des § 40 AO kann der Konflikt daher nicht gelöst werden.

---

[455] In diese Richtung vgl. *Rogall*, Der Beschuldigte, S. 175-176; *Rogall*, ZRP 1975, 278 (280) zu § 5 Abs. 2 StAnpG, dem Vorgänger des § 40 AO.
[456] *Reiß*, Besteuerungsverfahren, S. 13-16; *Reiß*, NJW 1977, 1436 f. (1436).
[457] *Reiß*, NJW 1977, 1436 ff. (1436).

Ferner macht es keinen Sinn, die Strafbewehrung der steuerrechtlichen Mitwirkungspflichten bei Einkünften aus strafbaren Handlungen, die von der Finanzbehörde nach § 30 Abs. 4 Nr. 5 AO zu offenbaren wären, erst nach der Erklärung unspezifischer Einkünfte zu suspendieren, wenn der Steuerpflichtige auf Nachfragen der Finanzbehörde eine weitere Mitwirkung unter Hinweis auf den Nemo-tenetur-Grundsatz verweigert.[458] Denn auch die Umsetzung dieses Vorschlags ist erheblichen praktischen Schwierigkeiten ausgesetzt, da der den Vorgang bearbeitende Finanzbeamte stets zu prüfen hätte, ob die Berufung auf den Nemo-tenetur-Grundsatz im Einzelfall berechtigt ist, was auch hier wiederum die Prüfung voraussetzt, ob ein nichtsteuerlicher Straftatbestand erfüllt ist.

Teilweise will man die Vorschrift des § 393 Abs. 2 Satz 2 AO in dem Sinne verfassungskonform auslegen, als danach lediglich die Verwertung nicht erzwungener, selbstbelastender Angaben zur Verfolgung gravierender Allgemeindelikte zulässig sein soll, nicht jedoch die Verwertung tatsächlich erzwungener Angaben.[459]

Gegen diesen Vorschlag lässt sich jedoch einwenden, dass sich auch derjenige Steuerpflichtige in einer Zwangslage befindet, gegen den zwar kein Zwangsmittel i.S.d. § 328 AO angewandt wird, der aber vor die Wahl gestellt wird, entweder eine neue Steuerstraftat/Steuerordnungswidrigkeit zu begehen, indem er seine steuerrechtlichen Erklärungspflichten verletzt, oder eine andere Straftat aufzudecken, indem er diese Pflichten erfüllt.[460] Außerdem ist eine nur erzwingbare Pflicht zur Selbstbelastung ausreichend, um einen Verstoß gegen den Nemo-tenetur-Grundsatz zu begründen. Denn bereits dadurch wird der Betroffene in seiner ihm durch den Nemo-tenetur-Grundsatz gewährleisteten Entscheidungsfreiheit hinsichtlich seiner Mitwirkung an der Sachverhaltsaufklärung im Strafverfahren massiv beeinträchtigt.

Auch eine verfassungskonforme Auslegung in dem Sinne, dass man das in § 393 Abs. 1 Satz 2 AO geregelte Zwangsmittelverbot weit auslegt und auch auf die Fälle der § 393 Abs. 2 Satz 2, § 30 Abs. 4 Nr. 5 AO zur Anwendung bringt, sodass dem Betroffenen auch in diesen Fällen ein Mitwirkungsverwei-

---

[458] So der Vorschlag von *Wulf*, wistra 2006, 89 ff. (95); vgl. hierzu auch *Rogall*, ZRP 1975, 278 ff. (280) zu § 428 Abs. 2 RAO.
[459] *Rüster*, Der Steuerpflichtige, S. 106; *Rüster*, wistra 1988, 49 ff. (52-53).
[460] Vgl. *Besson*, Das Steuergeheimnis, S. 167; HHSp/*Hellmann*, § 393 AO, Rn. 181.

gerungsrecht zukommt,[461] ist nicht möglich. Zunächst läuft sie dem eindeutigen Wortlaut des § 393 Abs. 1 Satz 2 AO zuwider.[462]

Auch eine analoge Anwendung scheidet aus, da es an der hierfür notwendigen planwidrigen Regelungslücke fehlt. Denn da der Gesetzgeber in § 393 Abs. 1 AO ausdrücklich ein Zwangsmittelverbot angeordnet hat, ist davon auszugehen, dass er ein solches – wenn er gewollt hätte – auch in § 393 Abs. 2 AO angeordnet hätte. Zudem lässt sich auch mithilfe des in § 393 Abs. 1 Satz 2 AO geregelten Zwangsmittelverbotes der Konflikt zwischen den Mitwirkungspflichten des Steuerpflichtigen im Besteuerungsverfahren und dem Nemo-tenetur-Grundsatz nicht lösen, da die Strafandrohung des § 370 AO weiter bestehen bleibt.[463]

II. Lösungsansätze der Rechtsprechung

1. BGH

Der BGH versucht das Spannungsverhältnis zwischen den nach § 30 Abs. 4 Nr. 5 AO geschützten Rechtsgütern einerseits und dem Schutz vor erzwungener Selbstbelastung und dem Steuergeheimnis andererseits zum einen dadurch zu lösen, dass er an die Konkretisierung der gebotenen steuerlichen Erklärungen niedrigere Anforderungen stellen will „als sonst nach § 90 AO geboten", und zum anderen will er den Konflikt mit dem Nemo-tenetur-Grundsatz im Rahmen der Strafzumessung berücksichtigt wissen.[464]

Diesen Ansätzen lag folgender Fall zu Grunde: Der Angeklagte hatte als Leiter der Koordinierungsstelle Stadtsanierung über die Vergabe von Aufgaben zu entscheiden. In diesem Rahmen nahm er in den Jahren 1993-1996 von seinen Auftragnehmern jeweils Bestechungsgelder von mehreren Tausend DM entgegen, welche er jedoch nicht steuerlich erklärte.

---

[461] Vgl. GJW/*Bülte*, Wirtschafts- u. Steuerstrafrecht, § 393 AO, Rn. 101.
[462] *Besson*, Das Steuergeheimnis, S. 167-168; *Böse*, Wirtschaftsaufsicht, S. 533; HHSp/*Hellmann*, § 393 AO, Rn. 182.
[463] Vgl. HHSp/*Hellmann*, § 393 AO, Rn. 182.
[464] BGH, Urteil v. 5.5.2004 – 5 StR 139/03 = wistra, 391 ff. (393).

Nach Auffassung des BGH war die Pflicht des Angeklagten zur Abgabe einer wahrheitsgemäßen Steuererklärung (in der die erhaltenen Bestechungsgelder als sonstige Einkünfte gemäß § 22 Nr. 3 EStG zu erklären gewesen wären) auch nicht unter dem Gesichtspunkt suspendiert, dass niemand verpflichtet ist, sich selbst anzuklagen oder gegen sich selbst Zeugnis abzulegen (nemo tenetur se ipsum accusare).[465]

Dies vermag jedoch nicht zu überzeugen. Die Auflösung des benannten Spannungsverhältnisses durch eingeschränkte Konkretisierungspflichten im Rahmen der Steuererklärungen ist im Hinblick auf die praktische Umsetzbarkeit dieses Vorschlags kaum möglich.[466] Die inhaltlichen Anforderungen einer Steuererklärung richten sich primär nach den von der Finanzverwaltung ausgearbeiteten und dem Steuerpflichtigen vorgegebenen Erklärungsvordrucken.[467] In diesen Steuererklärungsvordrucken, beispielsweise zur Einkommensteuer, wird z.B. in Anlage SO (Sonstige Einkünfte) zwar primär die betragsmäßige Angabe der Einnahmen gefordert. Die Anleitung zur Anlage SO fordert den Steuerpflichtigen jedoch darüber hinaus auch dazu auf, der Anlage SO Angaben zu den Einkünften auf einem gesonderten Blatt beizufügen. Gefordert wird demnach die nähere Konkretisierung der Art der Einkünfte. Für den Steuerpflichtigen, der z.B. Bestechungsgelder in Empfang genommen hat, wird es somit nicht damit getan sein, wenn er seine Einkünfte aus den in Empfang genommenen Bestechungsgeldern lediglich pauschal als „sonstige Einkünfte" deklariert.[468] Die Finanzbehörde wird von ihm in diesem Fall nach § 93 AO weitere Auskunft über die Art der Einkünfte verlangen können, insbesondere dann, wenn im Falle regelmäßiger Zahlungen Fragen über Umsatzsteuer und Gewerbesteuer zu klären sind.[469] Es besteht somit keine Möglichkeit für den Steuerpflichtigen, eine derartige Beschränkung der steuerlichen Mitteilungspflichten gegenüber der Finanzbehörde durchzusetzen ohne zugleich Hinweise auf die Straftat zu geben, die den Grund für die Reduzierung der Pflicht darstellt.[470]

---

[465] BGH, Urteil v. 5.5.2004 – 5 StR 139/03 = wistra, 391 ff. (392).
[466] Ausführlich hierzu *Spatscheck*, NJW 2006, 641 ff. (642); *Wulf*, wistra 2006, 89 ff. (93-95).
[467] Vgl. *Wulf*, wistra 2006, 89 ff. (94).
[468] Vgl. *Wulf*, wistra 2006, 89 ff. (94-95).
[469] Näher hierzu vgl. GJW/*Bülte*, Wirtschafts- u. Steuerstrafrecht, § 393 AO, Rn. 101.
[470] *Höll*, ZIS 2010, 309 ff. (314).

Außerdem ist zu bedenken, dass in einem solchen Fall dem Steuerpflichtigen zwar grundsätzlich damit geholfen wäre, wenn man an die Konkretisierungspflichten in den Steuererklärungen geringere Anforderungen stellen würde. Es ist jedoch fraglich, ob sich eine solche Lösung in der Praxis durchsetzen kann, da der Finanzbehörde kaum noch eine Möglichkeit zur Überprüfung der Richtigkeit der gemachten Angaben verbleiben würde, wenn sich alle Steuerpflichtigen auf diese Weise (auch willkürlich), unter Hinweis auf die Gefahr strafrechtlicher Selbstbelastung, ihren steuerrechtlichen Konkretisierungspflichten entziehen könnten, um eine weitere Überprüfungsmöglichkeit ihrer Einkünfte durch die Finanzbehörde auszuschließen.[471]

2. BVerfG

In seinem Beschluss vom 27.4.2010[472] – dem der Sachverhalt des Beispiels 4 zugrunde liegt – hatte das BVerfG über die von dem LG Göttingen[473] nach Art. 100 GG vorgelegte Frage zu entscheiden, ob § 393 Abs. 2 Satz 2 AO mit dem Grundgesetz, namentlich mit der durch Art. 2 Abs. 1 i.V.m. Art. 1 Abs. 1 GG verbürgten Freiheit von Selbstbezichtigungszwang, vereinbar ist. .

Das BVerfG hat die Richtervorlage des LG Göttingen vom 11.12.2007[474] bereits aus formalen Gründen als unzulässig zurückgewiesen. Die Frage der Verfassungsmäßigkeit der Vorschrift des § 393 Abs. 2 Satz 2 AO bleibt damit weiterhin höchstrichterlich ungeklärt. Dennoch enthält dieser Beschluss des Bundesverfassungsgerichts Ausführungen zur Zulässigkeit der Verwendung von Informationen, die der Steuerpflichtige der Finanzbehörde im Rahmen des Besteuerungsverfahrens zur Erfüllung seiner steuerrechtlichen Pflichten verschafft hat.[475] Das Bundesverfassungsgericht unterscheidet an dieser Stelle – wie auch in den im 1. Teil bereits besprochenen Fällen öffentlich-rechtlicher Mitwirkungspflichten[476] – zwischen den einzelnen Mitwirkungspflichten des Steuerpflichten im Besteuerungsverfahren. Danach schütze der Nemo-tenetur-Grundsatz den Betroffenen nur davor, durch eigene Aussagen die Voraussetzungen für eine strafgerichtliche Verurteilung oder Verhängung einer entsprechenden Sanktion liefern zu müssen. Demgegenüber beträfen die gesetzlichen Aufzeichnungs- und Vorlagepflichten den Kernbereich der grundgesetz-

---

[471] Näher hierzu vgl. *Wulf*, wistra 2006, 89 ff. (95).
[472] BVerfG, Beschl. v. 27.4.2010 – 2 BvL 13/07 = wistra 2010, 341 ff.
[473] LG Göttingen, Beschl. v. 11.12.2007 - 8 KLs 1/07 = wistra 2008, 231 ff.
[474] LG Göttingen, Beschl. v. 11.12.2007 – 8 KLs 1/07 = wistra 2008, 231 ff.
[475] Vgl. Klein/*Jäger*, § 393 AO, Rn. 59.
[476] Vgl. die Ausführungen im 1.Teil B I 2 b).

lich geschützten Selbstbelastungsfreiheit auch dann nicht, wenn die zu erstellenden oder vorzulegenden Unterlagen auch zur Ahndung von Straftaten oder Ordnungswidrigkeiten verwendet werden dürften.[477] In dem zu entscheidenden Fall müsse daher zwischen der Übergabe der Rahmenverträge samt Aktennotiz und den Auskünften zu den Unterlagen unterschieden werden.[478]

Das BVerfG unterscheidet somit zwischen gesetzlichen Auskunfts-, Aufzeichnungs- und Vorlagepflichten. Nur im Falle der strafrechtlichen Verwertung von Informationen, die aus Auskünften des Betroffenen herrühren, hält das BVerfG eine Verletzung des Nemo-tenetur-Grundsatzes für möglich.

---

[477] BVerfG, Beschl. v. 27.4.2010 – 2 BvL 13/07 = wistra 2010, 341 ff. (344); so auch BGH, Urt. v. 16.4.2014 – 1 StR 638/13, S. 14-15.
[478] BVerfG, Beschl. v. 27.4.2010 – 2 BvL 13/07 = wistra 2010, 341 ff. (344).

III. Stellungnahme

Den Ausführungen des BVerfG ist entgegenzuhalten, dass der Nemo-tenetur-Grundsatz auch durch gesetzliche Aufzeichnungs- und Vorlagepflichten verletzt werden kann.[479] So kann der Steuerpflichtige im Besteuerungsverfahren zur Erfüllung seiner steuerrechtlichen Erklärungs-, Aufzeichnungs- und Vorlagepflichten gezwungen sein, Einkünfte aus begangenen Allgemeindelikten/Ordnungswidrigkeiten zu dokumentieren und dem Finanzamt somit selbstbelastende Informationen zu liefern. Der Nemo-tenetur-Grundsatz wird daher auch dann verletzt, wenn der Steuerpflichtige zur Erfüllung seiner steuerrechtlichen Pflichten gezwungen ist, Dokumente, welche Anhaltspunkte für begangene nichtsteuerliche Straftaten/Ordnungswidrigkeiten enthalten, zu erstellen und vorzulegen und diese zu dessen strafrechtlicher Überführung bzw. der Verhängung entsprechender Sanktionen genutzt werden können.

Die reine Pflicht zur Vorlage von Unterlagen (ohne zusätzliche Erläuterungen des Steuerpflichtigen) im Rahmen steuerlicher Außenprüfungen in den Geschäftsräumen des Steuerpflichtigen verlangt grundsätzlich – im Gegensatz zu steuerrechtlichen Auskunfts-, Erklärungspflichten- sowie Aufzeichnungspflichten – keine intellektuelle Leistungserbringung von dem Steuerpflichtigen ab, sondern geht über ein rein mechanisches Heraussuchen der Unterlagen nicht hinaus und läuft damit schwerpunktmäßig auf die Duldung der Einsichtnahme in die Unterlagen durch den Prüfer hinaus.

Die Vorlage von Unterlagen im Rahmen einer steuerlichen Außenprüfung, die der Steuerpflichtige nur zur Erfüllung seiner steuerrechtlichen Mitwirkungspflichten erstellt hat, lässt sich hingegen im Ergebnis nicht von der aktiven Pflicht zur Erstellung dieser Unterlagen trennen, sodass auch insoweit keine andere Beurteilung als bei Auskunfts-, Erklärungs- und Aufzeichnungspflichten gerechtfertigt ist.

Soweit von der Vorlagepflicht des Steuerpflichtigen im Rahmen einer steuerlichen Außenprüfung in seinen Privat- oder Geschäftsräumen jedoch Dokumente betroffen sind, die der Steuerpflichtige nicht (nur) zum Zwecke der Erfüllung seiner steuerrechtlichen Mitwirkungspflichten erstellt hat, sondern auch ohne diese Pflichten zu führen hätte (z.B. Aktennotizen, Gehaltslisten, Kontoauszüge, Lieferscheine, Rechnungen, Verträge, Quittungen), ist hingegen eine differenzierte Beurteilung der steuerrechtlichen Mitwirkungspflichten möglich. Insoweit ist die reine Vorlagepflicht des Steuerpflichtigen im Rahmen einer

---

[479] Vgl. die Ausführungen im 1.Teil B I 2 b).

steuerlichen Außenprüfung in seinen Privat- oder Geschäftsräumen vergleichbar mit den – nicht gegen den Nemo-tenetur-Grundsatz verstoßenden – passiven Duldungspflichten des Beschuldigten im Strafverfahren bei Ermittlungsmaßnahmen nach §§ 81 ff. StPO. Die vorgenannten Unterlagen sind – soweit sie sich im Gewahrsam des Betroffenen selbst befinden bzw. nicht dem Beschlagnahmeverbot des § 97 StPO unterliegen – grundsätzlich strafrechtlich verwertbar.

Die Nutzung von Informationen aus den Steuerakten im Strafverfahren bzw. Ordnungswidrigkeitsverfahren wegen eines Allgemeindelikts verstößt somit bei Vorliegen der folgenden drei Voraussetzungen nicht gegen den Nemo-tenetur-Grundsatz: (1) Die Informationen über eine nichtsteuerliche Straftat-Ordnungswidrigkeit müssen der Finanzbehörde dadurch zur Kenntnis bzw. in die Steuerakte gelangt sein, dass der Steuerpflichtige dem Prüfer im Rahmen einer steuerlichen Außenprüfung die Einsichtnahme in seine Unterlagen (ohne zusätzliche Erläuterungen) ermöglicht hat. (2) Die betreffenden Dokumente müssen sich im Gewahrsam des Steuerpflichtigen und nicht etwa im Gewahrsam seines Steuerberaters befinden (vgl. §§ 97, 53 Abs. 1 Nr. 3 StPO). (3) Es dürfen keine Dokumente betroffen sein, die der Steuerpflichtige nur zur Erfüllung seiner steuerrechtlichen Mitwirkungspflichten angefertigt hat. In diesen Fällen besteht für den Betroffenen kein Zwang zur Selbstbelastung im Sinne einer geistigen Leistungserbringung.

Das Verwendungsverbot des § 393 Abs. 2 Satz 1 AO erfasst sowohl Informationen, die der Steuerpflichtige der Finanzbehörde in Erfüllung seiner steuerrechtlichen Pflichten durch sein intellektuelles Zutun, mithin durch seine Auskünfte oder Steuererklärungen, verschafft hat als auch solche, die der Steuerpflichtige der Finanzbehörde nur durch die Ermöglichung der Einsichtnahme des Prüfers im Rahmen einer steuerlichen Außenprüfung in seine Unterlagen (d.h. durch seine bloße Duldung) zur Kenntnis gebracht hat.[480]

Der Nemo-tenetur-Grundsatz kann daher gewahrt werden, wenn man die Vorschrift des § 393 Abs. 2 Satz 2 AO restriktiv in dem Sinne auslegt, dass man sie nicht zur Anwendung bringt, wenn die betreffenden Informationen, welche den Steuerpflichtigen wegen einer nichtsteuerlichen Straftat/Ordnungswidrigkeit belasten, durch Auskünfte des Steuerpflichtigen oder durch Unterlagen, die der Steuerpflichtige nur zum Zwecke der Erfüllung seiner steuerrechtlichen Mitwirkungspflichten erstellt hat (Steuererklärungen nebst den beizufügenden Unterlagen sowie Aufzeichnungen nach §§ 143, 144 AO) in die Steuer-

---

[480] Vgl. die Ausführungen im 4.Teil A I 1 a).

akte gelangt sind oder wenn ein Beschlagnahmeverbot nach § 97 StPO vorliegt.

Die Anwendung des § 393 Abs. 2 Satz 2 AO ist dementsprechend unter Wahrung des Nemo-tenetur-Grundsatzes in den Fällen möglich, in denen die Informationen über eine nichtsteuerliche Straftat/Ordnungswidrigkeit aufgrund der bloßen Einsichtnahme des Prüfers in die vom Steuerpflichtigen (ohne sätzliche Erläuterungen) im Rahmen einer steuerlichen Außenprüfung se.. n Privat- oder Geschäftsräumen vorgelegten Unterlagen, die dieser unabhäi von seinen steuerrechtlichen Pflichten angefertigt hat, bzw. „so öder so" führen hätte (z.b. Aktennotizen, Gehaltslisten, Kontoauszüge, Lieferscheine, Rechnungen, Verträge, Quittungen), in die Steuerakte gelangt sind.

Diese Lösung ähnelt zudem der in § 97 Abs. 1 Satz 3 InsO getroffenen Regelung. Das dort geregelte Verwendungsverbot umfasst lediglich Auskünfte des Insolvenzschuldners, die dieser zur Erfüllung seiner insolvenzrechtlichen Mitwirkungspflichten tätigt und mit denen er sich selbst bzw. einen Angehörigen wegen einer Straftat/Ordnungswidrigkeit belastet. Nicht erfasst von dem Verwendungsverbot werden jedoch strafrechtlich relevante Informationen, die sich aus aufgrund allgemeiner gesetzlicher Bestimmungen zu führenden Unterlagen des Insolvenzschuldners ergeben und somit von diesem nicht zur Erfüllung seiner insolvenzrechtlichen Mitwirkungspflichten erstellt wurden.[481]

---

[481] Vgl. die Ausführungen im 1.Teil B I 3.

C. Ergebnis

Die geltende Vorschrift des § 393 Abs. 2 AO lautet wie folgt:

„[1]Soweit der Staatsanwaltschaft oder dem Gericht in einem Strafverfahren aus den Steuerakten Tatsachen oder Beweismittel bekannt werden, die der Steuerpflichtige der Finanzbehörde vor Einleitung des Strafverfahrens in Erfüllung steuerrechtlicher Pflichten offenbart hat, dürfen diese Kenntnisse gegen ihn nicht für die Verfolgung einer Tat verwendet werden, die keine Steuerstraftat ist. [2]Dies gilt nicht für Straftaten, an deren Verfolgung ein zwingendes öffentliches Interesse (§ 30 Abs. 4 Nr. 5) besteht."

Von dem Verwendungsverbot des § 393 Abs. 2 Satz 1 AO erfasst werden sowohl Informationen bzgl. einer nichtsteuerlichen Straftat oder Ordnungswidrigkeit, die der Steuerpflichtige der Finanzbehörde durch sein intellektuelles Zutun, mithin durch seine Auskünfte oder Steuererklärungen, verschafft hat als auch solche, die der Steuerpflichtige der Finanzbehörde nur durch die Ermöglichung der Einsichtnahme des Prüfers im Rahmen einer steuerlichen Außenprüfung in seine Geschäftsunterlagen (d.h. durch seine bloße Duldung) zur Kenntnis gebracht hat.[482] Nach § 393 Abs. 2 Satz 2 AO ist die Offenbarung und Verwertung von grundsätzlich von dem Verwendungsverbot des § 393 Abs. 2 Satz 1 AO erfassten Informationen zulässig, wenn Straftaten betroffen sind, an deren Verfolgung ein zwingendes öffentliches Interesse (§ 30 Abs. 4 Nr. 5 AO) besteht.

Der Nemo-tenetur-Grundsatz ist verletzt, soweit Informationen, die der Steuerpflichtige der Finanzbehörde in Erfüllung seiner steuerrechtlichen Pflichten im Wege einer Auskunftserteilung, Steuererklärung oder durch die Vorlage von zum Zwecke der Besteuerung angefertigter Aufzeichnungen offenbart hat, für die Verfolgung einer nichtsteuerlichen Straftat/Ordnungswidrigkeit genutzt werden können.

Soweit von der Vorlagepflicht des Steuerpflichtigen bzw. seiner Pflicht zur Ermöglichung der Einsichtnahme des Prüfers in seine Geschäftsunterlagen im Rahmen einer steuerlichen Außenprüfung in seinen Privat- oder Geschäftsräumen jedoch Dokumente betroffen sind, die der Steuerpflichtige nicht nur zum Zwecke der Erfüllung seiner steuerrechtlichen Mitwirkungspflichten erstellt hat, sondern auch ohne diese Pflichten zu führen hätte (z.B. Aktennotizen, Gehaltslisten, Kontoauszüge, Lieferscheine, Rechnungen, Verträge, Quittungen), ist eine differenzierte Beurteilung der steuerrechtlichen Mit-

---

[482] Vgl. die Ausführungen im 4.Teil A I 1 a).

wirkungspflichten möglich. Insoweit ist die reine Vorlagepflicht des Steuerpflichtigen bzw. die Pflicht zur Ermöglichung der Einsichtnahme in seine Geschäftsunterlagen durch den Prüfer (ohne zusätzliche Erläuterungen des Steuerpflichtigen) im Rahmen einer steuerlichen Außenprüfung in seinen Privat- oder Geschäftsräumen vergleichbar mit den – nicht gegen den Nemotenetur-Grundsatz verstoßenden – passiven Duldungspflichten des Beschuldigten im Strafverfahren bei Ermittlungsmaßnahmen nach §§ 81 ff. StPO. Sind die Informationen bzgl. einer nichtsteuerlichen Straftat auf diesem Wege in die Steuerakten gelangt sind, verstößt ihre Offenbarung und Verwertung nicht gegen den Nemo-tenetur-Grundsatz.

Eine Lösung des Konflikts zwischen den steuerrechtlichen Mitwirkungspflichten und dem Nemo-tenetur-Grundsatz im Hinblick auf den Zwang zur Selbstbelastung bezüglich nichtsteuerlicher Straftaten lässt sich dadurch erreichen, dass man die Vorschrift des § 393 Abs. 2 Satz 2 AO restriktiv in dem Sinne auslegt, dass man sie nur dann zur Anwendung bringt, soweit die betreffenden Tatsachen und Beweismittel, die eine nichtsteuerliche Straftat/Ordnungswidrigkeit des Steuerpflichtigen belegen, aus Dokumenten des Steuerpflichtigen herrühren, die er unabhängig von seinen steuerrechtlichen Pflichten angefertigt hat bzw. „so oder so" zu führen hätte (z.B. Aktennotizen, Gehaltslisten, Kontoauszüge, Lieferscheine, Rechnungen, Verträge, Quittungen). Außerdem müssen die Informationen aus diesen Unterlagen durch die durch die bloße Einsichtnahme des Prüfers in die Geschäftsunterlagen des Steuerpflichtigen (ohne zusätzliche Erläuterungen des Steuerpflichtigen) im Rahmen einer in den Privat- oder Geschäftsräumen des Steuerpflichtigen durchgeführten steuerlichen Außenprüfung in die Steuerakte gelangt sein.

Zur Schaffung von Rechtssicherheit ist dem Gesetzgeber de lege ferenda eine den vorherigen Ausführungen entsprechende Neufassung des § 393 Abs. 2 Satz 2 AO, welche dessen Anwendungsbereich zur Wahrung des Nemo-tenetur-Grundsatzes weiter einschränkt, vorzuschlagen.

Diese könnte wie folgt lauten:

§ 393 AO

(1) (...)

(2) [1]Soweit der Staatsanwaltschaft oder dem Gericht in einem Strafverfahren aus den Steuerakten Tatsachen oder Beweismittel bekannt werden, die der Steuerpflichtige der Finanzbehörde vor Einleitung des Strafverfahrens oder in Unkenntnis der Einleitung des Strafverfahrens in Erfüllung steuerrechtlicher Pflichten offenbart hat, dürfen diese Kenntnisse gegen ihn nicht für die Verfolgung einer Tat verwendet werden, die keine Steuerstraftat ist. [2]*Informationen, die lediglich durch die Einsichtnahme des Prüfers in die Unterlagen des Steuerpflichtigen (die dieser nicht nur zur Erfüllung seiner steuerrechtlichen Pflichten angefertigt hat) im Rahmen einer steuerlichen Außenprüfung in die Steuerakte gelangt sind, dürfen abweichend von Absatz 2 Satz 1 zur Verfolgung von Straftaten verwendet werden, an deren Verfolgung ein zwingendes öffentliches Interesse (§ 30 Abs. 4 Nr. 5) besteht.*

(3) (...)

ZUSAMMENFASSUNG DER ERGEBNISSE

1.Teil: Der Nemo-tenetur-Grundsatz

Der Nemo-tenetur-Grundsatz sichert die Stellung des Beschuldigten sowie des Zeugen als eigenverantwortliche Rechtspersönlichkeiten im Bereich des Strafverfahrens. Er gewährt demensprechend sowohl dem Beschuldigten als auch dem Zeugen die freie Entscheidung darüber, ob und wie er an der Sachverhaltsaufklärung im Rahmen eines gegen ihn oder einen Angehörigen geführten Strafverfahren/Ordnungswidrigkeitsverfahren durch eine geistige Leistungserbringung mitwirken möchte.[483]

Strafrechtliche Ermittlungsmaßnahmen, die keiner aktiven geistigen Mitwirkung an der Sachverhaltsaufklärung bedürfen (die Angabe von Personalien, das Erscheinen zu bestimmten Vernehmungen und Verhandlungsterminen, die passive Mitwirkung bei der Durchführung von bestimmten Ermittlungsmaßnahmen), hat der Betroffene als gemeinschaftsbezogener und gemeinschaftsgebundener Bürger zur Durchführung eines rechtsstaatlichen Strafverfahrens zur Sicherung der geltenden Rechtsordnung zu respektieren und duldend über sich ergehen zu lassen.[484]

Auch ein Recht zur Ergreifung selbstbegünstigender bzw. einen Angehörigen begünstigender Handlungen wird von dem Gewährleistungsumfang des Nemo-tenetur-Grundsatzes nicht erfasst. Insbesondere dürfen keine neuen Rechtsübertretungen zur Verdunkelung bereits begangener Straftaten/Ordnungswidrigkeiten begangen werden. Denn die uneingeschränkte Wahrnehmung der dem Beschuldigten von der geltenden Strafprozessordnung eingeräumten aktiven Verteidigungsmöglichkeiten im Strafverfahren erfordert lediglich, dass ihm auch die Nichtwahrnehmung dieser Rechte folgenlos ermöglicht wird.[485]

Auch wenn der Nemo-tenetur-Grundsatz unmittelbare Geltung nur für den Bereich des Strafverfahrens für sich zu beanspruchen vermag, kann er auch durch außerstrafrechtliche Auskunftspflichten verletzt werden, nämlich dann, wenn der Betroffene zu ihrer Erfüllung gezwungen wird, sich oder einen Angehörigen einer begangenen Straftat/Ordnungswidrigkeit zu bezichtigen.[486] Durch gesetzliche Aufzeichnungs- und Vorlagepflichten kann der Nemo-tene-

---

[483] Vgl. die Ausführungen im 1.Teil A II 1-2 a)-b).
[484] Vgl. die Ausführungen im 1.Teil A II 2.
[485] Vgl. die Ausführungen im 1.Teil A II 2 a).
[486] Vgl. die Ausführungen im 1.Teil B.

tur-Grundsatz verletzt werden, wenn der Betroffene zu ihrer Erfüllung gezwungen ist, Unterlagen anzufertigen und vorzulegen, die von ihm oder einem seiner Angehörigen begangene Straftaten/Ordnungswidrigkeiten dokumentieren.[487]

Da außerstrafrechtliche Auskunfts- oder sonstige Mitwirkungspflichten jedoch anderen Zwecken als der strafrechtlichen Überführung bzw. Überführung wegen einer Ordnungswidrigkeit dienen, verstoßen sie nicht bereits als solche gegen den Nemo-tenetur-Grundsatz. Ein Verstoß gegen den Nemo-tenetur-Grundsatz kann darin erst dann gesehen werden, wenn der Betroffene zu ihrer Erfüllung gezwungen ist, Auskünfte zu erteilen oder Unterlagen anzufertigen und vorzulegen, die von ihm oder einem seiner Angehörigen begangene Straftaten/Ordnungswidrigkeiten dokumentieren und seine Angaben anschließend ungehindert in einem gegen ihn selbst oder in einem gegen seinen Angehörigen geführten Straf- oder Ordnungswidrigkeitsverfahren genutzt werden können.[488]

Damit dem Nemo-tenetur-Grundsatz im Bereich des Strafverfahrens eine uneingeschränkte Geltung zukommen kann, muss ihm daher auch eine gewisse Wirkung auf andere Rechtsgebiete beigemessen werden.[489]

---

[487] Vgl. die Ausführungen im 1.Teil B I 2 b).
[488] Vgl. die Ausführungen im 1.Teil B I 1-2 a)-c).
[489] Vgl. die Ausführungen im 1.Teil B I 1-3.

2.Teil: Selbstbelastungszwang durch steuerrechtliche Mitwirkungs-pflichten

Im Besteuerungsverfahren obliegen dem Steuerpflichtigen umfassende Aus-kunfts- und Mitwirkungspflichten. Er hat insbesondere alle für die Besteuerung maßgeblichen Informationen vollständig und wahrheitsgemäß zu offenbaren. Sogar Einkünfte aus strafbaren Handlungen (z.b. Drogenhandel, Betrügereien oder der Entgegennahme von Bestechungsgeldern) müssen in den regelmä-ßig bei der Finanzbehörde einzureichenden Steuererklärungen deklariert wer-den. Denn nach § 40 AO ist es für die Besteuerung unerheblich, ob ein Verhal-ten, das den Tatbestand eines Steuergesetzes ganz oder zum Teil erfüllt, ge-gen ein gesetzliches Verbot oder gegen die guten Sitten verstößt.[490]

Von dem Steuerpflichtigen werden somit zum Zwecke der Besteuerung zum Teil Handlungen abverlangt, durch die er unter Umständen gezwungen sein kann, sich einer nichtsteuerlichen Straftat zu bezichtigen. Zudem kann es vor-kommen, dass er zur Erfüllung seiner aktuellen Pflicht zur Abgabe einer wahr-heitsgemäßen Steuererklärung zugleich Hinweise für Steuerhinterziehungen in zurückliegenden Besteuerungszeiträumen liefern muss.[491]

Durch die Doppelzuständigkeit von Finanzbehörde und Steuer- und Zollfahn-dung wird die Situation des Steuerpflichtigen, der eine Steuerstraftat/Steuer-ordnungswidrigkeit begangen hat, zusätzlich erschwert.[492]

---

[490] Vgl. die Ausführungen im 2.Teil A I 1-5.
[491] Vgl. die Ausführungen im 2.Teil A II.
[492] Vgl. die Ausführungen im 2.Teil B I-II.

3.Teil: Lösung des Konflikts zwischen dem Nemo-tenetur-Grundsatz und den steuerrechtlichen Mitwirkungspflichten im Hinblick auf den Zwang zur Selbstbelastung bzgl. früherer Steuerdelikte des Steuerpflichtigen de lege lata und de lege ferenda

Nicht vollständig durch die Regelungen der AO gelöst wird der Konflikt zwischen dem Nemo-tenetur-Grundsatz und den steuerrechtlichen Mitwirkungspflichten im Hinblick auf den damit unter Umständen verbundenen Zwang zur Selbstbelastung bezüglich begangener Steuerstraftaten/Steuerordnungswidrigkeiten des Steuerpflichtigen.

Das in § 30 AO geregelte Steuergeheimnis ist seinem Sinn und Zweck nach darauf angelegt, den Steuerehrlichen vor einer Weitergabe der in Erfüllung steuerrechtlicher Pflichten offenbarten Informationen zu schützen. Es dient allein dem Recht des Einzelnen auf informationelle Selbstbestimmung (Art. 2 Abs. 1 i.V.m. Art. 1 Abs. 1 GG) und ist zum Schutz überwiegender Allgemeinwohlinteressen einschränkbar (vgl. § 30 Abs. 4 Nr. 5 AO).[493]

§ 393 Abs. 1 AO verbietet in seiner jetzigen Fassung bei drohender Selbstbelastung lediglich eine Zwangsmittelanwendung, setzt die steuerrechtlichen Mitwirkungspflichten jedoch nicht außer Kraft. Ein Selbstbelastungszwang besteht daher wegen der Strafandrohung des § 370 AO weiter fort.[494]

Für den Steuerpflichtigen kann sich somit (wenn eine strafbefreiende Selbstanzeige nach § 371 Abs. 2, 3 AO nicht möglich ist) folgende Konfliktlage ergeben: Er muss sich unter Umständen zwischen den Alternativen, sich entweder durch eine neue wahrheitsgemäße Steuererklärung selbst hinsichtlich einer früheren Steuerhinterziehung zu belasten oder sich durch die Nichtabgabe oder nicht wahrheitsgemäße Abgabe einer neuen Steuererklärung erneut der Steuerhinterziehung strafbar zu machen, entscheiden.[495]

Die Rechtsprechung löst diesen Konflikt in bereits inkriminierten Besteuerungszeiträumen, in denen dem Steuerpflichtigen ein Ausweg über eine strafbefreiende Selbstanzeige versperrt ist, aber weitere Steuererklärungspflichten bestehen, durch die Suspendierung der Strafandrohung des § 370 Abs. 1 Nr. 2 AO wegen der Nichtabgabe von Steuererklärungen.[496] Dem ist uneingeschränkt beizupflichten, da insoweit kein neues Unrecht begangen wird und eine Mitwirkungspflicht des Steuerpflichtigen in diesen Fällen auf-

---

[493] Vgl. die Ausführungen im 3.Teil A I 2.
[494] Vgl. die Ausführungen im 3.Teil A II 4.
[495] Vgl. die Ausführungen im 3.Teil A II 4.
[496] Vgl. die Ausführungen im 3.Teil B II.

grund der Interaktion zwischen Besteuerungs- und Steuerstrafverfahren auf einen Zwang zur Selbstbelastung hinauslaufen würde.[497]

Für die von dem Steuerpflichtigen in seinen neuen Steuererklärungen für nachfolgende Besteuerungszeiträume gemachten Angaben, mit denen dieser sich (mittelbar) wegen früherer Steuerdelikte belastet, nimmt die Rechtsprechung ein Verwendungsverbot an.[498] Auch diese Lösung ist überzeugend, vorausgesetzt, dass man dem Verwendungsverbot die Wirkung eines umfassenden Nutzungsverbotes beimisst und dieses in allen Fällen anerkennt, in denen gegen dem Steuerpflichtigen der Ausweg aus seinem Konflikt durch eine strafbefreiende Selbstanzeige versperrt bleibt.[499]

Ein strafrechtliches Verwendungsverbot muss daher stets dann eingreifen, wenn der Steuerpflichtige, um seiner aktuellen Pflicht zur Abgabe einer wahrheitsgemäßen Steuererklärung nachzukommen, sich mit seinen für nachfolgende Besteuerungszeiträume gemachten Angaben selbst wegen in früheren Besteuerungszeiträumen begangener Steuerdelikte (mittelbar) belastet und eine strafbefreiende Selbstanzeige nicht mehr möglich ist, weil ein Sperrgrund nach § 371 Abs. 2 AO vorliegt oder dem Steuerpflichtigen aufgrund fehlender finanzieller Mittel die (fristgerechte) Nachzahlung der hinterzogenen Steuern nicht möglich ist (vgl. § 371 Abs. 3 AO).[500]

De lege ferenda ist dem Gesetzgeber zur Schaffung von Rechtssicherheit eine gesetzliche Normierung der vorgenannten Lösungswege durch eine entsprechende Ergänzung der bestehenden Vorschriften der §§ 370 Abs. 1, 393 Abs. 1 AO vorzuschlagen.[501]

---

[497] Vgl. die Ausführungen im 3.Teil B III.
[498] Vgl. die Ausführungen im 3.Teil B II.
[499] Vgl. die Ausführungen im 3.Teil B III.
[500] Vgl. die Ausführungen im 3.Teil B III-IV.
[501] Vgl. die konkreten Gesetzesänderungsvorschläge im 3.Teil C.

4.Teil: Lösung des Konflikts zwischen dem Nemo-tenetur-Grundsatz und den steuerrechtlichen Mitwirkungspflichten im Hinblick auf den Zwang zur Selbstbelastung bzgl. begangener nichtsteuerlicher Delikte des Steuerpflichtigen de lege lata und de lege ferenda

Der Konflikt zwischen den steuerrechtlichen Mitwirkungspflichten und dem Nemo-tenetur-Grundsatz im Hinblick auf den Zwang zur Selbstbelastung bezüglich nichtsteuerlicher Straftaten/Ordnungswidrigkeiten wird durch das in § 393 Abs. 2 Satz 1 AO geregelte Verwendungsverbot aufgrund der Ausnahmeregelung des § 393 Abs. 2 Satz 2 AO nur unzureichend gelöst.

Eine Lösung des Konflikts zwischen den steuerrechtlichen Mitwirkungspflichten und dem Nemo-tenetur-Grundsatz im Hinblick auf den Zwang zur Selbstbelastung bezüglich nichtsteuerlicher Straftaten lässt sich dadurch erreichen, dass man die Vorschrift des § 393 Abs. 2 Satz 2 AO restriktiv in dem Sinne auslegt, dass man sie nur dann zur Anwendung bringt, soweit die betreffenden Tatsachen und Beweismittel, die eine nichtsteuerliche Straftat/Ordnungswidrigkeit des Steuerpflichtigen belegen, aus Dokumenten des Steuerpflichtigen herrühren, die er unabhängig von seinen steuerrechtlichen Pflichten angefertigt hat bzw. „so oder so" zu führen hätte (z.B. Aktennotizen, Gehaltslisten, Kontoauszüge, Lieferscheine, Rechnungen, Verträge, Quittungen). Außerdem müssen die betreffenden Informationen aus diesen Unterlagen durch die bloße Einsichtnahme des Prüfers in die Geschäftsunterlagen des Steuerpflichtigen (ohne zusätzliche Erläuterungen des Steuerpflichtigen) im Rahmen einer in den Privat- oder Geschäftsräumen des Steuerpflichtigen durchgeführten steuerlichen Außenprüfung in die Steuerakte gelangt sein.[502]

Denn zur Wahrung des Nemo-tenetur-Grundsatzes ist lediglich erforderlich, dass Informationen, die der Steuerpflichtige der Finanzbehörde zur Erfüllung seiner steuerrechtlichen Mitwirkungspflichten im Wege einer aktiven geistigen Leistungserbringung, d.h. in Form von Auskünften, Steuererklärungen oder sonstigen nur zur Erfüllung steuerrechtlicher Pflichten erstellten Dokumenten, zur Kenntnis gebracht hat, nicht zweckwidrig zu dessen strafrechtlicher Überführung bzw. zur Verhängung entsprechender Sanktionen genutzt werden.[503]

Die strafrechtliche Nutzung von Informationen, die lediglich durch die vom Steuerpflichtigen ermöglichte Einsichtnahme des Prüfers (ohne zusätzliche Erläuterungen) im Rahmen einer in den Räumen des Steuerpflichtigen durchgeführten steuerlichen Außenprüfung in seine Unterlagen, in die Steuerakten

---

[502] Vgl. die Ausführungen im 4.Teil B III.
[503] Vgl. die Ausführungen im 4.Teil B III.

gelangt sind, verstößt hingegen nicht gegen den Nemo-tenetur-Grundsatz. Voraussetzung ist jedoch, dass der Steuerpflichtige die betreffenden Unterlagen unabhängig von seinen steuerrechtlichen Pflichten erstellt hat bzw. „so oder so" zu führen hätte (z.b. aufgrund handelsrechtlicher Vorschriften, allgemeine Geschäftsunterlagen). Insoweit ist die Vorlagepflicht bzw. die Pflicht des Steuerpflichtigen, dem Prüfer im Rahmen einer in seinen Räumen durchgeführten steuerlichen Außenprüfungen die Einsichtnahme in seine Unterlagen zu ermöglichen, mit den passiven Duldungspflichten des Beschuldigten im Strafverfahren vergleichbar.[504]

Zur Schaffung von Rechtssicherheit ist dem Gesetzgeber daher de lege ferenda eine den vorherigen Ausführungen entsprechende Neufassung des § 393 Abs. 2 Satz 2 AO, welche dessen Anwendungsbereich zur Wahrung des Nemo-tenetur-Grundsatzes weiter einschränkt, vorzuschlagen.[505]

---

[504] Vgl. die Ausführungen im 4.Teil B III.
[505] Vgl. den konkreten Gesetzesänderungsvorschlag im 4.Teil C.

ANHANG
(Relevante Vorschriften in ihrer zum Zeitpunkt der Fertigstellung der Arbeit geltenden Fassung)

§ 30 AO

(1) Amtsträger haben das Steuergeheimnis zu wahren.

(2) Ein Amtsträger verletzt das Steuergeheimnis, wenn er

1. Verhältnisse eines anderen, die ihm
   a) in einem Verwaltungsverfahren, einem Rechnungsprüfungsverfahren oder einem gerichtlichen Verfahren in Steuersachen,
   b) in einem Strafverfahren wegen einer Steuerstraftat oder einem Bußgeldverfahren wegen einer Steuerordnungswidrigkeit,
   c) aus anderem Anlass durch Mitteilung einer Finanzbehörde oder durch die gesetzlich vorgeschriebene Vorlage eines Steuerbescheids oder einer Bescheinigung über die bei der Besteuerung getroffenen Feststellungen
   bekannt geworden sind, oder
2. ein fremdes Betriebs- oder Geschäftsgeheimnis, das ihm in einem der in Nummer 1 genannten Verfahren bekannt geworden ist, unbefugt offenbart oder verwertet oder
3. nach Nummer 1 oder Nummer 2 geschützte Daten im automatisierten Verfahren unbefugt abruft, wenn sie für eines der in Nummer 1 genannten Verfahren in einer Datei gespeichert sind.

(3) Den Amtsträgern stehen gleich

1. die für den öffentlichen Dienst besonders Verpflichteten (§ 11 Abs. 1 Nr. 4 des Strafgesetzbuchs),
1a. die in § 193 Abs. 2 des Gerichtsverfassungsgesetzes genannten Personen,
2. amtlich zugezogene Sachverständige,
3. die Träger von Ämtern der Kirchen und anderen Religionsgemeinschaften, die Körperschaften des öffentlichen Rechts sind.

(4) Die Offenbarung der nach Absatz 2 erlangten Kenntnisse ist zulässig, soweit

1. sie der Durchführung eines Verfahrens im Sinne des Absatzes 2 Nr. 1 Buchstaben a und b dient,
2. sie durch Gesetz ausdrücklich zugelassen ist,
3. der Betroffene zustimmt,
4. sie der Durchführung eines Strafverfahrens wegen einer Tat dient, die keine Steuerstraftat ist, und die Kenntnisse
   a) in einem Verfahren wegen einer Steuerstraftat oder Steuerordnungswidrigkeit erlangt worden sind; dies gilt jedoch nicht für solche Tatsachen, die der Steuerpflichtige in Unkenntnis der Einleitung des Strafverfahrens oder des Bußgeldverfahrens offenbart hat oder die bereits vor Einleitung des Strafverfahrens oder des Bußgeldverfahrens im Besteuerungsverfahren bekannt geworden sind, oder
   b) ohne Bestehen einer steuerlichen Verpflichtung oder unter Verzicht auf ein Auskunftsverweigerungsrecht erlangt worden sind,
5. für sie ein zwingendes öffentliches Interesse besteht; ein zwingendes öffentliches Interesse ist namentlich gegeben, wenn

a) Verbrechen und vorsätzliche schwere Vergehen gegen Leib und Leben oder gegen den Staat und seine Einrichtungen verfolgt werden der verfolgt werden sollen,

b) Wirtschaftsstraftaten verfolgt werden oder verfolgt werden sollen, die nach ihrer Begehungsweise oder wegen des Umfangs des durch sie verursachten Schadens geeignet sind, die wirtschaftliche Ordnung erheblich zu stören oder das Vertrauen der Allgemeinheit auf die Redlich keit des geschäftlichen Verkehrs oder auf die ordnungsgemäße Arbeit der Behörden und der öffentlichen Einrichtungen erheblich zu erschüttern, oder

c) die Offenbarung erforderlich ist zur Richtigstellung in der Öffentlichkeit verbreiteter unwahrer Tatsachen, die geeignet sind, das Vertrauen in die Verwaltung erheblich zu erschüttern; die Entscheidung trifft die zuständige oberste Finanzbehörde im Einvernehmen mit dem Bundesministerium der Finanzen; vor der Richtigstellung soll der Steuerpflichtige gehört werden.

(5) Vorsätzlich falsche Angaben des Betroffenen dürfen den Strafverfolgungsbehörden gegenüber offenbart werden.

(6) Der automatisierte Abruf von Daten, die für eines der in Absatz 2 Nr. 1 genannten Verfahren in einer Datei gespeichert sind, ist nur zulässig, soweit er der Durchführung eines Verfahrens im Sinne des Absatzes 2 Nr. 1 Buchstaben a und b oder der zulässigen Weitergabe von Daten dient. Zur Wahrung des Steuergeheimnisses kann das Bundesministerium der Finanzen durch Rechtsverordnung mit Zustimmung des Bundesrates bestimmen, welche technischen und organisatorischen Maßnahmen gegen den unbefugten Abruf von Daten zu treffen sind. Insbesondere kann es nähere Regelungen treffen über die Art der Daten, deren Abruf zulässig ist, sowie über den Kreis der Amtsträger, die zum Abruf solcher Daten berechtigt sind. Die Rechtsverordnung bedarf nicht der Zustimmung des Bundesrates, soweit sie die Kraftfahrzeugsteuer, die Luftverkehrsteuer, die Versicherungssteuer sowie die Einfuhr- und Ausfuhrabgaben und Verbrauchssteuern, mit Ausnahme der Biersteuer, betrifft.

(7) Werden dem Steuergeheimnis unterliegende Daten durch einen Amtsträger oder diesem nach Absatz 3 gleichgestellte Personen nach Maßgabe des § 87a Absatz 4 über De-Mail-Dienste im Sinne des § 1 des De-Mail-Gesetzes versendet, liegt keine unbefugte Offenbarung, Verwertung und kein unbefugter Abruf von dem Steuergeheimnis unterliegenden Daten vor, wenn beim Versenden eine kurzzeitige automatisierte Entschlüsselung durch den akkreditierten Diensteanbieter zum Zweck der Überprüfung auf Schadsoftware und zum Zweck der Weiterleitung an den Adressaten der De-Mail-Nachricht stattfindet.

§ 40 AO

Für die Besteuerung ist es unerheblich, ob ein Verhalten, das den Tatbestand eines Steuergesetzes ganz oder zum Teil erfüllt, gegen ein gesetzliches Gebot oder Verbot oder gegen die guten Sitten verstößt.

§ 370 AO

(1) Mit Freiheitsstrafe bis zu fünf Jahren oder mit Geldstrafe wird bestraft, wer
1. den Finanzbehörden oder anderen Behörden über steuerlich erhebliche Tatsachen unrichtige oder unvollständige Angaben macht,
2. die Finanzbehörden pflichtwidrig über steuerlich erhebliche Tatsachen in Unkenntnis lässt oder
3. pflichtwidrig die Verwendung von Steuerzeichen oder Steuerstemplern unterlässt

und dadurch Steuern verkürzt oder für sich oder einen anderen nicht gerechtfertigte Steuervorteile erlangt.

(2) Der Versuch ist strafbar.

(3) In besonders schweren Fällen ist die Strafe Freiheitsstrafe von sechs Monaten bis zu zehn Jahren. Ein besonders schwerer Fall liegt in der Regel vor, wenn der Täter
1. in großem Ausmaß Steuern verkürzt oder nicht gerechtfertigte Steuervor teile erlangt,
2. seine Befugnisse oder seine Stellung als Amtsträger missbraucht,
3. die Mithilfe eines Amtsträgers ausnutzt, der seine Befugnisse oder seine Stellung missbraucht,
4. unter Verwendung nachgemachter oder verfälschter Belege fortgesetzt Steuern verkürzt oder nicht gerechtfertigte Steuervorteile erlangt, oder
5. als Mitglied einer Bande, die sich zur fortgesetzten Begehung von Taten nach Absatz 1 verbunden hat, Umsatz- oder Verbrauchssteuern verkürzt oder nicht gerechtfertigte Umsatz- oder Verbrauchssteuervorteile erlangt.

(4) Steuern sind namentlich dann verkürzt, wenn sie nicht, nicht in voller Höhe oder nicht rechtzeitig festgesetzt werden; dies gilt auch dann, wenn die Steuer vorläufig oder unter dem Vorbehalt der Nachprüfung festgesetzt wird oder eine Steueranmeldung einer Steuerfestsetzung unter Vorbehalt der Nachprüfung gleichsteht. Steuervorteile sind auch Steuervergütungen; nicht gerechtfertigte Steuervorteile sind erlangt, soweit sie zu Unrecht gewährt oder belassen werden. Die Voraussetzungen der Sätze 1 und 2 sind auch dann erfüllt, wenn die Steuer, auf die sich die Tat bezieht, aus anderen Gründen hätte ermäßigt oder der Steuervorteil aus anderen Gründen hätte beansprucht werden können.

(5) Die Tat kann auch hinsichtlich solcher Waren begangen werden, deren Einfuhr, Ausfuhr oder Durchfuhr verboten ist.

(6) Die Absätze 1 bis 5 gelten auch dann, wenn sich die Tat auf Einfuhr- oder Ausfuhrabgaben bezieht, die von einem anderen Mitgliedstaat der Europäischen Union verwaltet werden oder die einem Mitgliedstaat der Europäischen Freihandelsassoziation oder einem mit dieser assoziierten Staat zustehen. Das Gleiche gilt, wenn sich die Tat auf Umsatzsteuern oder auf die in Artikel 1 Absatz 1 der Richtlinie 2008/118/EG des Rates vom 16. Dezember 2008 über das allgemeine Verbrauchssteuersystem und zur Aufhebung der Richtlinie 92/12/EWG (ABl. L 9 vom 14.1.2009, S. 12) genannten harmonisierten Verbrauchssteuern bezieht, die von einem anderen Mitgliedstaat der Europäischen Union verwaltet werden.

(7) Die Absätze 1 bis 6 gelten unabhängig von dem Recht des Tatortes auch für Taten, die außerhalb des Geltungsbereiches dieses Gesetzes begangen werden.

§ 371 AO

(1) Wer gegenüber der Finanzbehörde zu allen Steuerstraftaten einer Steuerart in vollem Umfang die unrichtigen Angaben berichtigt, die unvollständigen Angaben ergänzt oder die unterlassenen Angaben nachholt, wird wegen dieser Steuerstraftaten nicht nach § 370 bestraft. Die Angaben müssen zu allen unverjährten Steuerstraftaten einer Steuerart, mindestens aber zu allen Steuerstraftaten einer Steuerart innerhalb der letzten zehn Kalenderjahre erfolgen.

(2) Straffreiheit tritt nicht ein, wenn

1. bei einer der zur Selbstanzeige gebrachten unverjährten Steuerstraftaten vor der Berichtigung, Ergänzung oder Nachholung
    a) dem an der Tat Beteiligten, seinem Vertreter, dem Begünstigten im Sinne des § 370 Absatz 1 oder dessen Vertreter eine Prüfungsanordnung nach § 196 bekannt gegeben worden ist, beschränkt auf den sachlichen und zeitlichen Umfang der angekündigten Außenprüfung, oder
    b) dem an der Tat Beteiligten oder seinem Vertreter die Einleitung des Straf- oder Bußgeldverfahrens bekannt gegeben worden ist oder
    c) ein Amtsträger der Finanzbehörde zur steuerlichen Prüfung erschienen ist, beschränkt auf den sachlichen und zeitlichen Umfang der Außenprüfung, oder
    d) ein Amtsträger zur Ermittlung einer Steuerstraftat oder einer Steuerordnungswidrigkeit erschienen ist oder
    e) ein Amtsträger der Finanzbehörde zu einer Umsatzsteuer-Nachschau nach § 27b des Umsatzsteuergesetzes, einer Lohnsteuer-Nachschau nach § 42g des Einkommensteuergesetzes oder einer Nachschau nach anderen steuerrechtlichen Vorschriften erschienen ist und sich ausgewiesen hat oder
2. eine der Steuerstraftaten im Zeitpunkt der Berichtigung, Ergänzung oder Nachholung ganz oder zum Teil bereits entdeckt war und der Täter dies wusste oder bei verständiger Würdigung der Sachlage damit rechnen musste,
3. die nach § 370 Absatz 1 verkürzte Steuer oder der für sich oder einen anderen erlangte nicht gerechtfertigte Steuervorteil einen Betrag von 25 000 Euro je Tat übersteigt, oder
4. ein in § 370 Absatz 3 Satz 2 Nummer 2 bis 5 genannter besonders schwerer Fall vorliegt.

Der Ausschluss der Straffreiheit nach Satz 1 Nummer 1 Buchstabe a und c hindert nicht die Abgabe einer Berichtigung nach Absatz 1 für nicht unter Satz 1 Nummer 1 Buchstabe a und c fallenden Steuerstraftaten einer Steuerart.

(2a) Soweit die Steuerhinterziehung durch Verletzung der Pflicht zur rechtzeitigen Abgabe einer vollständigen und richtigen Umsatzsteuervoranmeldung oder Lohnsteueranmeldung begangen worden ist, tritt Straffreiheit abweichend von den Absätzen 1 und 2 Satz 1 Nummer 3 bei Selbstanzeigen in dem Umfang ein, in dem der Täter gegenüber der zuständigen Finanzbehörde die unrichtigen Angaben berichtigt, die unvollständigen Angaben ergänzt oder die unterlassenen Angaben nachholt. Absatz 2 Satz 1 Nummer 2 gilt nicht, wenn die Entdeckung der Tat darauf beruht, dass eine Umsatzsteuervoranmeldung oder Lohnsteueranmeldung nachgeholt oder berichtigt wurde. Die Sätze 1 und 2 gelten nicht für Steueranmeldungen, die sich auf das Kalenderjahr beziehen. Für die Vollständigkeit der Selbstanzeige hinsichtlich einer auf das Kalenderjahr bezogenen Steueranmeldung ist die Berichtigung, Ergänzung oder Nachholung der Voranmeldungen, die dem Kalenderjahr nachfolgende Zeiträume betreffen, nicht erforderlich.

(3) Sind Steuerverkürzungen bereits eingetreten oder Steuervorteile erlangt, so tritt für den an der Tat Beteiligten Straffreiheit nur ein, wenn er die aus der Tat zu seinen Gunsten hinterzogenen Steuern, die Hinterziehungszinsen nach § 235 und die Zinsen nach § 233a, soweit sie auf die Hinterziehungszinsen nach § 235 Absatz 4 angerechnet werden, innerhalb der ihm bestimmten angemessenen Frist entrichtet. In Fällen des Absatzes 2a Satz 1 gilt Satz 1 mit der Maßgabe, dass die fristgerechte Entrichtung von Zinsen nach § 233a oder § 235 unerheblich ist.

(4) Wird die in § 153 vorgesehene Anzeige rechtzeitig und ordnungsgemäß erstattet, so wird ein Dritter, der die in § 153 bezeichneten Erklärungen abzugeben unterlassen oder unrichtig oder unvollständig abgegeben hat, strafrechtlich nicht verfolgt, es sei denn, dass ihm oder seinem Vertreter vorher die Einleitung eines Straf- oder Bußgeldverfahrens wegen der Tat bekannt gegeben worden ist. Hat der Dritte zum eigenen Vorteil gehandelt, so gilt Absatz 3 entsprechend.

§ 393 AO

(1) Die Rechte und Pflichten der Steuerpflichtigen und der Finanzbehörde im Besteuerungsverfahren und im Strafverfahren richten sich nach den für das jeweilige Verfahren geltenden Vorschriften. Im Besteuerungsverfahren sind jedoch Zwangsmittel (§ 328) gegen den Steuerpflichtigen unzulässig, wenn er dadurch gezwungen würde, sich selbst wegen einer von ihm begangenen Steuerstraftat oder Steuerordnungswidrigkeit zu belasten. Dies gilt stets, soweit gegen ihn wegen einer solchen Tat das Strafverfahren eingeleitet worden ist. Der Steuerpflichtige ist hierüber zu belehren, soweit dazu Anlass besteht.

(2) Soweit der Staatsanwaltschaft oder dem Gericht in einem Strafverfahren aus den Steuerakten Tatsachen oder Beweismittel bekannt werden, die der Steuerpflichtige der Finanzbehörde vor Einleitung des Strafverfahrens oder in Unkenntnis der Einleitung des Strafverfahrens in Erfüllung steuerrechtlicher Pflichten offenbart hat, dürfen diese Kenntnisse gegen ihn nicht für die Verfolgung einer Tat verwendet werden, die keine Steuerstraftat ist. Dies gilt nicht für Straftaten, an deren Verfolgung ein zwingendes öffentliches Interesse (§ 30 Abs. 4 Nr. 5) besteht.

(3) Erkenntnisse, die die Finanzbehörde oder die Staatsanwaltschaft rechtmäßig im Rahmen strafrechtlicher Ermittlungen gewonnen hat, dürfen im Besteuerungsverfahren verwendet werden. Dies gilt auch für Erkenntnisse, die dem Brief-, Post- und Fernmeldegeheimnis unterliegen, soweit die Finanzbehörde diese rechtmäßig im Rahmen eigener strafrechtlicher Ermittlungen gewonnen hat oder soweit nach den Vorschriften der Strafprozessordnung Auskunft an die Finanzbehörden erteilt werden darf.

LITERATURVERZEICHNIS

Altenhain, Karsten/
Haimerl, Michael
Die gesetzliche Regelung der Verständigung im Strafverfahren – eine verweigerte Reform –, in: JZ 2010, S. 327-
337.

Amelung, Knut
Prinzipien strafprozessualer Beweisverwertungsverbote
– Gesammelte Abhandlungen zur informationsrechtlichen
Rekonstruktion der Lehre von Beweisverwertungsverbo-
ten im deutschen Strafverfahren –, Hrsg: Wehnert, Karl-
Ernst, Berlin 2011, (zit: *Amelung*, Prinzipien strafprozes-
sualer Beweisverwertungsverbote, S.).

Aselmann, Maike
Die Selbstbelastungsfreiheit im Steuerrecht im Lichte der
aktuellen Rechtsprechung des Bundesgerichtshofs, in:
NStZ 2003, S. 71-75.

Aselmann, Maike
Die Selbstbelastungs- und Verteidigungsfreiheit – Ein Bei-
trag zu den Garantiewirkungen von Verfahrens-rechten im
Hinblick auf die Beweiswürdigung, Strafzu-messung und
Strafbarkeit des Beschuldigten im Straf-prozess –, Diss.
Univ. Göttingen 2004, Frankfurt/M 2004, (zit: *Aselmann*,
Die Selbstbelastungs- und Verteidigungsfreiheit, S.).

Bärlein, Michael/
Pananis, Panos/
Rehmsmeier, Jörg
Spannungsverhältnis zwischen Aussagefreiheit im Straf-
verfahren und den Mitwirkungspflichten im Verwaltungs-
verfahren, in: NJW 2002, S. 1825-1830.

Beckemper, Katharina
Nemo-tenetur-Grundsatz im Steuerstrafrecht – Verwert-
barkeit einer gescheiterten Selbstanzeige? –, in: ZIS 2012,
S. 221-227.

Berthold, Volker
Der Zwang zur Selbstbezichtigung aus § 370 Abs. 1 AO
und der Grundsatz des nemo tenetur, Diss. Univ. Kiel
1992, Frankfurt/M u.a. 1993, (zit: *Berthold*, Der Zwang zur
Selbstbezichtigung, S.).

Besson, Philipp A.
Das Steuergeheimnis und das Nemo-tenetur-Prinzip im
(steuer-)strafrechtlichen Ermittlungsverfahren, Diss. Univ.
Bochum 1996, Frankfurt/M 1997, (zit: *Besson*, Das Steuergeheimnis, S.).

Beulke, Werner/ *Satzger, Helmut*	Der fehlgeschlagene Deal und seine prozessualen Folgen – BGHSt 42, 191 –, in: JuS 1997, S. 1072-1080.
Beulke, Werner/ *Swoboda, Sabine*	Zur Verletzung des Fair-trial-Grundsatzes bei Absprachen im Strafprozess, in: JZ 2005, S. 67-75.
Bittmann, Folker/ *Rudolph, Carolin*	Das Verwendungsverbot gemäß § 97 Abs. 1 Satz 3 InsO, in: wistra 2001, S. 81-85.
Blesinger, Karl	Das Steuergeheimnis im Strafverfahren (Teil I), in: wistra 1991, S. 239-245.
Bonner *Kommentar*	zum Grundgesetz, Band 1 (Einleitung, Art. 1-3 GG),Band 2 (Art. 4-6 GG), Band 13 (Art. 89-104 GG), Heidelberg, Stand: Juni 2015 (173. Erg.Lfg), (zit: BK-GG/*Bearbeiter*, Art., Rn.).
Bosch, Nikolaus	Aspekte des nemo-tenetur-Prinzips aus verfassungsrechtlicher und strafprozessualer Sicht – Ein Beitrag zur funktionsorientierten Auslegung des Grundsatzes „nemo tenetur seipsum accusare" –, Diss. Univ. Augsburg 1997, Berlin 1998, (zit: *Bosch*, Aspekte des nemo-tenetur-Prinzips, S.).
Böse, Martin	Die Strafbarkeit wegen Steuerhinterziehung und der Nemo-tenetur-Grundsatz, in: wistra 2003, S. 47-51.
Böse, Martin	Die verfassungsrechtlichen Grundlagen des Satzes „Nemo tenetur se ipsum accusare", in: GA 2002, S. 98-128.
Böse, Martin	Wirtschaftsaufsicht und Strafverfolgung, Habil. Univ. Dresden 2003/2004, Tübingen 2005, (zit: *Böse*, Wirtschaftsaufsicht, S.).
Böttcher, Reinhard/ *Dahs, Hans/* *Widmaier, Gunter*	Verständigung im Strafverfahren – eine Zwischenbilanz –, in: NStZ 1993, 375-377.

Brinkmann, Michael — Schätzungen im Steuerrecht, Fälle – Methoden – Vermeidung – Abwehr, 3. Auflage, Berlin 2015 (zit: *Brinkmann*, Schätzungen im Steuerrecht, S.).

Bruns, Hans-Jürgen — Der „Verdächtige" als schweigeberechtigte Auskunftsperson und als selbständiger Prozessbeteiligter neben dem Beschuldigten und Zeugen?, in: Festschrift für Erich Schmidt-Leichner, Hrsg: Hamm, Rainer u.a., München 1977, S. 1-15, (zit: *Bruns* in FS Schmidt-Leichner 1977, S.).

Claßen, Rüttger — Besteuerung des Unrechts – Das Wirklichkeitsprinzip des § 40 AO im Licht der Einheit der Rechtsordnung –, Diss. Univ. Bonn 1981, (zit: *Claßen*, Besteuerung des Unrechts, S.).

Cramer, Peter — Absprachen im Strafprozess, in: Festschrift für Kurt Rebmann, Hrsg: Eyrich, Heinz u.a., München 1989, S. 145-159, (zit: *Cramer* in FS Rebmann 1989, S.).

Dahs, Hans — Absprachen im Strafprozeß – Chancen und Risiken –, in: NStZ 1988, S. 153-159.

Deal, Detlef — Der strafprozessuale Vergleich, in: StV 1982, S. 545-552.

Dencker, Friedrich — Verwertungsverbote und Verwendungsverbote im Strafprozeß, in: Strafverfahrensrecht in Theorie und Praxis, Festschrift für Lutz Meyer-Gossner, Hrsg: Eser, Albin u.a., München 2001, S. 237-255, (zit: *Dencker* in FS Meyer-Gossner 2001, S.).

Dierlamm, Alfred — Zur Verfassungsmäßigkeit des § 393 Abs. 2 Satz 2 AO unter besonderer Berücksichtigung des Nemo-tenetur-Prinzips – Anmerkungen zum Vorlagebeschluss des Landgerichts Göttingen vom 11.12.2007 (8 KLs 1/07) –, in: Festschrift für Volker Krey, Hrsg: Amelung, Knut u.a., Stuttgart 2010, S. 27-38, (zit: *Dierlamm* in FS Krey 2010, S.)

Dingeldey, Thomas — Das Prinzip der Aussagefreiheit im Strafprozeßrecht, in: JA 1984, S. 407-414.

Dingeldey, Thomas	Der Schutz der strafprozessualen Aussagefreiheit durch Verwertungsverbote bei außerstrafrechtlichen Aussage- und Mitwirkungspflichten, in: NStZ 1984, S. 529-534.
Dusch, Christian	Vermischung von Steufa und BuStra als rechtswidrige Konstruktion? – Zur behaupteten Rechtswidrigkeit von Mischsachgebieten in der Finanzverwaltung –, in: wistra 2013, S. 129-134.
Eich, Andreas	Die tatsächliche Verständigung im Steuerverfahren und Steuerstrafverfahren – Zulässigkeit – Rechtsnatur – Auswirkungen – Strategien –, Diss. Univ. Köln 1991, Köln 1992, (zit: *Eich*, Die tatsächliche Verständigung, S.).
Eidam, Lutz	Die strafprozessuale Selbstbelastungsfreiheit am Beginn des 21. Jahrhunderts, Diss. Univ. Frankfurt/M 2006, Frankfurt/M 2007, (zit: *Eidam*, Die strafprozessuale Selbstbelastungsfreiheit, S.).
Eidam, Lutz	Einschränkende Auslegung des Verwendungsverbotes aus § 393 II 1 AO im Fall einer Selbstanzeige gem. § 371 AO? – Eine Anmerkung zu BGH wistra 2004, 309 –, in: wistra 2004, S. 412-414.
Eidam, Lutz	Neuere Entwicklungen um den Grundsatz der Selbstbelastungsfreiheit und das Rechtsinstitut der Selbstanzeige im Steuerstrafverfahren – Eine Anmerkung zu BGH wistra 2005, 381 –, in: wistra 2006, S. 11-13.
Eisenberg, Ulrich	Beweisrecht der StPO, Spezialkommentar, 9. Auflage, München 2015 (zit: *Eisenberg*, Beweisrecht StPO, Rn.).
Englisch, Joachim	Bindende „tatsächliche" und „rechtliche" Verständigungen zwischen Finanzamt und dem Steuerpflichtigen, Bonn 2004, (zit: *Englisch*, Bindende „tatsächliche" und „rechtliche" Verständigungen, S.).
Erbs, Georg/ Kohlhaas, Max	Strafrechtliche Nebengesetze mit Straf- und Bußgeldvorschriften des Wirtschafts- und Verwaltungsrechts, Band I, München, Stand: Okt. 2015 (205. Erg.Lfg.), (zit: Erbs/ Kohlhaas/*Bearbeiter*, §, Rn.).

Eser, Albin   Aussagefreiheit und Beistand des Verteidigers im Er-
                                 mittlungsverfahren – Rechtsvergleichende Beobach-
                                 tungen zur Rechtsstellung des Beschuldigten –, in: ZStW
                                 79 (1967), S. 565-623.

Fezer, Gerhard   Inquisitionsprozess ohne Ende? – Zur Struktur des neuen
                                 Verständigungsgesetzes –, in: NStZ 2010, S. 177-185.

Fischer, Thomas   Ein Jahr Absprache-Regelung – Praktische Erfahrungen
                                 und gesetzlicher Ergänzungsbedarf –, in: ZRP 2010, S.
                                 249-251.

Fischer, Thomas   Strafgesetzbuch und Nebengesetze, 63. Auflage, Mün-
                                 chen 2016, (zit: *Fischer*, §, Rn.).

Flore, Ingo/   Steuerstrafrecht Kommentar, 2. Auflage, Köln 2016, (zit:
Tsambikakis, Michael   Flore/Tsambikakis/*Bearbeiter*, Steuerstrafrecht, Teil Kap.
                                 §, Rn.).

Franzheim, Horst   Beweisverbote bei Erkenntnissen der Eigenüberwachung,
                                 in: NJW 1990, S. 2049.

Gehm, Matthias H.   Problemfeld Schätzung im Steuer- und Steuerstraf-
                                 verfahren, in: NZWiSt 2015, S. 408-416.

Geppert, Klaus   Zur Beschlagnahme von Schadensakten privater (Kraft-
                                 fahrzeug-)Haftpflichtversicherer im (Verkehrs-) Straf-
                                 prozeß, in: DAR 1981, S. 301-307.

Graf, Jürgen-Peter/   Wirtschafts- und Steuerstrafrecht Kommentar, 1.Auflage,
Jäger, Markus/   München 2011 (zit: GJW/*Bearbeiter*, Wirtschafts- u. Steu-
Wittig, Petra   erstrafrecht, §, Rn.).

Graf, Jürgen Peter   Strafprozessordnung mit Gerichtsverfassungsgesetz und
                                 Nebengesetzen, 2. Auflage, München 2012, (zit: Graf/
                                 Bearbeiter, §, Rn.).

Grezesch, Wolf   Steuererklärungspflichten im Strafverfahren – zugleich ein
                                 Beitrag über die Zusammenarbeit zwischen Steuer-berater
                                 und Strafverteidiger vor dem Hintergrund der Entschei-
                                 dung des OLG Hamburg vom 7.5.1996 –, in: DStR 1997,
                                 S. 1273-1276.

Grünwald, Gerald	Probleme der Gegenüberstellung zum Zwecke der Wiedererkennung, in: JZ 1981, S. 423-429.
Gutmann, Thomas	Freiwilligkeit als Rechtsbegriff, Diss. Univ. München 2001, München 2001, (zit: *Gutmann*, Freiwilligkeit, S.).
Günther, Hans-Ludwig	Die Schweigebefugnis des Tatverdächtigen im Straf- und Bußgeldverfahren aus verfassungsrechtlicher Sicht, in: GA 1978, S. 193-206.
Hassemer, Winfried	Pacta sunt servanda – auch im Strafprozeß? – BGH, NJW 1989, 2270 –, in: JuS 1989, S. 890-895.
Hauer, Judith	Geständnis und Absprache, Diss. Univ. München 2007, Berlin 2007, (zit: *Hauer*, Geständnis und Absprache, S.).
Hefendehl, Roland	Beweisermittlungs- und Beweisverwertungsverbote bei Auskunfts- und Mitwirkungspflichten – das sog. Verwendungsverbot nach § 97 Abs. 1 S. 3 InsO –, in: wistra 2003, S. 1-9.
Hellmann, Uwe	Anmerkung zum Beschluss des BGH vom 10.1.2002 – 5 StR 452/01, in: JZ 2002, S. 617-620.
Hellmann, Uwe	Das Nebenstrafverfahrensrecht der Abgabenordnung, Habil. Univ. Osnabrück 1991/1992, Köln u.a. 1995, (zit: *Hellmann*, Das Nebenstrafverfahrensrecht der AO, S.).
Hellmann, Uwe	Das Steuerstrafrecht als Testfall des Nemo-tenetur-Prinzips, in: Festschrift für Manfred Seebode, Hrsg: Schneider, Hendrik u.a., Berlin 2008, S. 143-157, (zit: *Hellmann* in FS Seebode 2008, S.).
Hengstenberg, Achim	Die Frühwirkung der Verwertungsverbote – Eine Untersuchung der Bedeutung der Beweisverwertungs-verbote für die strafprozessualen Verdachtsbeurteilungen –, Diss. Köln 2006, Hamburg 2007, (zit: *Hengstenberg*, Die Frühwirkung der Verwertungsverbote, S.).
Hildebrandt, Bernd	Verwertungsverbote für Tatsachen oder Beweismittel im Steuerstrafverfahren und im Besteuerungsverfahren, in: DStR 1982, S. 20-25.

Horn, Norbert	Einführung in die Rechtswissenschaft und Rechtsphilosophie, 5. Auflage, Heidelberg 2011, (zit: *Horn*, Einführung in die Rechtswissenschaft, §, Rn.).
Höft, Roland Danelsing, Walter Grams, Harald Rook, Kersten	Schätzung von Besteuerungsgrundlagen, Besteuerungsverfahren, Finanzgerichtliches Verfahren, Steuerstrafverfahren, Stuttgart 2014, (zit: *Höft/Danelsing/Grams/Rook*, Schätzung, S.).
Höll, Christian	Die Mitteilungspflichten bei Korruptionssachverhalten im Regelungsgefüge des Steuergeheimnisses, in: ZIS 2010, S. 309-319.
Hübschmann, Walter/ Hepp, Ernst/ Spitaler, Armin	Kommentar zur AO und FGO, Band II (§§ 4-32 AO), Band III (§§ 33-77 AO), Band IV (§§ 78-117 AO), Band V (§§ 118-173 AO), Band VI (§§ 174-203 AO), Band VII (§§ 204-250 AO), Band IX (§§ 347-373 AO), Band X (§§ 374-415 AO, 1-13 FGO), Köln, Stand: Juli 2015 (233. Erg.Lfg.), (zit: HHSp/*Bearbeiter*, §, Rn.).
Jarass, Hans D./ Pieroth, Bodo	GG Grundgesetz für die Bundesrepublik Deutschland Kommentar, 13. Auflage, München 2014, (zit: Jarass/Pieroth/*Bearbeiter*, Art., Rn.).
Jarke, Annette	Das Verwertungsverbot des § 393 Abs. 2 S. 1 AO – Einige kritische Anmerkung zum Beschluß des BayObLG vom 6.8.1996 –, in: wistra 1997, S. 325-327.
Jäger, Ernst	Insolvenzordnung Großkommentar, Band 2 (§§ 56-102), 1. Auflage, Berlin 2007, (zit: Jäger/*Bearbeiter*, §, Rn.).
Jesse, Lenhard	Das Nebeneinander von Besteuerungs- und Steuerstrafverfahren – Eine kritische Bestandsaufnahme zwischen Wahrheitspflicht und Schweigerecht –, in: DB 2013, S. 1803-1814.
Jochum, Heike	Grundfragen des Steuerrechts – Eine verfassungsrechtliche und methodische Einführung für Lehre und Praxis, Tübingen 2012, (zit: *Jochum*, Grundfragen des Steuerrechts, S.).

Joecks, Wolfgang *Jäger, Markus* Randt, Karsten	Steuerstrafrecht mit Zoll- und Verbrauchsteuerstrafrecht, Kommentar (§§ 369-412 AO; § 32 ZollVG), 8. Auflage, München 2015 (zit: JJR/*Bearbeiter*, §, Rn.).
Joecks, Wolfgang	Der nemo-tenetur-Grundsatz und das Steuerstrafrecht, in: Festschrift für Günter Kohlmann, Hrsg: Hirsch, Hans-Joachim, Köln 2003, S. 451-464, (zit: *Joecks* in FS Kohlmann 2003, S.).
Joecks, Wolfgang	Urkundenfälschung „in Erfüllung steuerrechtlicher Pflichten" (§ 393 Abs. 2 Satz 1 AO)?, in: wistra 1998, S. 86-91.
Karlsruher Kommentar	zur Strafprozessordnung, GVG, EGGVG, EMRK, Hrsg: Hannich, Rolf, 7. Auflage, München 2013, (zit: KK-StPO/*Bearbeiter*, §, Rn.).
Kasiske, Peter	Die Selbstbelastungsfreiheit im Strafprozess, in: JuS 2014, S. 15-20.
Klein, Franz	Abgabenordnung Kommentar (einschließlich Steuerstrafrecht), 12. Auflage, München 2014, (zit: Klein/*Bearbeiter*, §, Rn.).
Klug, Oliver K.-F.	Zur Rechtmäßigkeit steuerstrafrechtlicher Ermittlungen der Betriebsprüfer, Diss. Univ. Köln 1998, Lohmar 1998, (zit: *Klug*, Zur Rechtmäßigkeit, S.).
Koch, Karl/ *Scholtz, Rolf-Detlev*	Abgabenordnung Kommentar, 5. Auflage, Köln u.a. 1996, (zit: Koch/Scholtz/*Bearbeiter*, §, Rn.).
Koeniq, Ulrich	Abgabenordnung, §§ 1 bis 368, Kommentar, 3. Auflage München 2014 (zit: Koenig/*Bearbeiter*, §, Rn.).
Kohlmann, Günter	Steuerstrafrecht mit Ordnungswidrigkeitenrecht und Verfahrensrecht, Kommentar zu den §§ 369-412 AO, Band I (§§ 369-379), Band II (§§ 380-412), Köln, Stand: Nov. 2015 (53. Erg.Lfg.), (zit: Kohlmann/*Bearbeiter*, §, Rn.).
Kohlmann, Günter	Strafprozessuale Verwertungsverbote als Schranken für steuerliche und steuerstrafrechtliche Ermittlungen der Fahndungsbehörden, in: Die Steuerrechtsordnung in der Diskussion, Festschrift für Klaus Tipke, Hrsg: Lang, Joachim u.a., Köln 1995, S. 487-508, (zit: *Kohlmann* in FS Tipke 1995, S.).

Kopp, Ferdinand/ *Ramsauer, Ulrich*	VwVfG Verwaltungsverfahrensgesetz Kommentar, 16. Auflage, München 2015, (zit: *Kopp/Ramsauer*, §, Rn.).
Kopp, Ferdinand/ *Schenke, Wolf-Rüdiger*	VwGO Verwaltungsgerichtsordnung Kommentar, 21. Auflage, München 2015, (zit: *Kopp/Schenke*, §, Rn.).
Köhler, Michael	Prozeßrechtsverhältnis und Ermittlungseingriffe,in: ZStW 107 (1995), S. 10-47.
Kölbel, Ralf	Selbstbelastungsfreiheiten – Der nemo-tenetur-Satz im materiellen Strafrecht, Habil. Univ. Jena 2005, Berlin 2006, (zit: *Kölbel*, Selbstbelastungsfreiheiten, S.).
Kühne, Hans-Heiner	Strafprozessrecht – Eine systematische Darstellung des deutschen und europäischen Strafverfahrensrechts –, 9. Auflage, Heidelberg 2015, (zit: *Kühne*, Strafprozessrecht, S., Rn.).
Leibold, Tanja	Steuersünder unter Druck – Strafbefreiende Selbstanzeige wurde verschärft – Spielräume bei der Strafzumessung werden enger, in: NZWiSt 2015, S. 74-80
Lesch, Heiko	Anmerkung zum Beschluss des BGH von 12.1.2005 – 5 StR 191/04, in: JR 2005, S. 302-304.
Lesch, Heiko	Inquisition und rechtliches Gehör in der Beschuldigtenvernehmung, in: ZStW 111 (1999), S. 624-646.
List, Heinrich	Das Verhältnis von Strafverfahren und Besteuerungsverfahren (§ 393 AO) in verfassungsrechtlicher Sicht, in: DB 2006, S. 469-473.
Lockmann, Judith	Verständigung zwischen Finanzbehörde und Steuerpflichtigem: Die „tatsächliche Verständigung" – Grundlagen, Voraussetzungen und Folgen, Diss. Univ. Osnabrück 2012, Hamburg 2013 (zit: *Lockmann*, Verständigung, S.)

Löwe, Ewald/ *Rosenberg, Werner*	Die Strafprozessordnung und das Gerichtsverfassungsgesetz, Großkommentar, Band 1 (Einleitung, §§ 1-47 StPO, Sachregister), 26. Auflage, Berlin 2006, Band 2 (§§ 48-93 StPO), 26. Auflage Berlin 2008, Band 6/Teil 2 (§§ 256-295 StPO), 26. Auflage Berlin 2013, Band 11 (EMRK, IP-BPR), 26. Auflage Berlin 2012, (zit: LR-StPO/*Bearbeiter*, §/Art., Rn.).
Marx, Thomas	Nemo tenetur se ipsum accusare? – Der Steuerpflichtige in der Klemme von Besteuerungs- und Strafverfahren –, in: Festschrift 50 Jahre Arbeitsgemeinschaft der Fachanwälte für Steuerrecht e.V., Hrsg: Arbeitsgemeinschaft der Fachanwälte für Steuerrecht e.V. Bochum, Herne/Berlin 1999, S. 673-680, (zit: *Marx* in FS 50 Jahre AG der FAe für SteuerR 1999, S.).
Maier, Winfried	Reichweite des Verwertungsverbotes nach § 393 Abs. 2 Satz 1 AO – Zum Beschluß des Bayerischen Obersten Landesgerichts vom 6. August 1996, wistra 1996, 353 –, in: wistra 1997, S. 53-54.
Maunz, Theodor/ *Dürig, Günter*	Grundgesetz Kommentar, Band I (Texte-Art. 5 GG), Band IV (Art. 86-106a GG), München, Stand: Sep. 2015 (75. Erg.Lfg.), (zit: Maunz/Dürig/*Bearbeiter*, Art., Rn.).
Meine, Hans-Gerd	Die Reichweite des Verwertungsverbotes nach § 393 Abs. 2 AO, in: wistra 1985, S. 186-187.
Metz, Jochen	Aufklärungspflicht des Versicherungsnehmers über unentdeckte Straftaten – versicherungs- und strafrechtliche Aspekte, in: VersR 2010, S. 1265-1271.
Meyer, Ingeborg M.	Steuerstrafrechtliche Probleme bei Betriebsprüfungen, in: DStR 2001, S. 461-467.
Meyer-Goßner, Lutz	Strafprozessordnung, GVG, Nebengesetze und ergänzende Bestimmungen, 58. Auflage, München 2015, (*Meyer-Goßner*, §, Rn.).
Michalke, Regina	Die Verwertbarkeit von Erkenntnissen der Eigenüberwachung zu Beweiszwecken im Straf- und Ordnungswidrigkeitenverfahren, in: NJW 1990, S. 417-421.

Möller, Hauke	Verfassungsrechtliche Überlegungen zum „nemo-tenetur"-Grundsatz und zur strafmildernden Berücksichtigung von Geständnissen, in: JR 2005, S. 314-320.
Mösbauer, Heinz	Steuerliche Außenprüfung – (Betriebsprüfung), Steuerfahndung, Steueraufsicht, 2. Auflage, München 2005, (zit: *Mösbauer*, Steuerliche Außenprüfung, S.).
Murmann, Uwe	Reform ohne Wiederkehr? – Die gesetzliche Regelung der Absprachen im Strafverfahren –, in: ZIS 2009, S. 526-538.
Müller, Martin	Probleme um eine gesetzliche Regelung der Absprachen im Strafverfahren, Diss. Univ. Erlangen-Nürnberg 2007, Köln u.a. 2008, (zit: *Müller*, Probleme um eine gesetzliche Regelung, S.).
Münchener Kommentar	zum Bilanzrecht, Band 2 (§§ 238-342e HGB), Hrsg: Henn-richs, Joachim u.a., München 2013, (zit: MüKo-BilanzR/*Bearbeiter*, §, Rn.).
Münchener Kommentar	zur Insolvenzordnung, Band 2 (§§ 80-216 InsO), Hrsg: Kirchhof, Hans-Peter u.a., 3. Auflage, München 2013, (zit: MüKo-InsO/*Bearbeiter*, §, Rn.).
Nothelfer, Martin	Die Freiheit von Selbstbezichtigungszwang – Verfassungsrechtliche Grundlagen und einfachgesetzliche Ausformungen –, Diss. Univ. Heidelberg 1987, Heidelberg 1989, (zit: *Nothelfer*, Die Freiheit von Selbstbezichtigungszwang, S.).
Ostendorf, Heribert	Der Wandel vom klassischen zum ökonomischen Strafprozess, in: ZIS 2013, S. 172-180.
Pawlik, Michael	Verdeckte Ermittlungen und das Schweigerecht des Beschuldigten – Zu den Anwendungsgrenzen der §§ 136 Abs. 1 Satz 2 und 136a StPO –, in : GA 1998, S. 378-389.
Peters, Julia	Urteilsabsprachen im Strafprozess – Die deutsche Regelung im Vergleich mit Entwicklungen in England & Wales, Frankreich und Polen –, Diss. Univ. Göttingen 2009/10, Göttingen 2011, (zit: *Peters*, Urteilsabsprachen im Strafprozess, S.).

Pflaum, Ulrich	Kooperative Gesamtbereinigung von Besteuerungs- und Steuerstrafverfahren – Die Verbindung von steuerrechtlicher und strafprozessualer Verständigung –, Diss. Univ. Bayreuth 2009/2010, Berlin 2010, (zit: *Pflaum*, Kooperative Gesamtbereinigung, S.).
Poretschkin, Alexander	Strafprozess versus Wahrheitspflicht des Soldaten, in: DRiZ 2009, S. 288-290.
Radtke, Henning *Hohmann, Olaf*	Strafprozessordnung Kommentar, 1. Auflage, München 2011 (zit: Radtke/Hohmann/*Bearbeiter*, §, Rn.).
Ranft, Otfried	Strafprozessrecht – Systematische Lehrdarstellung für Studium und Praxis –, 3. Auflage Stuttgart u.a. 2005, (zit: *Ranft*, Strafprozessrecht, §, Rn.).
Raupach, Arndt	Darf das Steuerrecht andere Teile der Rechtsordnung stören? – Zur Eigenständigkeit des Steuerrechts und deren Grenzen –, in: Die Steuerrechtsordnung in der Diskussion – Festschrift für Klaus Tipke, Hrsg: Lang, Joachim, Köln 1995, S. 105-124, (zit: *Raupach* in FS Tipke 1995, S.).
Reiß, Wolfram	Besteuerungsverfahren und Strafverfahren, Habil. Univ. Bonn 1985/86, Köln 1987, (zit: *Reiß*, Besteuerungsverfahren, S.).
Reiß, Wolfram	Gesetzliche Auskunftsverweigerungsrechte bei Gefahr der Strafverfolgung in öffentlichrechtlichen Verfahren, in: NJW 1982, S. 2540-2541.
Reiß, Wolfram	Zwang zur Selbstbelastung nach der neuen Abgabenordnung, in: NJW 1977, S. 1436-1437.
Reiter, Christian H. M.	„Nemo tenetur se ipsum prodere" und Steuererklärungspflicht – Zur Strafbarkeit der wiederholenden Hinterziehung periodischer Veranlagungs- und Fälligkeitssteuern im anhängigen Steuerstrafverfahren –, Diss. Univ. Bayreuth 2007, München 2007, (zit: *Reiter*, Nemo tenetur se ipsum prodere, S.).
Rengier, Rudolf	Anmerkung zum Urteil des OLG Celle v. 16.2.1982 – 1 Ss 605/81, in: JR 1982, S. 477-479.

174

Rengier, Rudolf	Aushöhlung der Schweigebefugnis des auch steuerlich belangten Beschuldigten durch „nachteilige" Schätzung der Besteuerungsgrundlagen? in: BB 1985, S. 720-723.
Richter, Hans	Auskunfts- und Mitteilungspflichten nach §§ 20, 97 Abs. 1 ff. InsO, in: wistra 2000, S. 1-5.
Rieß, Peter	Die Vernehmung des Beschuldigten im Strafprozeß, in: JA 1980, S. 293-301.
Rogall, Klaus	Beweiserhebungs- und Beweisverwertungsverbote im Spannungsfeld zwischen den Garantien des Rechtsstaates und der effektiven Bekämpfung von Kriminalität und Terrorismus, in: JZ 2008, S. 818-830.
Rogall, Klaus	Das Verwendungsverbot des § 393 II AO, in: Festschrift für Günter Kohlmann, Hrsg: Hirsch,Hans-Joachim, Köln 2003, S. 465-498, (zit: *Rogall* in FS Kohlmann 2003, S.).
Rogall, Klaus	Der Beschuldigte als Beweismittel gegen sich selbst – Ein Beitrag zur Geltung des Satzes „Nemo tenetur seipsum prodere" im Strafprozeß –, Diss. Univ. Bonn 1975/76, Berlin 1977, (zit: *Rogall*, Der Beschuldigte, S.).
Rogall, Klaus	Die Mißachtung des Verbots der Selbstbelastung im geltenden und kommenden Abgabenrecht, in: ZRP 1975, S. 278-281.
Rogall, Klaus	Die Selbstbelastungsfreiheit vor neuen Herausforderungen, in: Festschrift für Werner Beulke, Hrsg: Fahl, Christian u.a., Heidelberg 2015, S. 973-986, (zit: Rogall in FS Beulke 2015, S.).
Rogall, Klaus	Verbot des Selbstbelastungszwangs im Steuerstrafverfahren, in: NStZ 2006, S. 41-44.
Rolletschke, Stefan	Die neuere Rechtsprechung zum Nebeneinander von Strafverfahren und Besteuerungsverfahren, in: StV 2005, S. 355-359.
Rolletschke, Stefan/ Kemper, Martin	Steuerverfehlungen – Kommentar zum Steuerstrafrecht AO, UStG, ZollVG, Stand: Mai 2015 (104. Erg.Lfg.), Köln, (zit: Rolletschke/Kemper/ *Bearbeiter*, §, Rn.).

Rüping, Hinrich	Zur Mitwirkungspflicht des Beschuldigten und Angeklagten, in: JR 1974, S. 135-140.
Rüping, Hinrich/ Kopp, Thomas	Steuerrechtliche Mitwirkungspflichten und strafrechtlicher Schutz vor Selbstbelastung, in: NStZ 1997, S. 530-534.
Rüster, Susanne	Der Steuerpflichtige im Grenzbereich zwischen Besteuerungsverfahren und Strafverfahren, Diss. Univ. Berlin 1987, Göttingen 1988, (zit: *Rüster*, Der Steuerpflichtige, S.).
Rüster, Susanne	Rechtsstaatliche Probleme im Grenzbereich zwischen Besteuerungsverfahren und Strafverfahren, in: wistra 1988, S. 49-56.
Rütters, Stefan	Behördliche Mitteilungen nach § 31a AO und Freiheit vom Zwang zur Selbstbelastung, in: wistra 2014, S. 378-384.
Safferling, Christoph/ Hartwig, Alena	Das Recht zu schweigen und seine Konsequenzen – Entwicklungen in nationalen und internationalen Strafverfahren –, in: ZIS 2009, S. 784-794.
Sahan, Oliver	Keine Steuererklärungspflicht bei Gefahr strafrechtlicher Selbstbelastung – Renaissance des „nemo tenetur" vor dem Hintergrund des Steuerverkürzungsbekämpfungsgesetzes und der neuen BGH-Rechtsprechung –, Diss. Univ. Hamburg 2005, Köln 2006, (zit: *Sahan*, Keine Steuererklärungspflicht, S.).
Salditt, Franz	Bürger zwischen Steuerrecht und Strafverfolgung, in: Steuerstrafrecht an der Schnittstelle zum Steuerrecht, Hrsg: Mellinghoff, Rudolf, Köln 2015, S. 277-299, (zit: *Salditt*, Steuerstrafrecht an der Schnittstelle zum Steuerrecht, S.).
Schaefer, Torsten	Der Nemo-tenetur-Grundsatz im Steuerstrafverfahren, Diss. Univ. Osnabrück, Marburg 2007, (zit: *Schaefer*, Der Nemo-tenetur-Grundsatz, S.).
Schäfer, Karl	Einige Bemerkungen zu dem Satz „nemo tenetur se ipsum accusare", in: Festschrift für Hans Dünnebier, Hrsg: Hanack, Ernst-Walter u.a., Berlin 1982, S. 11-51, (zit: *Schäfer* in FS Dünnebier 1982, S.).

Scherer, Werner *Alff, Richard* *Poretschkin, Alexander*	Soldatengesetz sowie Reservistinnen- und Reservisten-gesetz Kommentar, 9. Auflage, München 2013, (zit: *Scherer/Alff/Poretschkin*, §, Rn.).
Schick, Walter	Die Steuererklärung, in: StuW 1988, S. 301-334.
Schick, Walter	Steuerfahndung im Rechtsstaat, in: JZ 1982, S. 125-132.
Schleifer, Carl-Hermann	Zum Verhältnis von Besteuerungs- und Steuerstrafver-fahren, in: wistra 1986, S. 250-253.
Schmidt-Hieber, Werner	Der strafprozessuale „Vergleich" – eine illegale Kungelei?, in: StV 1986, S. 355-357.
Schmidt-Hieber, Werner	Verständigung im Strafverfahren – Möglichkeiten und Grenzen für die Beteiligten in den Verfahrensab-schnitten –, München 1986, (zit: *Schmitt-Hieber*, Ver-ständigungen im Strafverfahren, S.).
Schneider, Hartmut	Grund und Grenzen des strafrechtlichen Selbstbegüns-tigungsprinzips – auf der Basis eines generalpräventiv-funktionalen Schuldmodells –, Diss. Univ. Berlin 1990, Berlin 1991, (zit: *Schneider*, Grund und Grenzen, S.).
Schünemann, Bernd	Ein deutsches Requiem auf den Strafprozess des libera-len Rechtsstaats, in: ZRP 2009, S. 104-107.
Schwarz, Bernhard *Pahlke, Armin*	AO/FGO Kommentar Abgabenordnung, Finanzgerichts-ordnung, Band 1 (Stichwortverzeichnis AO, §§ 1-92 AO), Band 2 (§§ 93-178a AO), Band 3 (§§ 179-321 AO), Band 4 (§§ 322-415 AO), Freiburg, Stand: Nov. 2015 (167. Erg.Lfg.), (zit: Schwarz/Pahlke/*Bearbeiter*, §, Rn.).
Seer, Roman	Der Konflikt zwischen dem Schweigerecht des Beschul-digten im Steuerstrafverfahren und seiner Mitwirkungs-pflicht im Besteuerungsverfahren, in: StB 1987, S. 128-132.
Seer, Roman	Verständigungen an der Schnittstelle von Steuer- und Steuerstrafverfahren, in: BB 2015, S. 214-220.
Seer, Roman	Verständigungen im Steuerverfahren, Habil. Univ. Köln 1996, Köln 1996, (zit: *Seer*, Verständigungen im Steu-erverfahren, S.).

Seer, Roman	Verständigungen in Steuer- und Steuerstrafverfahren, in: Steuerstrafrecht an der Schnittstelle zum Steuerrecht, Hrsg: Mellinghoff, Rudolf, Köln 2015, S. 313-340, (zit: *Seer* in Steuerstrafrecht an der Schnittstelle zum Steuerrecht, S.).
Seier, Jürgen	Der strafprozessuale Vergleich im Lichte des § 136a StPO, in: JZ 1988, S. 683-688.
Simon, H. Eberhard/ Vogelberg, Claus-Arnold	Steuerstrafrecht, 3. Auflage, Stuttgart 2011, (zit: Simon/ Vogelberg/*Bearbeiter*, Steuerstrafrecht, S., Rn.).
Spatscheck, Rainer	Die Rolle des Steuer(straf)rechts bei der Korruptionsbekämpfung, in: NJW 2006, S. 641-645.
Spriegel, Helmut	Steuergeheimnis und nichtsteuerliche Straftat, in: wistra 1997, S. 321-325.
Spriegel, Helmut	Steuergeheimnis und Strafverfahren, Diss. Univ. Augsburg 1998, Aachen 1999, (zit: *Spriegel*, Steuergeheimnis und Strafverfahren, S.).
Spriegel, Helmut	Zum Verhältnis von Besteuerungsverfahren und Steuerstrafverfahren – § 393 Abs. 1 AO: Vorschrift ohne Regelungsgehalt? –, in: Festschrift für Wolfgang Jakob, Hrsg: Hörmann, Norbert u.a., Augsburg 2001, S. 221-228, (zit: *Spriegel* in FS Jakob 2001, S.).
Stam, Fabian	Strafverfolgung bei Straftaten von Bundeswehrsoldaten im Auslandseinsatz, Diss. Univ. Köln, 2014, Berlin 2014, (zit: *Stam*, Strafverfolgung, S.).
Stam, Fabian	Strafverfolgung von Bundeswehrsoldaten im Auslandseinsatz, in: ZIS 2010, S. 628-631.
Streck, Michael/ Spatscheck, Rainer	Steuerliche Mitwirkungspflicht trotz Strafverfahrens?, in: wistra 1998, S. 334-342.
Stuckenberg, Carl-Friedrich	Entscheidungsbesprechung – Zur Verfassungsmäßigkeit der Verständigung im Strafverfahren – Urteil des BVerfG v. 19.3.2013 – 2 BvR 2628/10, 2 BvR 2883/10, 2 BvR 2155/11 –, in: ZIS 2013, S. 212-219.

Stürner, Rolf	Strafrechtliche Selbstbelastung und verfahrensförmige Wahrheitsermittlung, in: NJW 1981, S. 1757-1763.
Systematischer Kommentar	zum Strafgesetzbuch, Band IV (§§ 267-323 StGB), Hrsg: Rudolphi, Hans Joachim u.a., Stand: Dez. 2014, (148. Erg.Lfg), (zit: SK-StGB/*Bearbeiter*, §, Rn.).
Systematischer Kommentar	zur Strafprozessordnung – Mit GVG und EMRK –, Band I (§§ 1-93 StPO), 4. Auflage Köln 2014, Band II (§§ 94-136a StPO), 5. Auflage Köln 2016, Band IV (§§ 198-246 StPO), 5. Auflage Köln 2015, Band V (§§ 246a-295 StPO), 4. Auflage Köln 2012, Band X (EMRK), 4. Auflage Köln 2012, Hrsg: Wolter, Jürgen, (zit: SK-StPO/ *Bearbeiter*, §, Rn.).
Talaska, Peter	Mitwirkungspflichten des Steuerpflichtigen im Spannungsfeld von Besteuerungs- und Steuerstrafverfahren, Diss. Univ. Düsseldorf 2006, Frankfurt/M 2006, (zit: *Talaska*, Mitwirkungspflichten, S.).
Teske, Doris	Das Verhältnis von Besteuerungs- und Steuerstraf-verfahren unter besonderer Berücksichtigung des Zwangsmittelverbots (§ 393 Abs. 1 S. 2 und S. 3 AO), in: wistra 1988, S. 207-216.
Teske, Doris	Die Abgrenzung der Zuständigkeiten und der Beweisverfahren im Besteuerungsverfahren und im Steuerstrafverfahren unter besonderer Berücksichtigung des § 393 AO de lege lata und de lege ferenda, Diss. Univ. Köln 1987, (zit: *Teske*, Die Abgrenzung der Zuständigkeiten, S.).
Theile, Hans	Wahrheit, Konsens und § 257 c StPO, in: NStZ 2012, S. 666-671.
Tipke, Klaus/ Kruse, Heinrich-Wilhelm	Abgabenordnung, Finanzgerichtsordnung, Kommentar zur AO und FGO (ohne Steuerstrafrecht), Band I (§§ 1-154), Band II (§§ 155-368 AO, FVG, VwZG); Köln, Stand: Nov. 2015 (142. Erg.Lfg.), (zit: TK/*Bearbeiter*, §, Rn.).
Tipke, Klaus/ Lang, Joachim	Steuerrecht, 22. Auflage, Köln 2015, (zit: Tipke/Lang/ *Bearbeiter*, Steuerrecht, §, Rn.).

Torka, Ronald	Nachtatverhalten und Nemo tenetur – Eine Untersuchung über die Grenzen „zulässiger Verteidigung" und die Relevanz des Nemo-tenetur-Prinzips bei der Strafzumessung selbstbegünstigenden Nachtatver-haltens gem. § 46 Abs. 2 StGB –, Diss. Univ. Passau 1998/1999, Berlin 2000, (zit: *Torka*, Nachtatverhalten, S.).
Tormöhlen, Helmut	Der nemo-tenetur-Grundsatz im Steuerstrafverfahren und die Mitwirkungspflichten für nicht strafbefangene Veranlagungszeiträume, in: Gestaltung und Abwehr im Steuerrecht, Festschrift für Klaus Korn, Hrsg: Carlé, Dieter u.a., Bonn u.a. 2005, S. 779-797, (zit: *Tormöhlen* in FS Korn 2005, S.).
Uhlenbruck, Wilhelm	Insolvenzordnung Kommentar, 14. Auflage, München 2015, (zit: *Uhlenbruck*, §, Rn.).
Verrel, Torsten	Die Selbstbelastungsfreiheit im Strafverfahren – Ein Beitrag zur Konturierung eines überdehnten Verfahrensgrundsatzes –, Habil. Univ. München 2000/2001, München 2001, (zit: *Verrel*, Die Selbstbelastungsfreiheit im Strafverfahren, S.).
Verrel, Torsten	Nemo tenetur – Rekonstruktion eines Verfahrensgrundsatzes – 1. Teil, in: NStZ 1997, S. 361-365.
Verrel, Torsten	Nemo tenetur – Rekonstruktion eines Verfahrensgrundsatzes – 2. Teil, in: NStZ 1997, S. 415-420.
Volk, Klaus	Zur Schätzung im Steuerstrafrecht, in: Festschrift für Günter Kohlmann, Hrsg: Hirsch, Hans Joachim, Köln 2003, S. 579-589, (zit: *Volk* in FS Kohlmann 2003, S.).
von Stetten, Annette	Strafprozessuale Verwertung von beschlagnahmten Akten privater KfZ-Haftpflichtversicherer, in: JA 1996, S. 55-60.
Wabnitz, Heinz-Bernd Janovsky, Thomas	Handbuch des Wirtschafts- und Steuerstrafrechts, 4. Auflage, München 2014 (zit: Wabnitz/Janovsky/*Bearbeiter*, Handbuch des Wirtschafts- u. Steuerstrafrechts, Kap., Rn.).
Weigend, Thomas	Abgesprochene Gerechtigkeit – Effizienz durch Kooperation im Strafverfahren? – in: JZ 1990, S. 774-782.

Weigend, Thomas	Anmerkung II zum Urteil des BVerfG vom 19.03.2013 – 2 BvR 2628/10, in: StV 2013, S. 424-427.
Weiß, Wolfgang	Der Schutz des Rechts auf Aussageverweigerung durch die EMRK, in: NJW 1999, S. 2236-2237.
Wendeborn, Matthias-Martin	Das Recht der Steuerfahndung gemäß §§ 208, 404 AO – Eine Untersuchung der geschichtlichen Entwicklung, der Aufgaben und Befugnisse, der Organisation und der örtlichen Zuständigkeit, der verfassungsrechtlichen Probleme –, Diss. Univ. Hamburg 1988, Frankfurt/M 1989, (zit: *Wendeborn*, Das Recht der Steuerfahndung, S.).
Wessels, Johannes	Schweigen und Leugnen im Strafverfahren, in: JuS 1966, S. 169-176.
Widmaier, Gunter	Der strafprozessuale Vergleich, in: StV 1986, S. 357-359.
Wolff, Heinrich Amadeus	Selbstbelastung und Verfahrenstrennung – Das Verbot des Zwanges zur aktiven Mitwirkung am eigenen Strafverfahren und seine Ausstrahlungswirkung auf die gesetzlichen Mitwirkungspflichten des Verwaltungsrechts –, Diss. Univ. Speyer 1995/96, Berlin 1997, (zit: *Wolff*, Selbstbelastung und Verfahrenstrennung, S.).
Wulf, Martin	Steuererklärungspflichten und „nemo-tenetur" – zur Strafbarkeit wegen Steuerhinterziehung bei Einkünften aus illegalem Verhalten –, in: wistra 2006, S. 89-96.
Wulf, Martin/ Ruske, Alexander	Steine statt Brot – die Feststellung der Verfassungswidrigkeit von § 393 Abs. 2 Satz 2 AO ist aufgeschoben –, in: Stgb 2010, S. 443-447.
Würtenberger, Thomas	Über „Wertfreiheit" und „Einheit der Rechtsordnung" im Steuerrecht, in: FR 21 (1966), S. 20-26.

Aus unserem Verlagsprogramm:

Jan Hofmann
Strafe und Strafzumessung bei der Steuerhinterziehung
Hamburg 2016 / 326 Seiten / ISBN 978-3-8300-9192-9

Samira Radwan
Steuerhinterziehung bei Erwirken eines unrichtigen
Grundlagenbescheids im Feststellungsverfahren
Hamburg 2016 / 290 Seiten / ISBN 978-3-8300-9010-6

Johann Quatmann
Zur Strafvereitelung durch unberechtigte Zeugnisverweigerung
Hamburg 2016 / 216 Seiten / ISBN 978-3-8300-8893-6

Qian Li
Das Beweisverbot des § 252 StPO
Hamburg 2015 / 272 Seiten / ISBN 978-3-8300-8741-0

Sandra Kirbach
Die strafbefreiende Selbstanzeige – Kritische Analyse der
Verschärfungen durch das Schwarzgeldbekämpfungsgesetz
Hamburg 2015 / 384 Seiten / ISBN 978-3-8300-8390-0

Christian Schneider
Beweisverbote aus dem Fair-Trial-Prinzip des Art. 6 EMRK
Der Nemo-tenetur-Grundsatz im Lichte der EMRK
Hamburg 2013 / 442 Seiten / ISBN 978-3-8300-7383-3

Maya Maresa Korte
Der Strafbefreiungsgrund der Zustimmung im Falle von
Beeinträchtigungen der Intimsphäre
Die medienstrafrechtliche Bewertung von Zustimmungen
zu Tathandlungen im Sinne des § 201 a StGB im Kontext
der Einwilligungslehre
Hamburg 2013 / 248 Seiten / ISBN 978-3-8300-7343-7

Andrew Patzschke
Die Selbstanzeige als Strafaufhebungsgrund des
allgemeinen Strafrechts
Hamburg 2012 / 270 Seiten / ISBN 978-3-8300-6771-9

Carsten Hentschel
Die Durchbrechung des Steuergeheimnisses
im innerstaatlichen Informationsaustausch
am Beispiel der externen Prüfung in Steuersachen
Hamburg 2010 / 244 Seiten / ISBN 978-3-8300-5252-4

VERLAG DR. KOVAČ

FACHVERLAG FÜR WISSENSCHAFTLICHE LITERATUR

Postfach 57 01 42 · 22770 Hamburg · www.verlagdrkovac.de · info@verlagdrkovac.de